主 编 简 介

　　杨端志，毕业于北京大学中文系，山东大学文学院二级教授，博士生导师。曾任汉语言文字学博士学科点学术带头人，山东省汉语言文字学强化重点建设学科学术带头人，文学院学术委员会委员、学位委员会委员，山东大学985工程"汉语与汉语应用研究"项目负责人。兼任国家哲学社会科学项目通信评委，教育部哲学社会科学项目通信评委，第八届高等学校科学研究优秀成果奖评委，山东省国外语言学会符号学学会会长，中国训诂学研究会学术委员等。出版专著《训诂学》《文言文基础知识》《汉语史论集》等20部（含合著），发表论文《周易古经韵考韵读》《论词义与词的区别》《试论确定汉语词的原则》《"误读"与新义》等70余篇。承担国家社科基金重点项目"汉语词汇通史"、教育部人文社会科学重点研究基地重大项目"《周易》语言学研究"等19项。曾获省部级等各类奖项20余个，其中《训诂学》获多个奖项的一等奖。

作 者 简 介

侯月明，1981年生，辽宁沈阳人，文学博士。2012年毕业于山东大学，现就职于辽宁教育学院《现代教育管理》编辑部。近年来，主要围绕汉语词汇史、高等教育史、高等教育管理等开展研究。先后主持辽宁省教育科学规划课题4项，其中重点课题1项，参与国家社会科学基金项目2项。发表论文20余篇，其中核心期刊论文5篇；主编专著2部。曾荣获辽宁省教育科研优秀成果一等奖、辽宁省高等教育学会优秀论文一等奖。

国家社科基金重点项目（项目批准号：10AYY004）优秀结项成果

"十三五"国家重点图书出版规划项目

汉语词汇通史

杨端志　主编

侯月明　著

❖ 西周卷 ❖

百花洲文艺出版社

图书在版编目（CIP）数据

汉语词汇通史.西周卷 / 杨端志主编；侯月明著. —— 南昌：百花洲文艺出版社，
2023.5

ISBN 978-7-5500-3590-4

Ⅰ.①汉… Ⅱ.①杨… ②侯… Ⅲ.①古汉语－词汇－汉语史－研究－中国－西
周时代 Ⅳ.①H131

中国版本图书馆CIP数据核字（2019）第284668号

汉语词汇通史·西周卷
HANYU CIHUI TONGSHI·XIZHOU JUAN

杨端志　主编
侯月明　著

出 版 人	陈　波
项目统筹	胡　明
策划编辑	周振明　童子乐
责任编辑	周振明　陈俪尹
书名题签	郑训佐
书籍设计	方　方
制　　作	何　丹
出版发行	百花洲文艺出版社
社　　址	南昌市红谷滩区世贸路898号博能中心一期A座20楼
邮　　编	330038
经　　销	全国新华书店
印　　刷	浙江海虹彩色印务有限公司
开　　本	787mm×1092mm 1/16　　印张 17
版　　次	2023年5月第1版
印　　次	2023年5月第1次印刷
字　　数	255千字
书　　号	ISBN 978-7-5500-3590-4
定　　价	40.00元

赣版权登字 05-2023-117

邮购联系　0791-86895108
网　址　http://www.bhzwy.com
图书若有印装错误，影响阅读，可向承印厂联系调换。

总 序

在汉语研究的几个主要部门——语音、词汇、语法中，词汇研究的困难最多；在汉语的主要研究方法——共时研究、历时研究中，历时研究的困难最多。我们在汉语词汇史研究中遇到的困难就很多很多，而且，有些困难远非我们一时能够克服的。我们的《汉语词汇通史》只是一种尝试，先后有三十几位硕士、博士、博士后参加，历时二十五年。如今，我们的《汉语词汇通史》终于要陆续出版了，有很多问题需要向大家交代。我们想要说明的有：我们对"汉语词汇通史"的思考，汉语词汇通史的语料，关于已有汉语史的分期，我们对汉语词汇史的分期，汉语词汇史的根基——汉语口语和书面语——发展概览，汉语"词""词汇""词汇史"研究中的难题，汉语词汇史研究必须接受"小学"研究的成果，汉语词汇的共时研究与共时研究方法，汉语词汇历时研究与历时研究方法，关于共时研究与历时研究的结合，等等。可惜，时不我与，这里只能谈谈最必要的几个要点了。

一、《汉语词汇通史》是我长期思考、研究的一个课题

随着学习、工作的变迁，我先是把学习、研究的重点放在语法、词汇上，后来又放在训诂学（更确切地说应当是"小学"）上。因此，我的教学，研究，指导硕士、博士、博士后，内容便或者是词汇学、词汇史，或者是训诂、文字、音韵之学，切换来切换去，或者是几者融合。《汉语词汇通史》便是我和我的同道走融合研究道路的初步结果。

长期以来，词汇史研究的许多疑难问题一直在我们头脑中萦绕着。例如，

汉语通史研究中，语音史、语法史、词汇史研究所需要的语料是不同的，词汇通史研究需要的语料最多最复杂，几乎是全部文献。流行的研究路径是自专书词汇始，由上古一部一部的专书词汇研究下来，词汇通史就出现了。这样的研究路径符合汉语词汇发展的规律吗？是历史词汇学研究的科学方法吗？有可操作性吗？又例如，汉语史里的语音史，可以由声母、韵母、声调构成共时系统，从上古一直推到当代，或者从当代一直推到上古，从而构建一个具有严密规律的历时语音系统。语法史可以由若干词类、若干句式、若干虚词构成共时系统，从上古一直推到当代，或从当代一直推到上古，从而构建出一个具有严密规律的历时语法系统。语音史、语法史都有很强的规律性、系统性。那么，汉语词汇史有没有像语音史、语法史那样的规律性、系统性？能不能像语音史、语法史那样，首先研究出一个由若干成分构成的共时系统，再由这个若干成分构成的共时系统串联成一个具有严密规律性的历时系统？再例如，在汉语发展史上，语音最稳定，语法次之，词汇则是处于每时每刻的变化中。那么，语音通史、语法通史、词汇通史的分期一定是不同的。词汇通史的时段，比语音通史、语法通史要短得多。那么，词汇通史的分期标准是什么？要分多少个时期？另外，在汉语词汇通史中，各时期的格局怎样？重点在哪里？各时期之间如何贯通？各时期怎样描写？怎样解释？……

带着问题意识，我们开始探索，花了很多年的时间，我指导硕士生、博士生先后做了断代的商代甲骨文词汇词义、西周金文词汇词义研究等，做了断代专题的中古名词、中古动词、中古形容词研究等，做了专书《周易》经传词汇词义研究、《尚书》词汇词义研究、《国语》词汇词义研究、《晏子春秋》词汇词义研究、《礼记》词汇词义研究、中古小说词汇词义研究，以及《三国演义》《水浒传》《西游记》《红楼梦》等明清小说词汇词义研究，还做了部分佛典专书词汇词义研究。

我们发现，这些研究对于研究本体都有一定的价值，都做出了一定的贡献，虽然对我们想要寻找像语音史、语法史那样的规律性、系统性有所启发，但仍然有很大的距离，与我们提出的问题也相距很远。更重要的是，这些研究的研究对象是零散的、离散的，只是分散于专书、专题、专类中的少部分词汇，无法窥见汉语词汇的全貌。尤其是，想通过这样的途径来研究汉语词汇通史，希望是渺茫的。

本着总结的目的，我们也环顾了当时语言学界的专书词汇研究，认为汉语词汇史的研究有三个层次：第一个层次是对有典型意义的专书进行研究，以总结一部专书词汇的基本面貌；第二个层次是对某一时段的若干部有典型意义的专书进行研究，以总结某一时段词汇的基本面貌；第三个层次是把各个时段联系起来，形成汉语词汇发展演变史。周祖谟先生曾经具体描绘过这个研究步骤："要研究词汇的发展，避免纷乱，宜从断代开始，而又要以研究专书做为出发点。犹如清人研究古韵那样，先以《诗经》一书为起点，得其部类，然后旁及《楚辞》以相佐证，以确定韵部的分合，而后之人又从而逐渐加详加密，以臻完善。"①

周先生的描绘无疑具有指导意义。但是对《诗经》韵部的研究谈何容易，从南宋吴棫到清人段玉裁几乎用了七百年！再说，词汇与韵部不同，词汇要比韵部复杂得多，词汇研究要比韵部研究困难得多。《诗经》的韵部，可以通过系联韵脚、归纳韵例，再佐以汉字谐声"同声必同部"两大步而得其韵类。而一部专书的词汇面貌，到底包括了多少部类？或者倒过来说，多少部类才能反映一部专书的词汇面貌？并且，我们怎么用这些部类捋出一个断代汉语词汇史，从上古汉语一直捋到现代汉语，从而捋出一个汉语词汇发展史的基本面貌？

专书词汇研究是在1983年全国语言学科规划会议上由王力、吕叔湘、朱德熙等语言学界前辈提出来的，至今已经四十年了。在这四十年中，专书词汇研究成为汉语词汇史研究的主流。研究者有老一辈语言学家，也有堪称中流砥柱的中年学者，更有大量的语言学界的新秀——硕士、博士研究生。这四十年的研究，几乎涉及各个历史时代典型的专书。专书研究的内容丰富多彩，几乎涉及各种常见专题。专书名词、动词、形容词等实词专题者有之，专书副词、介词、连词等虚词专题者也有之；专书核心词者有之，专书方言词者有之；专书单音节词汇者有之，专书双音节词汇者也有之；专书同义词者有之，专书反义词者也有之；专书联合结构者有之，专书偏正结构者也有之；专书成语者有之，专书熟语者也有之。全面研究一部专书词汇者也有之。在全面研究一部专

---

① 张双棣、殷国光、陈涛：《吕氏春秋词典》，商务印书馆2009年版，序言第2页。

书词汇者当中，有几类最值得称道：有的首先对专书进行校勘、注释，编出词典，再进行专书的词汇学研究、词类研究；有的首先广泛收集专书历代训诂，编出专书词典，再进行专书词汇的研究；有的对专书先进行注释，再进行有效的专题研究；有的收集同一时代多种专书词汇，再进行断代史的全面研究。这些研究方法都具有一定的典范性。这些专书词汇研究极大地改变了汉语词汇史研究的格局，丰富了汉语词汇史的内容，也为词汇史研究提出了方法。

我们认为，对专书词汇的研究，还有很多问题需要深入。影响专书词汇研究质量的主要问题有：

第一，一部专书的词汇面貌，到底应当包括多少部类？哪些部类是专书必有的，哪些部类是为捋出一个断代汉语词汇史而专书词汇研究所必有的？哪些部类为能够捋出从上古汉语一直到现代汉语的词汇发展史基本面貌而专书词汇研究所必有的？现有研究突出的问题是部类设立随意性较大，无法全面反映专书特有词汇结构。

第二，专书词汇研究是为断代词汇史、词汇通史服务的，专书词汇研究怎样才能体现出"史"的一面？对本专书词汇的描写，要放到汉语词汇发展的历史坐标中去描写。一部专书的词汇，对它之前的词汇有所继承，这部分承古词要描写出来。有本专书所用的新词，要把新词描写出来。有本专书对旧词的新用法，新用法要描写出来。本专书词汇对后世会有影响，要把对后世的影响写出来。这样才能反映本专书的历史地位。现有研究突出的问题是套用现有的断代词汇理论框架，把专书词汇研究写成了一部一部断代词汇学，割裂了专书词汇的历史联系，无法反映专书词汇特有的时代性、社会性。

第三，对写到的某部类，现有研究只是把词摆出来，深入描写、解释不够，总结汉语特有的规律少，提炼汉语特有的词汇理论少。由于种种原因，文风显得仓促、急就、浮躁。

第四，研究方法的科学性存在一定的问题。在专书词汇研究方法的交代中，大多有"定性与定量相结合"一说，这是很好的，尤其是"定量"。由于专书是封闭语料，"定量"是能做到的，对于很多部类的词也是十分必要的。但是，"定量"往往不准确。专书词汇研究还说到"比较方法"。专书词汇研究的比较方法有两条原则：一是共时原则，即跟同时代的著作比，这是通过比较来探讨本专书词汇的特点；二是时间相近原则，即跟与本专书时间最接近的著作比，这是通过比较探讨专书词汇的直接的继承与发展。存在的问题是比较的对象往往时间跨度很长，根本不存在继承与发展关系。专书词汇研究还往往会谈到"描写与解释相结合"。其中存在的问题是，对某些部类的词似乎还没有找到一种合理的描写方法，譬如对单音节词、双音节词、三音节词、四音节词的分析与这些词的发展。

第五，专书词汇研究所需要的知识，往往在词汇学之外。其首先是需要文字学、音韵学、训诂学、语法学方面的知识，其次是需要文献学、校勘学、版本学、目录学方面的知识，再次是需要历史学、考古学、文学史、哲学史、文化史方面的知识。用句解释学的话说，就是需要将专书词汇现象与这些知识相融合。而这些，在教育的学科体制上早已留下遗憾。

我们相信，专书词汇研究存在的这些问题，不仅是我们的看法，也是词汇学界大多同人已看到的和所认同的。

想通过若干部专书的词汇研究汇合形成汉语词汇通史，看来是困难的。

有的文献学家说，中国古代文献总数在8万种以上[①]；有的文献学家说，其实中国古代文献总数比之应该更多，杜泽逊教授主持的《清人著述总目》列出的清人所撰文献就有22万种以上。专书即使只有8万种，假若每年研究100种，需要八百年才能写出词汇通史。以现有的研究人力，事实上每年只能研究十几种。这样的话，汉语词汇通史要等到猴年马月才会出现！

看来，有关全局性的词汇规律、词汇体系，只根据部分专书的语料，只研究部分专书的词汇，是无法下断语的。在每一个共时层面上，我们必须研究更多代表这个时代的专书；在词汇通史层面上，我们就更有必要研究更多的、能代表全部词汇史的语料。唯有如此，对于断代的、通史的词汇的规律性、体系性，我们才能看得更清楚。

但是，研究更多的文献，研究更长的时段乃至通史，都不是一个人的力量所能做到的，也不是短时间内所能做到的。我们盼望着出现适合的资料——大型工具书。

---

① 吴枫：《中国古典文献学》，齐鲁书社1982年版，第15页。

1993年年底，我们盼望已久的12册的《汉语大词典》全部面世了。《汉语大词典》"经过千余人18年的艰苦奋斗"（罗竹风语），使用"一万多种最重要的图书典籍"（阮锦荣语），包括"经书、史书、子书、总集、别集、诗文评·书画论、古代小说·笔记·杂著、通俗小说、古代戏曲、变文·诸宫调·散曲·时调、地理、科学技术、医学文献、宗教、古代字书·词书·韵书、古籍考释、出土帛书竹简、类书·政书、资料汇编、近人学术专著、现代著作等21个大类"①。从语料看，《汉语大词典》已相当充分，相当完备。可以说，这是倾当时全国学界之力完成的。

《汉语大词典》本身就是对这一万多种专书进行词汇研究的成果。《汉语大词典》编纂者对这一万多种专书逐词做卡片，并从现代词汇学角度对卡片反复筛选（1977年，我参加过山东大学《汉语大词典》组对专书卡片核对原著、筛选立目的工作，领了三小推车卡片，码了办公桌那么高，工作十分辛苦），最终提炼出单字词2.3万余条，复音词34.6万余条，总词汇量达37万余条，总义项量达51.6万余个，这应当是最接近汉语词汇、词义总数的成果。这也是倾当时全国学界之力取得的。

《汉语大词典》研究词汇是遵照每一个词都有自己的历史的原则，记录一个词的意义发展历程。我们的汉语词汇通史研究是按照词汇发展的原则，划出共时词汇系统，研究词汇内部词与词之间的关系，探寻规律，提炼理论，进而统率历时词汇系统，与《汉语大词典》研究的目标不同、方法不同。但是，《汉语大词典》的立目、注音、释义、书证、体例，为我们提供了汉语词汇共时系统、历时系统、词汇内部结构等多方面的信息。通过利用《汉语大词典》，我们可以研究汉语词汇历史上的共时系统与汉语词汇通史的历时系统的基本单位、单位与单位之间的关系和基本规律，可以研究汉语词汇的多种共时系统、多种历时系统和发展演变。这使得《汉语大词典》不仅是检查个别词个别义的大型工具，而且成为研究多种共时、多种历时、多方面的汉语词汇、汉语词汇史的大型工具。

---

① 郭忠新：《锲而不舍 终必有成——记傅元恺》，载《上海出版人》，学林出版社2003年版，第82页。

《汉语大词典》可以视为汉语历史词汇的总库，《汉语大词典》的出版，为从总体上研究汉语词汇、汉语词汇史提供了千载难逢的良机！

经过几年的准备，1998年，我们开始以《汉语大词典》为语料，申报教育部社科项目、国家社科基金项目。2003—2009年，我们用七年时间建立了《汉语大词典》语料库①、汉语词汇通史补充语料库（见后文）。2010年，我们同时申报国家社科基金重点项目、教育部社科项目，两者同时都得到批准。2018年，国家社科基金重点项目"汉语词汇通史研究"以优秀等级结项。至今，我们这一研究已经二十五年了，先后有30多个硕士生、博士生参加，各卷皆由具有博士学位的研究人员完成，如今这些作者大多是高校教师，成为大学教授、副教授，也有人担任杂志总编、学院院长等。

《汉语词汇通史》是我们长期思考、研究的成果。

二、《汉语词汇通史》对《汉语大词典》语料的补充

马克思在《资本论》第二版跋中说："研究必须充分地占有材料，分析它的各种发展形式，探寻这些形式的内在联系。只有这项工作完成以后，现实的运动才能适当地叙述出来。"②

对于汉语词汇通史研究，语料的充足、准确是研究的基本依据，是结论可靠、科学的基本保障。

为此，我们有必要简单谈一谈汉语语料的历史。

汉语词汇通史研究涉及的语料有三种存在形式：一是口语形式，二是书面语形式，三是文学语言形式。这三种语言形式是分层次的：口语是根本；书面语是语言在口语基础上，经过文字记录时或多或少的加工形成的；文学语言是语言在书面语的基础上，经过文字、词汇、语法、语音的规范形成的。

口语形式、书面语形式、文学语言形式在语言史上出现的时间差距很大。口语形式出现得最早，它的发展历史也最长，是伴随着人类社会的形成而产生

---

① 详见杨端志：《〈汉语大词典〉对汉语词汇发展演变史的价值与研究方法——〈汉语大词典〉词汇发展演变研究条例》，载《汉语史论集》，齐鲁书社2008年版，第272—328页。

② 中共中央马克思恩格斯列宁斯大林著作编译局译：《资本论》（第一卷），人民出版社2004年版，第21—22页。

的。书面语一般认为是出现于人类历史的最后一个万年，而文学语言形式则一般出现在文字记录长篇的语言之后。

（一）汉语的口语

口语是人类最重要的交际工具，也是思维工具，历代口语是历代书面语、历代文学语言的源头活水。口语以语音为承载工具，是靠说和听来实现交际。

1.史前口语

汉语口语的历史，是跟中华大地上人类的历史、人类社会的历史相联系的。中华文化是中华大地上多元的人类文化经过千万次的交流、千万次的融合的结果。

我们现在说话所用的口语，是中华大地上的人类、人类社会，经过漫长的直立人（晚期猿人）语言、古人（早期智人）语言、新人（晚期智人）语言的进程，经过不同的人群、不同的氏族、不同的部落、不同的部落联盟、不同的民族千万次的交流、千万次的融合而形成的，是由中华大地上的中华民族创造的。

关于早期人类的语言，我们深信劳动创造了语言。恩格斯在《劳动在从猿到人转变过程中的作用》中说：

> 更加重要得多的是手的发展对机体其余部分的直接的、可证明的反作用。我们已经说过，我们的猿类祖先是一种群居的动物，人，一切动物中最爱群居的动物，显然不可能来源于某种非群居的最近的祖先。随着手的发展、随着劳动而开始的人对自然的支配，在每一新的进展中扩大了人的眼界。他们在自然对象中不断地发现新的、以往所不知道的属性。另一方面，劳动的发展必然促使社会成员更紧密地互相结合起来，因为劳动的发展使互相支持和共同协作的场合增多了，并且使每个人都清楚地意识到这种共同协作的好处。一句话，这些正在生成中的人，已经达到彼此间不得不说些什么的地步了。需要也就造成了自己的器官：猿类的不发达的喉头，由于音调的抑扬顿挫的不断加多，缓慢地然而肯定无疑地得到改造，而口部的器官也逐渐学会发出一个接一个的清晰的音节。①

---

① 恩格斯：《劳动在从猿到人转变过程中的作用》，载《自然辩证法》，人民出版社2015年版，第306页。

据考古学家统计，中华大地上的古人类遗址超过2000处，遍布全国。中华大地上的古人类经历了直立人、古人、新人三个阶段：

直立人，又称晚期猿人，生活在距今约一百七十万年至十万年前。公认的有元谋人、蓝田人、北京人、郧县人、郧西人、和县人等。

古人，又称早期智人，生活在距今十万年至四万年前。有代表性的如大荔人、丁村人、许家窑人、金牛山人、长阳人、巢县人、马坝人等。

新人，又称晚期智人，生活在距今约四万年至一万年前。主要的有山顶洞人、峙峪人、河套人、安图人、哈尔滨人、柳江人、兴义人、丽江人、左镇人等。①

按照恩格斯的原始人类与语言的关系的说法，生活在距今约一百七十万年前的元谋人就已经进入会说话的时代。北京人生活在距今约七十万年至二十万年前，郭沫若主编《中国史稿》第一章"中国历史的开端"曾描写到北京人说话的历史：

北京人的脑髓已经远比现代猿类大而完善，脑量平均约为1059毫升，比现代猿类的平均脑量415毫升大一倍半以上。在六个比较完整的头骨中，最大脑量为1225毫升，已接近于现代人的平均脑量1400毫升。他们脑部结构的复杂和完善的程度，更是现代猿类所不能比拟的。由于在长期的体质形成过程中右手比左手更多地使用，大脑的左边也比右边略大一些。从脑子的发展程度来看，他们已经有了语言。语言是从劳动中并和劳动一起产生出来的。"首先是劳动，然后是语言和劳动一起，成了两个最主要的推动力，在它们的影响下，猿的脑髓就逐渐地变成人的脑髓"，而"脑髓和为它服务的感官、愈来愈清楚的意识以及抽象能力和推理能力的发展，又反过来对劳动和语言起作用，为二者的进一步发展提供愈来愈新的推动力"。②

生活在中华大地上的早期的人类，经历了漫漫的旧石器时代、中石器时代、新石器时代，度过了悠久的原始人群、母系氏族、父系氏族时期，其发音

---

① 阴法鲁、许树安主编：《中国古代文化史》（一），北京大学出版社1989年版，第10—11页。

② 郭沫若主编：《中国史稿》（第一册），人民出版社1976年版，第7页。

器官、思维能力也在劳动和说话中得到改造与发展。对于古人说话的具体情况和说话的性质，我们已无从知道了。我们推想，语音一定是音节分明的，音义一定是结合的，表义一定是从一个一个的概念开始的，概念的组合一定是由短到长发展的。换句话说，早期人类的语言一定是语音、词汇、语法三者兼备的，词汇一定是接受语法支配的。从某种意义上说，今天所说的"词"，如果将来考古有所发现、有条件的话，可以上溯到我们的祖先诞生的时代。

2.华夏语

恩格斯说，人类的发展，"首先是劳动，然后是语言和劳动一起，成了两个最主要的推动力"[①]。语言是人类发展的两个最主要的推动力之一，可见，语言在人类的发展、社会的发展、文明的发展中的重要地位。根据我国光辉灿烂、丰富多彩的古代文明，尤其是古文字，我们认为，以单音节词根占绝大多数、单音节词根大多可以自由运用、以主—谓—宾为基本语序、由一定量虚词为语法调节、有声调、现代语言学分类中被称为"词根语"的汉语（为称说方便，下面称为"词根语"的汉语或词根语汉语），早期被称为华夏语，产生的时代也应当相当早。

"词根语"的汉语的口语，是在原始口语的基础上又经历了一个漫长悠久的过程，中华大地上的多元的人类文化又经过千万次的交流、千万次的融合的结果。我们推想，"词根语"的汉语，形成于晚期智人后期，相当于旧石器时代晚期、母系氏族后期，距今有一两万年。我们的祖先说了很长一段时间的"词根语"后，大约距今八千年前，产生了反映"词根语"的原始汉字。原始汉字肯定是为"词根语"汉语口语而造，先是为记住口语中某个概念或某些概念而造，记录概念的汉字多到能记录线性的复杂概念，即一组合概念、语言中的一个词组，甚至一个短句时，才产生为词组中或者句中的某个概念、某种关系而造。汉字是在适应汉语口语中的概念、组合概念、短句、长句甚至篇章的需要中逐渐产生的。为适应记录汉语的需要，汉字的产生过程最初是非常缓慢的，随着字数的增多以及记录语言的能力加强，造字的速度逐渐加快。商代甲

---

① 恩格斯：《劳动在从猿到人转变过程中的作用》，载《自然辩证法》，人民出版社2015年版，第307页。

骨文文献、西周金文文献中，假借字还很多。直到不用假借字的时候，汉字的数量才算大致适应了汉语的需要。从被汉字记录的语言单位来说，最早的汉字记录的是概念与意义，也就是口语中的词。反过来也证明，原始汉字记录的汉语是"词根语"。"词根语"的汉语被原始汉字记录之前，应当有一个悠久的无文字记载时期。同时，我们认为，"词根语"的汉语在被汉字记录之前，已经成为语素、词、词组、句子完备的严密的汉语语言系统。

最早产生的原始汉字记录的汉语的单位是概念，是意义，是口语中的词，这是汉语书面语词汇史的开端。

关于这个问题，李运富教授提出的汉字的"形、意、用"新三要素观念和"字用"理论，为我们提供了有力的证据和有力的解释。

李运富教授认为：汉字有"形、意、用"三要素，"形"是汉字成立的前提，是视觉感受到的直接印象。"意"指的是汉字的"构意"，它直接来源于对客观事物（包括抽象概念）和语言音义的认识，是体现在汉字内部结构上的构形理据。"意"在汉字的初创时期具有普遍性。"用"指的是汉字的功用和职能，汉字既可以只记录语言的意义信息，由"形""意"结合直接表示客观事物或某个约定的内容（如初始状态的"图形字""徽标字"，后来的方言字、训读字），也可以记录语言的表达单位，包括语音单位和音义的结合体。字形构意跟语言音义的联系并不一致。"汉字的产生也得一个一个地造，而且造字者并非一时一地一人，所以不可能一开始就针对某个词组或某个句子里的所有词来造字……人们首先为语言中最重要的一些词语造字，这些字虽然还不能'成组成句'地记录语言，但能反映交际中人们最关心的一些概念和意义……因此根据语言的某些意义单位（基本词义）或交流所需的某类信息（基本概念）来造字，这些被最初造出来的字就是汉字系统的源头字。"[①]

李运富教授的汉字"三要素"是一个对汉字系统的新认识，最具实践价值的是字"用"理论，为汉字提出了新范围，把汉字的产生时代提前了数千年，为汉字产生以后的复杂变化提供了新理据，对关于汉字与词语关系的研究提出了新任务。

---

① 李运富：《汉字学新论》，北京师范大学出版社2012年版，第5—6、22页。

根据李运富教授和有关学者的研究，距今八千年左右的宁夏大麦地岩画中有1500多个抽象符号，河南舞阳县贾湖遗址中有16个刻画符号，甘肃秦安大地湾遗址中有10多种彩绘符号，距今七千三百年左右的安徽蚌埠双墩文化遗址中有600多个刻画符号，可确定的有"云""人""它""鱼""鹿""网""阜""刺"等字……这些符号，"简直跟甲骨文没有什么差别了"。①

自此，作为"词根语"的汉语有了文字，有了书面语的词语，或者说，有了词语的书面语。这些书面语的词语是很简单的，但在此基础上，汉字逐渐记录词组，记录句子，记录篇章。至《尚书》的《虞书》《夏书》，至商代甲骨文、金文，汉语一步一步走向完善的书面语时代。

而汉语的口语又受到书面语的影响，词汇则由于汉字的记录而逐渐巩固，逐渐丰富多彩；语法则由于汉字的记录而语序固定，句式加长，产生虚词，语义含量增加，更富多样化；语音则逐渐产生标准音，趋于统一，趋于系统化。

华夏语的口语，即汉语的口语继续沿着"词根语"的方向发展着、丰富着。

（二）汉语的书面语

书面语是文字产生以后，以口语为基础，由文字记录的语言，是第二性的。口语是第一性的，它是以声音运载的音、义符号系统，依靠说和听实现交际。书面语是以文字笔迹形成的字形为运载工具的形、音、义符号系统，依靠书写和阅读来实现交际。有文字记录的语言，都存在这两个系统。这两个系统的样貌很不一样。汉语的书面语样貌跟文献学有关，即陆宗达先生、王宁先生所说的"文献语言"，近似于华学诚教授、张猛教授所说的"文献语言"，即"文字记载的古代文献"的语言。②

汉语书面语从什么时代开始呢？因为词汇一定是接受语法支配的，我们还是从词汇开始的时代来谈。

关于母系时代的词语，《尔雅》中有母系氏族时期的词语。如：

《尔雅·释亲》"母党"："母之姊妹为从母，从母之男子为从母昆弟，

---

① 李运富：《汉字学新论》，北京师范大学出版社2012年版，第22—27页。

② 华学诚、张猛：《"文献语言学"学科论纲》，载《文献语言学》（第四辑），中华书局2017年版，第19页。

其女子子为从母姊妹。"

其中的"从母""从母晜弟""从母姊妹"为母系氏族时代的词语。

《尔雅·释亲》"妻党"："姑之子为甥，舅之子为甥，妻之晜弟为甥，姊妹之夫为甥。""男子谓姊妹之子为出。""女子谓晜弟之子为侄，谓出之子为离孙，谓侄之子为归孙。"

其中"甥""出""侄""离孙""归孙"等，都是母系氏族时代的词汇。

又："妇称夫之父曰舅，称夫之母曰姑。姑舅在，则曰君舅、君姑；没，则曰先舅、先姑。谓夫之庶母为少姑。"

其中"舅""姑""君舅""君姑""先舅""先姑""少姑"等，也都是母系氏族时代的词汇。

我们说这些词都是母系氏族社会的词汇，是因为这些称谓词都是以母亲这一方为基点来为各种关系的人命名的。

由于在母系氏族时代人们对这些词语的内涵、外延是清楚的，使用也不会出差错，所以《尔雅》中的这些解释语言也应当是母系氏族时代的。

王力先生曾经从语言的社会性出发，探讨过原始社会的词汇、渔猎时代的词汇、农牧时代的词汇、奴隶社会的词汇。

王力先生认为，"语言是社会的产物"，"语言的产生远在文字之前"，"依理推测，汉语的基本词汇，绝大部分应该在原始社会中已经存在了"。关于原始社会的词汇，如"日、月、风、云、雨、虹、蜺、雪"等天文气象词汇对应的概念，在原始社会中就已经存在了，"甚至日、夕、晴、雨的概念，也早已有了"。人称代词"余、朕、我""女、乃"原始社会也有了。渔猎时代的动词有"渔、田、狩、逐、从、获"，狩猎的对象有"鹿、麋、麛、狐、兕、豸、兔、雉、虎、象"等。农牧时代的词汇有农作物词汇"禾、黍、稷、秬"，农具词汇有"耒、耜、晨"，耕作词汇有"耤"，收获词汇有"啬"，谷熟叫作"年"，收获后尝新之礼叫作"登"等。[①]

《尔雅》和王力《汉语词汇史》记录的早期词汇是零散的，大规模的汉语书面语语料还需要在大规模的汉语书面文献出现之后进行收集。周革殷命

---

① 王力：《汉语词汇史》，中华书局2013年版，第1—5页。

夺取政权后，周公代表成王向殷遗臣说："惟尔知，惟殷先人有册有典，殷革夏命。"（《尚书·多士》）这里是说，殷的先人商汤，革夏命，夺取政权，都被记载在"册""典"里了。那么，商代已有"册""典"文献是没有问题的。如果商汤革夏命事当时就被记载在"册""典"里，或许夏代就有了文字，甚至也有"册""典"。古文字中，"册"象竹简编联之形，"典"在"册"的基础上添加"廾"而产生，可见"典""册"就是指竹简木牍一类的书籍。很可惜，简牍一类文献不易保存，战国以前的竹简木牍还未被发现。但是，我们不能忘记，早在商代就已"有典有册"了。

汉语有着漫长的书面语历史，在各个不同的时期，书面语很不相同。这是由很多因素造成的，包括文字的形体，书写的载体，文字的写、刻、铸、雕的书写方法的不同，文字的假借、异体、俗体的区分，成篇的文章有文体、语体等不同，更重要的是时代不同、社会不同、写者读者人不同、人的思维不同，各种不同往往需要专家来解决。所以，汉语史上的书面语面貌，必须要通过多学科的学科史来介绍，只有依赖于古文字学、《说文》学、音韵学、训诂学、古文献学、考古学、古代史、古代文学、古代哲学、古代文化学等多学科和它们的历史来解决。这是大家所熟悉的。受篇幅限制，这里不多谈了。

但是，不管各个时代的书面语多么复杂，距离口语有多远，各个时代的口语都是第一性的，都会对书面语有影响。同时，书面语都会规范口语，影响口语，书面语与口语二者是相互促进的。

（三）汉语的文学语言

王力先生认为，汉语史选用的语料主要是文学语言。王力先生说："汉语史所研究的语言，应该确定为文学语言。……我们应该是从文学语言的角度来看语音、语法、词汇的发展。……如果不能说明文学语言的发展的情况的，就不能认为汉语史的主要对象。"（王力《汉语史教学一年的经验和教训》）

文学语言，指经过加工、规范的书面语言。《大辞海》语言学卷"文学语言"条说："即'标准语'。""标准语"条说："亦称'文学语言'。经过加工和规范的共同语。……在古代社会，主要指文牍、文学、宗教和科学等文化领域中使用的书面语；在现代社会，为民族共同语的加工形式。"文学语言具有以下特点：（1）规范性；（2）书面形式定型化；（3）具有完备的语体系统；（4）超方言性。"现代汉民族共同语的标准语即规范化的普通话。"
（《大辞海》）

《汉语大词典》所用语言就是汉语历史上的文学语言。所以，我们以《汉语大词典》所收词汇及所反映的语言信息作为汉语词汇通史研究的主要材料。

在当时的人力物力条件下，《汉语大词典》初版使用的图书典籍有一万余种。

我们也考虑到，《汉语大词典》由于编写时科技手段的局限，漏收了一些文献。我们在编写《汉语词汇通史》时，继续增补有关文献的词汇。增补情况如下：

1.补充甲骨文语料。《汉语大词典》编纂手册单字条例说："凡已隶定，有音有义，且有书证的单字，应予收列；虽经隶定（一般按金石碑版及古文字专书所录原形描摹），但不见于古今字典、词典、韵书，未在一般著作中通行的，不予收列。"这样，就把甲骨文排除了。这也是可以理解的，甲骨文的字形、书证实在难以跟标准印刷体混合排版。但是，我们写汉语词汇通史，就不能没有甲骨文，不能没有"商代词汇史"。为此，我们补充了甲骨文语料，包括所有甲骨文著录、甲骨文考释、甲骨文释读、甲骨文字典、甲骨文词典、甲骨文诂林等，补写"商代卷"。

2.同样由于《汉语大词典》单字条例的原因，"西周卷""春秋卷"要补充金文考释、金文通读、金文字典、金文词典、金文诂林等，充分吸收《殷周金文集成引得》《金文词典》等成果。

3."战国—秦卷""西汉卷"要补充各种简帛词汇，充分吸收《出土战国文献字词集释》《秦汉简帛字词札记》及各种简帛专书的字词研究成果。

4."东汉卷""魏晋卷""南北朝卷""隋代卷""唐代卷""五代卷""宋代卷"要补充佛教词汇、道教词汇，充分吸收《佛教大词典》《道教大词典》《魏晋南北朝小说词语汇释》《唐五代语言词典》《宋语言词典》《敦煌文献语言词典》等成果。

5."元代卷"要补充吸收来自蒙古语的外来词，充分吸收《元语言词典》《元明戏曲中的蒙古语》等成果。

6."明代卷""清代卷"要补充吸收《近代汉语词典》《白话小说词典》

的成果，要充分吸收反映鸦片战争后中国社会剧烈变动的词汇成果。

7."民国卷"要充分吸收反映由文言到现代汉语转变的研究成果，充分参考如马西尼《现代汉语词汇的形成》、黄河清《近现代汉语辞源》等。

8.为了增补单音节词，我们编写《〈说文解字〉补编》，增补了各个朝代新增的单字。

所以，我们的《汉语词汇通史》各卷，供分析、使用到的词汇量要超越《汉语大词典》。

另外，《汉语大词典》第一版是集体成果，当时研究手段比较落后，几乎完全靠手工，所以存在着这样那样的错误和不足。出版后，我们收集到学界批评纠正文章2000余篇，专书6部。对于这些纠谬成果，我们进行了有选择的吸收。

三、已有关于汉语史的分期

关于社会科学史的观念，战国时期的学者针对人类社会的历史就提出了"上古""中古""下古"与"上世""中世""下世"等概念。到汉代，司马迁要写"中国通史"，提出"究天人之际，通古今之变"，自此，"通古今之变"成为中国历代史学家的追求。

我国古代语言学的历史上，"史"的观念建立得也很早。《尔雅·释诂》："初、哉、首、基、肇、祖、元、胎、俶、落、权舆，始也。"郭璞注："此所以释古今之异言，通方俗之殊语。"

扬雄《輶轩使者绝代语释别国方言》之"绝代语"指远代词语，"别国方言"指方国方言俗语，这是词语的时空观念，也是认为词汇有古今方俗之变。

许慎《说文解字叙》记录我国的汉字史，从伏羲氏作《易》八卦、神农氏结绳为治、黄帝之史仓颉造字、宣王太史籀著大篆、孔子书六经以及左丘明述《春秋传》之古文、秦八体、新莽六书，直至《说文解字》所收的篆文、古籀。这差不多是许慎认为的我国文字从起点到他写《说文解字》时代的通史。这体现了许慎持汉字有古今之发展的认识。

隋陆法言《切韵序》："因论南北是非，古今通塞，欲更捃选精切，除削疏缓。"其中包含了古今语音的探讨。

明陈第《毛诗古音考自序》："盖时有古今，地有南北，字有更革，音有转移，亦势所必至。"《屈宋古音义跋》："夫古今声音必有异也。故以今音读今，以古音读古，句读不龃于唇吻，精义自绎于天哀，确乎不可易之道也。"这里指出语音的古今发展演变。

"小学"中前人的这些古今分期、古今之变的宏论，指导我国词义、词汇、文字、方言、音韵、文献语言研究走向一个高峰又一个高峰。但这些理论毕竟是分散的、局部的，标准语焉不详，指导意义有限。

19世纪末20世纪初，我国语言学进入现代语言学阶段后，对汉语史的分期，逐渐向科学化、精确化迈进。

（一）王力先生的分期（四分法+过渡期）

我国第一个站在现代语言学立场上，提出"汉语史"，并将其分为"上古汉语""中古汉语""近代汉语""现代汉语"四期，为分期提出明确标准，为四期提出起讫时间之"初步意见"的是王力先生。郭锡良先生说："王力先生是汉语史研究的开创者，1954年他在北京大学开设了一门从未有的新课'汉语史'。此后四年之中，王力先生全力以赴，不但综合了我国传统小学、当代汉学（包括中、外学者）的学术成果和个人二三十年的研究心得，还参考了当时条件下所能找到的苏联有关语言史的教学大纲和教材（《俄语历史语法》和教学大纲、俄译本的英语史和法语史教学大纲等），完成了《汉语史稿》这部开山之作，并于1957年3月至1958年6月分成上、中、下三册由科学出版社先后出版。"①

《汉语史稿》把汉语史分为四期：

1.上古期：公元3世纪以前（五胡乱华以前）。王力先生在《汉语史稿》中对于语法史、词汇史都是从商代甲骨文讲起，上古汉语的起点应当是公元前1300年，至公元300年，上古汉语时期共一千六百年，包含商代、西周、春秋、战国、秦、西汉、东汉、三国、西晋，共9个时段。

公元3、4世纪为过渡阶段。

2.中古期：公元4世纪至12世纪（南宋前半）。从公元400年算起，到公元1200年，那么，中古汉语时期共八百年，包含东晋（十六国）、南北朝、隋

---

① 郭锡良：《汉语史的分期问题》，《语文研究》2013年第4期。

朝、唐朝、五代十国、北宋、南宋前半，共7个时段。

公元12、13世纪为过渡阶段。

3.近代：公元13世纪至公元19世纪。

自1840年鸦片战争到1919年五四运动之间为过渡阶段。如果把过渡时期（1840年到1919年）计算在内，近代汉语时期共六百一十九年，包含南宋后半、元朝、明朝、清朝、民国初年，共5个时段。

4.现代：1919年五四运动以后。现代汉语时期从1919年至今，共一百多年。①

全部汉语史约三千三百年。

关于汉语史的分期，王力先生第一次从现代语言学理论和汉语史发展实际两个方面提出了明确的标准。

关于前者，王力先生说："必须从语言发展的内部规律去定出语言的历史分期。"王力先生还引用苏联语言学家维诺格拉多夫的话说，某一具体语言的发展规律就是"它的动态的规律，它的量变和质变的规律，它从一个质转变为另一个质的规律"，引用恩格斯的话说"无论怎样逐步进行，从一个运动形式进到别个运动形式的转变，总是一种飞跃，总是一种决定的转变"。"因此，我们就有可能找出汉语渐进发展史的许多世纪中特别突出的某些变化，作为汉语向新质过渡的特点。"②

关于后者，也就是王力先生找出的汉语由旧质向新质过渡的某些特别突出的变化有：

上古汉语：（1）判断句一般不用系词。（2）疑问句代词宾语放在动词前面。（3）入声有两类（其中一类到后代变了去声）。

中古汉语：（1）在口语的判断句中系词成为必需成分。（2）处置式产生。（3）完整的"被"字式被动句普遍应用。（4）形尾"了""着"产生。（5）去声字产生。

近代汉语：（1）全浊声母在北方话里消失。（2）-m尾韵在北方话里消

---

① 王力：《汉语史稿》，中华书局2013年版，第35页。

② 王力：《汉语史稿》，中华书局2013年版，第33页。

失。（3）入声在北方话里消失。

现代汉语：（1）适当地吸收西洋语法。（2）大量地增加复音词。①

王力先生提出汉语史分期将近七十年了，他的汉语史分期对我国语言学研究产生了巨大影响，使我国的语言学研究产生了一个二级学科"汉语史"。"汉语史""上古汉语""中古汉语""近代汉语""现代汉语"，"语法史""语音史""词汇史"，"上古词汇史""中古词汇史""近代词汇史""现代词汇史"，以及汉语史的"四分法"等，已成为汉语言文字学的通用概念，使汉语史研究进入了一个崭新的时期，出现了前所未有的新局面，汉语史研究取得了巨大的成就。

我们的汉语词汇通史研究，也是在王力先生汉语史理论、汉语史特点认识指导下进行的。但是，我们在吸纳王力先生学说的同时，也要吸纳语言学界词汇史近七十年来研究的新成就、新发展。

回头看将近七十年前王力先生的汉语史"四分法"，上古期包含9个时段，一千六百年；中古期包含7个时段，八百年；近代期包含5个时段，六百一十九年。每一时期的时间太长了，湮没了语言很多变化，尤其是词汇，还会给人以误解，好像复音词是到了现代汉语才大量增加的。

回头看将近七十年前王力先生的所举汉语史特点，基本上是语音、语法方面某一局部质变，很难根据它就认为汉语史发生了阶段性的质变。

其实，王力先生的《汉语史稿》除了语音史部分用了"四分法"，按照"上古的语音系统""由上古到中古的语音发展""由中古到现代的语音发展"的顺序书写，语法史、词汇史都是按专题讲的。他后来把《汉语史稿》修改拆分为《汉语语法史》《汉语词汇史》《汉语语音史》三部书。《汉语语音史》则完全改用以时代为顺序的新体系，卷上"历代的音系"大致是按朝代或以朝代为线索分期的，分先秦、汉代、魏晋南北朝、隋—中唐、晚唐—五代、宋代、元代、明清、现代，共9个音系。王力先生这一修改，给我们很多启发。单就音系时代讲，1918年钱玄同《文字学音篇》将古今音划分为周秦、两汉、魏晋南北朝、隋唐宋、元明清、现代六期，又可把两汉附于周秦，魏晋南

---

① 王力：《汉语史稿》，中华书局2013年版，第35页。

北朝冠于隋唐宋、元明清、现代合而为一，视为三期。

（二）周祖谟先生的分期（四分法基础上的六分法）

周祖谟先生在《汉语发展的历史》一文中将汉语史分为六期。

1.上古时期（公元前771年以前）。这是以商代甲骨文为起点，到西周末，包括商代、西周，共五百二十九年。

2.上古后期（公元前770年—公元219年），包括春秋、战国、秦、西汉、东汉5个时段，共九百八十九年。

3.中古时期（公元220年—公元588年），包括魏晋南北朝，共三百六十八年。

4.近古时期（公元589年—公元1126年），包括隋、唐、五代、北宋，共五百三十七年。

5.近代（公元1127年—公元1918年），包括南宋、金代、元代、明代、清代、民国初年，6个时段，共七百九十一年。

6.现代（公元1919年以后）。①

周祖谟先生分期的标准比较全面，外因有社会的发展、民族的战争、地理的悬隔，内因有语音、语法、词汇以及文字的变化。

（三）唐作藩、郭锡良先生的分期（四分法基础上的五分法）

汉语史分期是从王力先生在北京大学开授汉语史课程开始的，之后唐作藩先生、郭锡良先生又讲了一辈子汉语史，对于汉语史分期，他们自有切身感受。他们的感受是有启发意义的。

唐作藩先生在《汉语语音史教程》自序里说，1960年代就在王力先生《汉语史稿》的基础上撰写了汉语史讲义。汉语语音史课程唐先生共讲了15次，2006年开始修改讲义，经历了两年半，2009年完稿，定名为《汉语语音史教程》。在《汉语语音史教程》中，有"汉语语音史的分期"一节，唐先生是把汉语语音史的分期放在汉语史的分期中来论述的。

唐先生认为，关于汉语史分期影响大的有两家，一是王力先生，一是吕叔

---

① 周祖谟：《汉语发展的历史》，载《周祖谟语言学论文集》，商务印书馆2001年版，第9—15页。

湘先生。王力先生侧重以语法结构作为汉语史分期标准，吕叔湘先生以文体转变作为汉语史分期的标准。这两种标准唐先生都不完全认同。

唐先生说："研究语言的分期必须考察语言内部诸要素，即语音、语法和词汇三部分。这三部分各有其系统性，而又共同组成语言这一统一体。这三部分的发展虽然是不平衡的，都各有新质要素的产生和旧质要素的衰亡问题，但是它们是互相联系、互相制约的；某一组成部分的系统发生了变化，就必然会引起另两个组成部分的变化，并有可能破坏各个组成部分的旧的统一而达到新的统一。因此，我们研究汉语史的分期时，既不能只看其中一个组成部分而放弃另两部分，也不能在其中分别主次，而应该把三部分当作一个统一的整体，即必须把语音、语法、词汇三部分结合起来进行考察，只要发现三部分的变化涉及到系统性的变化，而不是个别的、局部的、量的变化，就可以划分为一个新的时期。"[1]

唐先生把语音、语法、词汇看作语言的统一体，语音、语法、词汇中任何一部分的变化都有可能引起语言系统的变化，必须把三者放一起来考察语言的变化，也就必须把三者放在一起来为语言分期。

于是，唐先生以语音、词汇、语法三个方面都有显著变化为标准，把汉语史分为五期：

1.殷商时代为远古时期（公元前20世纪至公元前12世纪）。

2.周秦两汉为上古时期（公元前11世纪至公元2世纪）。

3.魏晋南北朝至隋唐为中古时期（公元3世纪至公元9世纪）。

4.从唐末至清代为近古时期（公元10世纪至公元19世纪），一般称作"近代汉语时期"。

5.从20世纪至今为现代汉语时期。[2]

唐先生的《汉语语音史教程》《汉语词汇发展简史》大致都是按照五期分类法撰写的。

郭锡良先生在《汉语史的分期问题》一文里，"认为王力先生设立过渡

---

①　唐作藩：《汉语语音史教程》，北京大学出版社2011年版，第12页。

②　唐作藩：《汉语语音史教程》，北京大学出版社2011年版，第12—14页。

阶段的方案是正确的，另外应该增加远古、近古两个时期"。具体来说，就是"将殷商时代的甲骨刻辞从上古汉语中切分出去，定为远古汉语"。他把王力先生提出的"近代"（公元13世纪—公元1840年鸦片战争）分为两期："十三世纪至十四世纪（南宋后半、元）为近古期"，"十四世纪至十七世纪（明、清前期）为近代期"。①

（四）向熹先生的分期（四分法基础上的十分法）

向熹先生的《简明汉语史》，以汉语语音史、汉语语法史、汉语词汇史三项内容为研究对象，也是站在语言语音、语法、词汇三要素的立场为汉语史分期的。其特点是在上古、中古、近代期的内部又分出前期、中期、后期。这样，对汉语史的分期实际上就多达十期。除现代期以外，每期的历时时间与四期分类法相比缩短了约三分之二，接近按朝代分期。并且，每期皆讲出了在语音、词汇、语法、社会等方面的特点。这是很有启发意义的。

1.上古期：从公元前18世纪到公元3世纪，即商、周、秦、汉时期。商代是上古前期，周秦是上古中期，两汉是上古后期。

2.中古期：从公元4世纪到公元12世纪左右，即六朝、唐、宋时期。六朝为中古前期，唐代是中古中期，宋代是中古后期。

3.近代期：从公元13世纪到公元20世纪初，即元、明、清时期。元代是近代前期，明清是近代中期，鸦片战争至五四运动是近代后期。

4.现代期：从五四运动到现在。②

（五）吕叔湘先生的分期（由二分法到三分法）

对汉语史的分期，影响大的还有吕叔湘先生。吕先生在分期问题上前后有所变化。

1984年4月，吕叔湘先生在《近代汉语指代词》"序"中持二分法，即以晚唐五代为界，汉语史分为古代汉语和近代汉语，现代汉语是近代汉语中的一部分。吕先生说："秦以前的书面语和口语的距离估计不至于太大，但汉魏以后逐渐形成一种相当固定的书面语，即后来所说的'文言'。虽然在某些类

---

① 郭锡良：《汉语史的分期问题》，《语文研究》2013年第4期。

② 向熹编著：《简明汉语史》（上册），高等教育出版社1993年版，41—43页。

型的文章中会出现少量口语成分，但是以口语为主体的'白话'篇章，如敦煌文献和禅宗语录，却要到晚唐五代才开始出现，并且一直要到不久之前才取代'文言'的书面汉语的地位。根据这个情况，以晚唐五代为界，把汉语的历史分成古代汉语和近代汉语两个大的阶段是比较合适的。至于现代汉语，那只是近代汉语内部的一个分期，不能跟古代汉语和近代汉语鼎足三分。"①

但是，到了1986年8月，吕先生为江蓝生先生《魏晋南北朝小说词语汇释》写序的时候，看到魏晋南北朝小说中的词语，或者其中某些词语的用法，"多数不见于秦汉以前的古籍，也只有小部分一直沿用到宋元以后的俗文学作品"，动摇了"古代汉语""近代汉语"二分法，也改变了"古代汉语""近代汉语"的起讫时间。吕先生说："秦汉以前的是古代汉语，宋元以后的是近代汉语，这是没有问题的。从三国到唐末，这七百年该怎么划分？这个时期的口语肯定是跟秦汉以前有很大差别，但是由于书面语的保守性，口语成分只能在这里那里露个一鳞半爪，要到晚唐五代才在传统文字之外另有口语成分占上风的文字出现。拿目前这本书里边的词语来看，从古典书面语的立场说，这些都是'俗语'，也就是说，都可以算是近代汉语的'露头'。"②

这里，吕叔湘先生说，秦汉以前是"古代汉语"，宋元以后是"近代汉语"，三国到唐末是"近代汉语的'露头'"，也就是在吕先生原来的"古代汉语"阶段又划分出一个"近代汉语的'露头'"阶段。

值得注意的是，吕叔湘先生为汉语史划分时代的标准与前述诸家不同。前述诸家的标准是语音、语法、词汇之重大变化，吕叔湘先生所根据的是语体（请注意，不是"文体"）之重大变化，即书面语形成的文学语言从以文言语体为基础转为以口语语体为基础的变化。分期标准的变化，带来分期时段、起讫点的变化，也带来研究内容、研究体系、研究方法的变化，这是汉语史分期标准、分期时代、汉语史研究方法的巨变。

我们认为，吕先生这一变动，立足于汉语口语发展史，是站在口语立场上，一段一段从上古往下捋，与汉语史长时段发展实际相符合，与语言史应当

---

① 吕叔湘著，江蓝生补：《近代汉语指代词》，商务印书馆2017年版，序言第1页。

② 江蓝生：《魏晋南北朝小说词语汇释》，语文出版社1988年版，序言第1—2页。

是口语的历史理论相符合，根据是充足的。所以，吕先生以三国到唐末为"近代汉语的'露头'"、宋元以后为"近代汉语"的划分，对汉语史研究产生了重大影响，定将影响深远。

（六）江蓝生先生的分期（三分法）

江蓝生先生在《古代白话说略》中，站在文言与白话区别的立场，以白话与文言相区别为标准，把汉语史由"古代汉语""现代汉语"二分，改为"古代汉语""近代汉语""现代汉语"三分，并认为"古代汉语"属于文言系统，"近代汉语""现代汉语"属于白话系统。

江蓝生先生引述了黎锦熙和吕叔湘二位先生的观点，说："古代白话跟汉语史的分期有直接关系。长期以来大学里教汉语只有古代汉语与现代汉语之分，把'五四'时期以前的语言统统称为古代汉语。这种分期忽略了文言与白话的区别，没有正确地反映汉语发展的历史阶段，因而是不太科学的。……黎先生把近代汉语的上限定为宋，吕先生则前移至晚唐五代，理由是：'尽管从汉魏到隋唐都有夹杂一些口语成分的文字，但是用当时口语做基础，而或多或少地搀杂些文言成分的作品是直到晚唐五代才开始出现的（如禅宗语录和敦煌俗文学作品），因此我们建议把近代汉语的开始定在晚唐五代即第九世纪。'（见为刘坚《近代汉语读本》所作的序）不管把近代汉语的上限定在宋，还是定在晚唐五代，都是以白话文献的出现为依据的，也就是说近代汉语是以古代白话文献为研究资料，主要以隋唐以后的口语为研究对象的。现在国内学者大都接受把近代汉语的上限定在晚唐五代，把下限定在明末清初。"江先生又说："把汉语史由古代和现代的二分法改成古代、近代、现代的三分法不仅符合汉语发展的历史事实，而且也便于研究者分段开展研究。不过，如果以'文言'和'白话'来划分，那么古代汉语属于文言的系统，而近代汉语和现代汉语都属于白话的系统。"[①]

江蓝生先生关于汉语史时代划分的"三段论"，包含了汉语史以语体划分的文言系统和白话系统"两段论"。江先生的划分，对近代汉语研究产生了重大影响。例如《近代汉语大词典》《近代汉语读本》《近代汉语语法资料汇

汉语词汇通史·西周卷

---

① 江蓝生：《古代白话说略》，语文出版社2000年版，第7—8页。

编》《近代汉语虚词研究》《近代汉语探源》《近代汉语研究新论》和《近代汉语词典》等一系列断代著作，都受此影响。

（七）徐时仪教授对汉语白话史的分期

汉语书面语的历史，有文言和白话两个系统。对于汉语史研究，有的学者独辟蹊径，单刀直入，直奔白话汉语史，那就是徐时仪教授。徐时仪教授著有《汉语白话史》，对汉语白话史进行过分期；还著有《古白话词汇研究论稿》，对古白话词汇的历史也进行了分期，颇有新意。

徐时仪教授把汉语白话史的分为"秦汉到唐的早期白话（白话挤入书面语）""唐到明的中期白话（白话书面语系统形成）""明到清的晚期白话（白话与文言并存）"三期，并就白话与文言的不同列出白话的8个特点：1.许多常用词的替代现象发生。2.有大量的俗词。3.古白话常带有方言色彩，反映了口语的地域性。4.构词和句法不同。5.古白话中一词多义现象迅速发展。6.同音通假字多，民间所造俗字多。7.文言具有超时空的广泛性和规范性，白话则随着口语不断变化。8.文言长于概括和写意，白话则善于铺陈描绘。[①]

徐时仪教授对古白话词汇历史的分期是：1.汉魏晋南北朝（文中夹白期）；2.隋唐宋元（半文半白期）；3.明清（相持分流期）；4.清末民初（文消白长期）。并且，他分别论述了各期特点。[②]

（八）对"上古汉语""中古汉语""近代汉语"上限、下限的讨论

王力先生曾提出"上古汉语""中古汉语""近代汉语""现代汉语"的断代概念，这几个概念深入人心。对这几个时段中的语音史、词汇史、语法史以及专书、专题、疑难词语等的研究，蔚为大观，尤其是中古汉语、近代汉语研究，更成为汉语史研究的热点，出现了许多优秀成果，使汉语史研究出现了欣欣向荣的局面，极大地改变了汉语史研究面貌。因此，"上古""中古""近代"的上限与下限问题也成为讨论的课题。

---

① 徐时仪：《汉语白话史》，北京大学出版社2015年版，第23—30页。

② 徐时仪：《古白话词汇研究论稿》，商务印书馆2021年版，第137—148页。

1. 对"上古汉语"上限、下限的讨论

讨论"上古汉语"词汇上下限的有史存直《汉语词汇史纲要》、潘允中《汉语词汇史概要》。我们以徐朝华《上古汉语词汇史》分期为例。因为，我们是研究汉语词汇史的，徐朝华是站在词汇史立场看分期问题的，所以，我们特别感兴趣。徐朝华认为，大家都认定上古为甲骨文时代，没有争议。但是，下限有的学者定在秦，有的学者定在两汉，徐朝华认为"下限定在两汉比较适当"。比较突出的特色是，徐朝华把"上古"又分成三期：

（1）上古前期：约公元前14世纪到公元前6世纪。在中国历史上为殷商时期到春秋中期。这个时期汉语词汇的主要特点是：①汉语词汇系统已经形成；②表示抽象概念的词不多；③单音词占绝对优势。

（2）上古中期：约公元前5世纪到公元前3世纪末。在中国历史上为春秋后期到战国末期。这个时期汉语词汇的主要特点是：①产生了大量新词，特别是有关意识形态和自然科学的词；②汉语文学语言词汇基础已经形成；③词义系统日趋复杂；④双音词比例明显增大。

（3）上古后期：公元前2世纪初到公元3世纪初。在中国历史上为秦汉时期。这个时期汉语词汇的主要特点是：①汉语词汇系统已较完善；②反映中央集权封建帝国特点的词大量出现；③外语借词在汉语词汇中开始占有一定地位；④词的双音化趋势已较明显。[①]

这里，对上古三期汉语词汇的特点，讲得中肯科学，符合汉语实际，以这些特点划分词汇史时代，可信度高，可行性强。

2. 对"中古汉语"上限、下限的讨论

对于"中古汉语"上限、下限提出看法的学者较多，我们以王云路教授《中古汉语词汇史》为例。王云路教授说："中古汉语的下限是到南宋、北宋，还是晚唐五代或隋？它的上限是起自魏晋，还是应该再往前推，包括东汉？是独立作为一个时期，还是和上古汉语一样，同属于古代汉语？……参考前辈时贤的意见，我们认为'中古汉语'不妨暂定为东汉魏晋南北朝隋，秦和西汉可以看作是从上古汉语到中古汉语的过渡时期，初唐、中唐可以看作是

---

① 徐朝华：《上古汉语词汇史》，商务印书馆2003年版，第11—13页。

从中古汉语到近代汉语的过渡时期。"①"中古汉语"的时代是东汉到隋,共五百九十三年。

关于研究对象、研究文献、中古汉语词汇的特征,王云路教授说:"本书研究中古汉语词汇发展演变的历史,研究对象是从东汉至隋唐这一历史阶段的汉语词汇,涉及文献包括汉魏晋南北朝隋及初唐的佛典、小说、诗文、史乘、杂著、科技书、碑帖、出土文书等。"关于中古汉语词汇的特征,他引用其师蒋礼鸿的话说:"所谓'中古汉语',和前汉以上的'上古汉语'有其不同的地方,那就是它的语汇的口语化,这个口语化现象表现在汉译佛经、小说、书简等方面。……所谓'中古汉语',其语汇来源大致是这样的。"②中古汉语的特点是语汇的口语化,简洁明快,《中古汉语词汇史》所研究的就是中古的口语化词汇。这符合语言学研究口语词汇的方向,承担起了从被认为是"言文混杂"的书面语的中古文献里探讨口语化语汇的重任。

3.对"近代汉语"上限、下限的讨论

"近代汉语"在汉语史上的地位非常重要,因为它是"现代汉语"的直接源头,还因为它还存有汉语书面语发展的语言痕迹,它是汉语书面语由典范文言(上古以口语为基础的书面语)、仿文言(仿上古以口语为基础的书面语加上少量当时语言)、文白夹杂的白话(上古以口语为基础的书面语、仿上古以口语为基础的书面语、历代当时语言)、以近代口语为基础的白话,到"现代汉语"的最后一个阶段。研究汉语史的学者要区分它,研究"现代汉语"上限的学者也要区分它。所以,探讨"近代汉语"上限、下限的学者初步统计有几十人。

我们的着重点在于词汇史,这里以两位词汇史专家的观点为例:

方一新教授是把中古和近代放在一起进行研究的,他的《中古近代汉语词汇学》专列一节讨论中古、近代汉语分期。他认为,从东汉建立(公元25年)到隋代灭亡(公元618年)是中古汉语时期,整个时期约六百年。他又把中古汉语分为早、中、晚三期:早期为东汉(公元25年—公元220年),约两

① 王云路:《中古汉语词汇史》,商务印书馆2010年版,第2页。

② 王云路:《中古汉语词汇史》,商务印书馆2010年版,第2—3页。

百年；中期为魏晋（公元220年—公元420年），约两百年；晚期为南北朝、隋（公元420年—公元618年），约两百年。并且，他认为汉语史分期应当兼顾语法、语音和词汇的标准，详细论述了中古汉语的语法、语音、词汇的特征。[①]

方一新教授认为，近代汉语以晚唐五代为上限，以清代初期为下限，也分为早、中、晚三期：早期是晚唐五代到北宋，中期是南宋、金至元代，晚期是明代至清初。他在书中分别论述了各期语法、语音、词汇的特征。[②]

把中古汉语、近代汉语放在一起进行研究的著作，还有董志翘教授的《中古近代汉语探微》、曾昭聪教授的《中古近代汉语概论》等。

蒋冀骋教授和吴福祥教授一起著有《近代汉语纲要》，蒋冀骋教授自己著有《近代汉语词汇研究》。蒋冀骋教授对于汉语史分期有专论《论近代汉语的上限》，主张汉语史应当分为四期：上古，2世纪以前；中古，魏晋—中唐（2—8世纪末）；近代，晚唐五代—明末清初（9—17世纪）；现代，清末至今（18世纪至今）。蒋冀骋教授的关注点在于近代汉语，他认为近代汉语的分期标准是音韵、语法、词汇，列举了许多语言事实。[③]

现在，我们要对汉语史的分期谈点小结性的看法了。

为汉语史分期的过程，就是研究汉语史文献与汉语史内部发展形式的过程。汉语史文献太复杂了，汉语史内部发展形式也太复杂了。汉语史分期，如果从1920年代黎锦熙先生《中国近代语研究法》算起，有九十多年了；如果从1950年代王力先生《汉语史稿》算起，也有六十多年了。尤其是改革开放以来，大量学有专长的生力军参与其中，以语音、语法、词汇等方面大大小小的个体、专题、专书、断代等研究实践，以白话、文言、书面语、口语等方面大大小小的个体、专题、专书、断代等研究实践，开展了多角度的探索，应该说，在分期本身、在所分时段内的汉语现象研究等方面，都取得了巨大的成就。

---

① 方一新：《中古近代汉语词汇学》，商务印书馆2010年版，第26—38页。

② 方一新：《中古近代汉语词汇学》，商务印书馆2010年版，第18—19页。

③ 蒋冀骋：《论近代汉语的上限（上）》，《古汉语研究》1990年第4期。

（一）一批对于汉语史研究极重要的概念，如"上古""中古""近代""现代"，某一时段的"早期""中期""晚期"，由某一时段到下一时段的"过渡期"等，充分反映了汉语研究、汉语史研究的时代观念，相较于两千余年的"小学"时期的汉语研究，显然先进、科学。作为学科的"汉语史"，已步入科学汉语史阶段。

（二）各类分法的汉语史分期，上限、下限明确。汉语史分期大致有"四分法""二分法""三分法"和"多分法"，各类分法的历史时期的起点、终点比较明确。

（三）各家分期的标准比较清楚，大致有三种：

1.语音、词汇、语法标准，包括其中某种重要现象的出现与消失。

2.文言与白话语体标准，文言文是秦汉以前的书面语，白话文是以口语为基础的书面语，白话语法、白话词汇特点鲜明。

3.白话词汇标准，只写白话文词汇的历史。

（四）各种分期方法都出现了大批可喜成果，开创性的有之，经典性的有之，弥补空白的有之，拾遗补阙的也有之。此不详述。

有文字记录的汉语史有几千年，目前存在的汉语文献有8万多种，汉语史是中华民族文明的宝库，是世界文明的一个重要组成部分，可以说，对它的科学研究还刚刚开始，我们研究的路还很长。

四、《汉语词汇通史》对词汇史的分期

（一）汉语词汇通史研究法

汉语史及其词汇史、语法史、语音史的研究方法大致有两种：一是断代研究，即把史分成若干个共时时段，一个时段一个时段地进行研究；一是专题研究，即把史分成若干个专题，一个专题一个专题地进行研究。

王力先生开创的汉语史"四分法"，是把几千年的汉语史分成4个共时时段，一个时段一个时段地共时研究的方法，对推动汉语史的研究做出了卓越的贡献。但是，"四分法"也存在很大缺陷：

第一，"四分法"主要根据是语法和语音，基本没有考虑词汇的特点。在汉语史中，语法、语音、词汇的发展是不平衡的。词汇的发展要比语法、语音

快得多。所以，"四分法"不符合汉语词汇发展的实际，不适用于汉语词汇发展史的分期。

词汇要比语音、语法复杂得多，词汇的发展有它自己的规律。词汇的特点是类型多、层次多、数量多、交叉关系多、异质因素多，以及与社会关系密切。所以，词汇史分得细一些，能避免跳跃性，更能展示出发展的层次性、系统性与规律性。词汇有自己的规律、特点，我们应当按词汇发展演变的实际，来确定词汇史的断代。

第二，"四分法"时段太长，掩盖了词语词汇发展的线索。

上古涵盖一千多年，中古、近代涵盖几百年。一种语言的词汇，怎么会延续这么多年不变呢？这样断代，导致跨时段太长，不容易看清词汇的发展，不容易看清词汇发展演变的规律。斯大林曾说："语言反映生产的变化，是立刻、直接反映的。""语言，实际上是它的词汇，是处在几乎不断变化的状态中。工业和农业的不断发展，商业和运输业的不断发展，技术和科学的不断发展，要求语言用进行这些工作所必需的新词、新语来充实它的词汇。"[①]

汉语词汇发展演变的实际情况是怎样的呢？我们以汉语词汇史的两头为例：

我们以中华人民共和国成立之后七十多年的词汇发展演变为例，我与中华人民共和国同龄，回忆起来，语感可分为四个阶段：

1."文革"前的十七年："三反""五反""四清""社教""大跃进""人民公社""拖拉机"等。

2."文革"至十一届三中全会召开前："造反派""保守派""红卫兵""走资派""文斗""武斗""斗私批修""打翻在地"等。

3.1978年十一届三中全会以后，我国开始以经济建设为中心，实行改革开放。邓小平同志号召"说新话"，经济建设、改革开放词汇逐渐出现。

4.2013年，十八届三中全会后，我国推动全面深化改革，直到时下，我们感觉到词汇时时刻刻都在变化，都有"热字""热词"出现。在各行各业的传统领域与新开创领域，新词一大批一大批地出现。

---

① 斯大林：《马克思主义和语言学问题》，中共中央马克思恩格斯列宁斯大林著作编译局译，人民出版社1971年版，第7—8页。

我们再以商代甲骨文词汇为例：

甲骨文记录商代晚期二百七十三年的历史，研究甲骨文的学者发现，这二百七十三年的甲骨文前后也有所不同。董作宾将这二百七十三年间的甲骨文分为五期：

第一期：武丁及其以前盘庚、小辛、小乙（一世三王，约公元前1334年至公元前1275年）；

第二期：祖庚、祖甲（一世二王，约公元前12世纪上半叶）；

第三期：廪辛、康丁（一世二王，约公元前12世纪下半叶）；

第四期：武丁、文丁（二世二王，约公元前12世纪下半叶至公元前11世纪上半叶）；

第五期：帝乙、帝辛（二世二王，约公元前11世纪中叶）。[①]

这五期，不光是"贞人""称谓""书体""字形"等不同，词汇也有不同。

（二）《汉语词汇通史》的朝代断代法

这里，我们提出一种认识：过去以为历史朝代更替影响不到语言变化，这是一种误解。过去一般认为，中国社会在夏、商、周时期是奴隶社会，自秦始皇至清末是封建社会，二者都是剥削社会，因而谈不上发展，谈不上变化，谈不上进步，朝代的更替影响不到语言。

其实，朝代的更替都是社会矛盾激化引发社会剧烈变动的结果，变动的事物是极为广泛的，朝代政治、制度、文化、科学、技术、工业、农业、商业、风俗等方面都会变化。这些变化无不打上朝代的标记，从而反映到语言上，引起语言词汇的变化、替换、衍生。这是我们研究词汇通史的一个发现。

例如，甲骨祭祀义域的词汇，到西周就少见了；西周职官义域的词汇，到春秋就少见了。"汉承秦制"，秦朝职官义域的词汇多被保留，但是西汉以后，各朝代的职官义域的词汇都发生了很大的变化。清末照相机传到中国，出现"摄相机""摄""摄像""摄相"等新词，后又出现"照相机""照""照相""照像"等新词。

---

① 赵峰：《汉字学概论》，厦门大学出版社2009年版，第137—138页。

社会性是语言的本质特征，决定词汇发展速度的主要因素是社会。"要了解语言及其发展的规律，就必须把语言同社会发展的历史，同创造这种语言、使用这种语言的人民的历史密切联系起来研究。"[①]在我国，社会发展的历史、人民的历史，是跟朝代的更替分不开的。我国古代每一个新王朝一建立，往往在政治、经济、文化方面采取一些新的措施，或多或少地推动了社会的变化发展，自然，语言也会敏感地随之变化发展。语言的社会性本质，让我们可以根据朝代划分词汇发展历史的阶段。

我们的《汉语词汇通史》的历时系统，以词的符号性变化、社会性变化、时代性变化为原则，打破传统四分法，大致以朝代为界，把汉语词汇史划分为15个时期（因《汉语大词典》未收商代甲骨文词汇，所以商代词汇暂付阙如）。这样既符合汉语发展的内因、外因，又符合汉语词汇发展的事实，或可揭示汉语词汇发展演变的规律。

需要说明的是，虽然《汉语大词典》没有用商代甲骨文语料，但《汉语词汇通史》不能没有商代甲骨文语料，所以我们补充了甲骨文语料，不过没有编写"商代卷"。秦朝因语料少并入战国，魏（三国）因语料少与晋合为魏晋。

因此，《汉语词汇通史》共分为西周、春秋、战国—秦、西汉、东汉、魏晋、南北朝、隋、唐、五代、宋代、元代、明代、清代、民国15个时期，也即15卷。

（三）《汉语词汇通史》的系统性

《汉语词汇通史》分为15个时期，即15个共时系统。由15个共时系统组成汉语词汇通史系统。

每个共时系统分册都包括"承古词、承古义""新词、新义""消亡词、消亡义"。当然，"新词、新义"是重点。

每个共时系统分册都包括"语素""单音词""双音词""三音词""四音词"。

每个共时系统分册都包括"语素""词""义位""义素"及各种关系

汉语词汇通史　西周卷

---

① 斯大林：《马克思主义和语言学问题》，中共中央马克思恩格斯列宁斯大林著作编译局译，人民出版社1971年版，第16页。

分析。

每个共时系统分册都包括本时期特征词、特征词汇场。

……

各项内容都可从西周、春秋、战国等一直贯穿到民国，当然从民国往上推，也可以一直推到西周。这样，在汉语词汇中，不同类型、不同性质、不同层次、不同意义、不同结构、不同语义结构等，就构成了一个完整、全面的历时词汇系统。

习近平总书记号召："建设中国特色、中国风格、中国气派的考古学，更好认识源远流长、博大精深的中华文明。"（《求是》2020年第23期）习近平总书记的号召，也适合汉语言文字学，我们要建设中国特色、中国风格、中国气派的汉语言文字学，我们也要建设中国特色、中国风格、中国气派的汉语史、汉语词汇史。汉语史、汉语词汇史，是"源远流长、博大精深的中华文明"的重要载体。我们的《汉语词汇通史》就是希望能为"建设中国特色、中国风格、中国气派"的汉语词汇史、汉语史贡献一点力量！

《汉语词汇通史》是我们2003年以来，先后30多位硕士、博士、博士后共同努力的成果。二十年来，《汉语词汇通史》从各个时段的分卷到整体成果，经历过各种各样的通讯评、会评、内审、外审、答辩、讨论、全书总评总审、各卷逐一的评审等，共100余次，接受过全国许多老一辈学者、我同辈的学者、中青年学者的评审、鼓励、帮助，同时老前辈学者、同辈学者、中青年学者也对我们提出过各种各样的指导、改进意见。我们一定会深深地记住这些鼓励和帮助，一定深深地重视各种指导、改进意见。我们向前辈学者、同辈学者、中青年学者表示最大最诚挚的感谢！

30多位研究者，面对商代甲骨文以来三千多年的汉语史，面对37万多个词、51.6万个义项，面对实际二十余年的工作现实，面对需要突破的很多词汇研究、词汇史研究第一次遇到的难题，承受许多压力，经历许多艰辛、许多挑战、许多极限，拼搏奋战，坚持到最后……我作为主持者、主编，深深地为作者们点赞！

著名书法家郑训佐教授为本书题写书名，大为本书增辉，这里，我们向他表示诚挚的谢意！

山东大学文学院汉语言文字学研究所的老同人、新同人，二十几年中一直支持我，帮助我，鼓励我。这里，我们向他们表示诚挚的谢意！

山东大学文学院的老院长谭好哲教授、现任院长杜泽逊教授，给了我们多方面的帮助、支持。这里，我们向他们表示诚挚的谢意！

百花洲文艺出版社学术图书编辑周振明，多年来一直关注、支持《汉语词汇通史》并希望承担其出版工作，令我们十分感动！他与部门同事对每一部书稿都提出不少修改意见，大为本书增色。周老师是一位颇具出版情怀、高度负责的出版人。我们深深地感谢他！我们也深深地感谢百花洲文艺出版社的领导！

《汉语词汇通史》就要出版了，能为建设中国特色、中国风格、中国气派的汉语词汇史、汉语词汇学、汉语言文字学出一份力，能为继承中华民族的优秀文化出一份力，本来是件令人高兴的事，但是，我们还有不少忧虑，本书一定还会存在不少问题，需要不断地修改完善，欢迎大家批评指正！

山东大学 杨端志

2023年4月28日

目录

凡　例

一、本书行文一般使用2013年6月经国务院批准公布的《通用规范汉字表》中的字形。如果本书中词的书写形式因简化与其他词的书写形式合为一形，且在论述过程中使用简化字无法说明问题时，则仍用繁体字，并在脚注中注明简化字。

二、本书所列西周传世文献新词词义例证一般引自《汉语大词典》，出土文献词汇例证及释义一般引自《殷周金文集成引得》《金文大字典》《甲骨文字典》《简明金文词典》《金文常用字典》等。此外，少数词汇的释义还参考了《王力古汉语字典》《辞源》等工具书，书中不再对例证与释义进行一一标注。

三、本书所列词汇涉及多音字的，首次出现时以脚注形式标注出其在例证中的读音。

四、限于篇幅，本书一般只列出《汉语大词典》等工具书中属于西周时期的例证，西周以后的例证不再转引。《汉语大词典》中所引例证均为繁体字，本书转引时一般使用简化字。

五、本书中《说文解字》简称《说文》，段玉裁《说文解字注》简称"段注"或"段玉裁注"，王筠《说文句读》简称"王筠句读"，徐灏《说文解字注笺》简称"徐灏笺"。

六、本书涉及同源词的声韵关系参考王力的《同源字典》，其他词汇上古音的声韵情况参考郭锡良《汉字古音手册》。书中不再对其来源进行标注。

七、本书引用出土文献时，汉字残缺用"囗"代替，一个"囗"代表一个字。

绪　论

西周是我国继夏商之后的第三个王朝，也是中国奴隶制社会的鼎盛时期。西周从武王灭商，建都镐京，到公元前771年周幽王被杀为止，经历了十一代，共计十二个君主，大约三百年的历史。著名学者王国维在《殷周制度论》中曾说过："中国政治与文化变革，莫剧于殷周之际。"①这在一定程度上揭示了西周在中国历史上突出的、不可取代的巨大作用。

西周时期，各种奴隶制社会特征已经完善并且成熟。西周在政治上实行分封制，所谓分封，就是周武王灭商之后，把土地和俘虏分给同姓兄弟、亲戚，以及一些在战争中有功劳的臣子，让他们成为诸侯，对西周进行分区管理。经济上，农业成为西周社会生产的核心，手工业、商业也有了一定程度的发展。西周时期社会财富比起殷商时代大大增加，经济的发展也促进了思想文化的发展，特别是青铜器的大量使用。由于青铜器的发展，西周时期的青铜器铭文也得到了空前的发展，它突破了商代铭文内容单一的特点，在性质、内容、形式、数量以及书体方面都有了较大的改观，还出现了大量鸿篇巨制式的铭文。

西周时期的语言更接近汉语原始语言，尚不属于典范文言文。这一时期的语言比殷商时期的语言更加规范，但又不及春秋时期语言类型丰富。此外，西周政治、经济和文化方面的迅猛发展，对语言发展特别是词汇的发展也提出了新的要求，促使语言必须进行适应这些要求的转变。因此，在这样的历史条件

---

① 方麟选编：《王国维文存》，江苏人民出版社2014年版，第374页。

下，西周词汇的发展也展现出其独特的面貌和特征。

第一节　西周词汇史研究的意义及现状

一、西周词汇史研究的意义

罗宾斯说过："语言就是文化的一部分，而且实际上是最重要的部分之一，是唯一的凭其符号作用而跟整个文化相关联的一部分。"[①]语音、词汇、语法是构成语言的三个要素。在这三个要素中，词汇是最活跃也是最敏感的要素。词汇为了适应社会政治、经济、文化等各方面的变化，就需要不断创新、充实和丰富。断代词汇史研究是词汇史研究的基础。然而，汉语词汇史研究一直是十分薄弱的。无论是汉语语音史还是语法史都有研究得比较全面的专著出版，而汉语词汇史研究的专著不仅数量上比较少，而且从内容上看，又多是以概论性质为主，尚无全面地揭示汉语词汇发展的全貌的著作。之所以会出现这样的情况，一方面是因为汉语词汇变化速度快，斯大林曾经说过："语言的词汇对于变化是最敏感的，它处在几乎不断变化的状态中。"[②]另一方面是因为汉语词汇似乎缺乏像语音、语法那样的条理性。汉语专书词汇研究是断代词汇研究的基础，断代词汇研究又是词汇通史研究的基础。我们要研究词汇的发展史就要把从商代直到现代每个历史时期的词汇面貌描写清楚，做好断代词汇史的研究，才能进而做好整个汉语词汇史的研究，因此，断代词汇史研究具有重要的意义和价值。

西周是继夏、商两代建立起的王朝，是汉语词汇史上重要一环，做好西周词汇史研究具有重要的意义和价值。

首先，西周时期的语言还不属于典范的文言文，它更接近汉语原始语言。

---

① 罗宾斯：《普通语言学概论》，李振麟、胡伟民译，上海译文出版社1986年版，第43页。

② 斯大林：《马克思主义和语言学问题》，中共中央马克思恩格斯列宁斯大林著作编译局译，人民出版社1971年版，第16页。

甲骨文是我们目前所能找到的汉语中最古老的文字，从出土的商代甲骨文来看，它已经是发展得比较成熟的文字系统了，因此我们有理由相信在甲骨文出现之前一定还存在其他的语言形式。因此研究西周时期的语言，有助于我们寻找汉语发展的根源，从而展现汉语的原始语言的面貌。

其次，汉语词汇史研究中，西周部分历来是比较薄弱的环节。汉语词汇史研究多是以甲骨文词汇作为源头论述的，然后是周秦词汇。西周传世文献比较少，加之先秦传世文献又大多产生于春秋战国时期，所以周秦词汇实际上主要是指春秋战国词汇，而对西周词汇的全面研究尚属空缺。然而西周有约三百年的历史，词汇的发展变化必然很大，因此我们有必要对西周词汇作单独的断代描写。

最后，西周金文为研究西周词汇提供了可靠的证据。正如前文所说，西周是奴隶制社会发展的鼎盛时期，经济上较商代有了很大的发展，青铜器大量生产和使用，西周时期的青铜器铭文因此也得到很大的发展。西周词汇史研究除了借助《汉语大词典》所涉及的西周传世文献资料以外，我们还要利用金文的材料，将二者有机地结合起来。

二、汉语词汇史和西周词汇研究的现状

（一）汉语词汇史研究的现状

最早进行汉语词汇史研究的是王力，他的《汉语词汇史》紧紧抓住汉语的基本词汇，并且将自然现象名称、肢体的名称、方位和时令的名称、亲属名称、生产词汇、物质文化词汇六个方面作为基本词汇分类，从词义的扩大、缩小和转移论述了汉语的词是怎样改变意义的，同时还包括对外来词的研究以及汉语对越南语、日语的影响。之后是潘允中的《汉语词汇史概要》和史存直的《汉语词汇史纲要》，他们把新词引入汉语词汇史的研究，但缺陷是仍以举例为主。向熹的《简明汉语史》对汉语新词的研究进行了新的尝试，除了从音节的角度来研究汉语单音词、复音词以外，还从聚合的角度关注了同义词的发展和反义词的发展。徐朝华的《上古汉语词汇史》将上古词汇分成三个阶段：殷商至春秋中期、春秋后期至战国末期、秦汉时期。一方面，其阐明了上古词汇

发展变化的基本情况、词汇系统的形成与发展、新词的产生和旧词的消亡、词语的替换、词义的演变、构词法的发展等情况；另一方面，基本勾勒出上古时期词汇发展脉络，阐明这一时期词汇、词义发展变化与社会发展的关系，以及词汇、词义发展变化的语言内部的原因，总结了各个时期词汇发展的特点。

（二）西周词汇研究现状

1. 传世文献复音词研究

对于先秦词汇的研究早在20世纪50年代就开始了，亚努士·赫迈莱夫斯基在《上古汉语里的双音词问题》里对上古复音词的划分以及产生原因进行了论述。到了80年代，马真在《先秦复音词初探》《先秦复音词初探（续完）》里对划定先秦复音词的标准、构词方式、复音化的途径和方式以及其地位进行了详细论述，并在文章中提出了划分复音词的五个标准。程湘清的《先秦双音词研究》着重讨论了先秦复音词和复音词产生的条件、确认标准以及不同发展阶段的结构方式等问题。他提出区分先秦复音词组要兼顾语法结构、词汇意义、修辞特点以及出现频率四个方面。先秦复音词发展大体经历了语音造词、语音造词向语法造词过渡、语法造词三个阶段。先秦双音词的产生和发展是汉语词汇双音化的开端，在汉语词汇史上占有重要的地位。伍宗文的《先秦汉语复音词研究》除了论述了先秦复音词判定的标准、双音化的动因及条件以外，还概述了先秦复音单纯词、合成词的特点，而且把先秦汉语复音词发展分为萌芽期、类型大备期、第一个高潮期三个阶段。

2. 传世文献专书词语研究

（1）《诗经》词汇研究

向熹的《〈诗经〉里的复音词》统计了《诗经》复音词1329个，这些复音词大多数是复合词，其中偏正式最多，联合式和附加式次之，动宾式很少，主谓式、动补式还完全没有。向熹在《诗经语言研究》中对《诗经》语言做了全方位的研究，"《诗经》的词汇"一章从词义上概括了《诗经》词义中的本义、引申义、通假义，探讨了《诗经》中复音词的特点，并且对"风""雅""颂"中的词汇进行了比较，最后论述了《诗经》对汉语词汇发展的影响。朱广祁的《〈诗经〉双音词论稿》全面考察了双音词在《诗经》中的各种表现，一方面讨论了《诗经》中双音单纯词（重言词和联绵词）的性质、作用以及产生演变的趋势；另一方面以构词方式作为重点，对《诗经》中的双音节复合词进行研究，因为在《诗经》中双音节复合词已经具有很丰富的构词方式。此外还有对《诗经》中专类词进行研究的，如：车艳妮的《〈诗经〉中的形容词研究》、任雪梅的《〈诗经〉副词研究》、罗庆云的《〈诗经〉介词研究》以及荆亚玲的《〈诗经〉同义词研究》等。

（2）今文《尚书》词汇研究

钱宗武在《今文尚书语言研究》中有专章对今文《尚书》词汇进行研究。此外还有唐智燕的《今文〈尚书〉动词语法研究》、邱月的《今文〈尚书〉名词研究》、杨运庚的《今文〈周书〉同义词研究》、杨飞的《今文〈尚书〉形容词研究》、嵇银宏的《今文〈尚书〉复合词研究》等。

（3）《周易》词汇研究

这方面的研究有杨冬梅的《〈周易〉单音节实词同义词研究》、赵雨的《〈周易〉古经单音词核义素研究》、赵振兴的《周易副词研究》《周易的复音词考察》等。

（4）西周传世文献语言词典

向熹编《诗经词典》，收录《诗经》所有单字2826个，复音词近1000个。万祥祯编著的《诗经词典》收录《诗经》中的全部单字、单音词，兼收意义不可分割的复音词和结构稳定、使用频率较高的词组共3896条。吕绍纲主编的《周易辞典》共收入词条7391条，分为四个部分：《周易》经传词语、易学史词语、易学著作、易学人物。张善文的《周易辞典》，共收词目4608条。周民编写的《尚书词典》列出了《〈尚书〉用词总表》，按照音序的排列顺序把《尚书》中的字、词以及词组全部统计罗列出来。

3. 西周金文词汇研究现状

（1）对西周金文词汇进行的全面系统研究

目前，对西周金文词汇进行系统研究的有杨怀源的《西周金文词汇研究》，他研究的重点是西周金文复音词、单音词，以及单音实词的同义词、反义词，并在附录中列出"西周金文复音词表""西周金文通假字表""西周金文已识字表"。此外，还有朱歧祥的《论殷商金文的词汇》、金河钟的《殷商金文词汇研究》等。

（2）金文复音词的研究

关于西周金文复音词的研究有唐钰明的《金文复音词简论——兼论汉语复音化的起源》，文章重点论证了金文复音词的构成以及特点，并且分析汉语复音化的基本原因是语义的精密化。郭锡良的《先秦汉语构词法的发展》分析了西周铜器铭文中各类复音词，并且提出汉语复音化的萌芽出现在西周早期，至春秋战国时期就已经十分完备了。此外还有戴琏璋的《殷周构词法初探》、黄志强的《西周、春秋时代汉语构词法概论》等。

（3）西周金文词类研究

目前，西周金文词类研究分为实词研究和虚词研究两类。实词研究主要集中在对金文动词的研究，比如寇占民的《西周金文动词研究》、邓飞的《两周金文军事动词研究》以及武振玉的《两周金文心理动词试论》等。

对金文虚词的研究，比较系统的是崔永东的《两周金文虚词集释》。这本书体例类似于词典，详尽地解释了两周的介词、连词、副词、助词以及叹词等。李学勤在该书的序言中给予了高度的评价，说它是"金文研究领域的《词诠》或《语词汇释》"。此外，还有就金文某一类或者某一个虚词进行研究的，比如：张振林在《先秦古文字材料中的语气词》中提到了金文中"才""歔""繇"等11个语气词，并且归纳了先秦时期语气词的使用情况；陈永正的《西周春秋铜器铭文中的联结词》阐述了"于""则"以及"故"等介词或者连词的用法；唐钰明在《其、厥考辨》中讨论了"其""厥"两词在时间上的替代问题；张玉金在《甲骨金文中"其"字意义的研究》一文中认为语气词"其"有"将要"和"命令"两种用法；郭锡良的《介词"于"的起源和发展》《介词"以"的起源和发展》分别对"于"和"以"在金文中的介词用法做了较为系统的分类。

（4）金文词义的探索

对金文词义的研究主要是从两个方面进行的。一方面是对金文同类或者同义词的研究，比如：刘雨的《西周金文中的祭祖礼》《西周金文中的军礼》，庄惠茹的《两周金文"克V"词组研究》，武振玉的《两周金文中的祈求义动词》《两周金文助动词释论》《殷周金文中的征战类动词》《殷周金文中的运动类动词》《两周金文心理动词试论》等。另一方面侧重对金文词义的探索，比如：赵诚的《金文的"友"》《金文的"于"》《金文的"又"》，汤余惠的《金文中的"敢"和"毋敢"》，张振林的《金文"易"义商兑》，陈絜的《金文"咸"字词义、用法缕析》，商艳涛的《金文中"征"值得注意的用法》《金文中的"征"》等。

（5）金文工具书

研究金文所使用的工具书主要包括两个方面：金文字典和金文铭文著录。

目前规模比较大的金文字典当属戴家祥的《金文大字典》，该字典共收录金文单字2661个。此外还有王文耀的《简明金文词典》、陈初生的《金文常用字典》以及方述鑫等的《甲骨金文字典》等。

金文铭文的著录，目前比较丰富的是由中国科学院考古所编的《殷周金文集成》，收录青铜器铭文11983件。刘雨、卢岩编著的《近出殷周金文集录》主要收录的是《殷周金文集成》编成以后十几年里出土的青铜器，共计1300余件。严一萍编的《金文总集》，共收金文拓本、摹本8000余件。

除了这些对青铜器铭文著录比较全面的文献以外，还有一些金文选本，比如唐兰的《西周青铜器铭文分代史征》、郭沫若的《两周金文辞大系图录考释》、马承源主编的《商周青铜器铭文选》、刘翔等编著的《商周古文字读本》、曹锦炎编的《商周金文选》以及秦永龙编著的《西周金文选注》等。

为了方便查阅金文材料，学者还编写了一些金文的索引和金文论文的索引。金文的索引有张亚初编著的《殷周金文集成引得》、华东师范大学中国文字研究与应用研究中心编写的《金文引得》、周何总编的《青铜器铭文检索》等。金文论文的索引有孙稚雏编著的《青铜器论文索引》《金文著录简目》等。

从西周词汇研究的现状来看，这一时期的词汇研究还是取得了很大成就的，一方面扩大了词汇研究的范围，另一方面更加关注词汇系统的研究。

第二节　西周词汇史研究的语料

西周词汇史研究是建立在《汉语大词典》语料库基础上的。杨端志曾指出《汉语大词典》是研究汉语词汇史最简便、最有效的材料。之所以这样说，是因为"《汉语大词典》选用从先秦到现代'反映口语'的文献三千多种，……《汉语大词典》的编写共搜集一千多万张卡片，词目三十七万个，一个词目合二百七十张卡片，也就是一个词的各项意义是由二百七十条最有汉语史价值的语料归纳出来的"[①]。《汉语大词典》所包含的文献丰富，词目的数量巨大，而且对词的释义也非常准确，所以利用《汉语大词典》研究词汇史是十分有效的方法。我们的词汇史研究主要是以《汉语大词典》所提供的词条、书证作为语料来研究每个时代新词语、新义位的发展变化的情况。

除了西周传世文献以外，西周金文也是这一时期比较重要的语言材料。西周金文内容丰富，涉及社会生活的方方面面，形式也比较成熟。金文中有些词与传世文献中的词形态相同，而且词义相同或者相近，如：

丕显：古成语。意为光明正大，用于对天子、诸侯及祖先德行的歌颂赞美。《大盂鼎》："不（丕）显文王。"（《集成》2837）[②]

丕显[③]：犹英明。《书·康诰》："惟乃丕显考文王，克明德慎罚。"

御事：泛指执行具体事务的官吏。《大盂鼎》："在雩（于）御事。"（《集成》2837）

御事：治事者；亦指治事。《书·顾命》："乃同召太保奭、芮伯、彤伯、毕公、卫侯、毛公、师氏、虎臣、百尹、御事。"孔传："诸御治事者。"

有的词形相同，但表达的词义却不相同，如：

---

① 杨端志：《〈汉语大词典〉对汉语词汇发展演变史的价值与研究方法——〈汉语大词典〉词汇发展演变史研究条例》，载《汉语史论集》，齐鲁书社2008年版，第272页。

② 本书对金文单音词、复音词的解释主要来自戴家祥主编的《金文大字典》、王文耀编著的《简明金文词典》以及陈初生编的《金文常用字典》。金文语料的释读和句读部分参照了《殷周金文集成引得》，"《集成》2837"表示铭文对应的青铜器在《殷周金文集成》中的编号为2837，下同。

③ 本书的传世文献的材料主要来自《汉语大词典》，部分词条略有改动。

王人：在王畿地域里劳动的下层平民和农奴。《宜侯夨簋》："赐在宜王人十又七生（姓）。"（《集成》4320）

王人：国君。《书·君奭》："王人罔不秉德，明恤小臣。"孔颖达疏引王肃云："王人者，犹君人也。"

此外，还有一些词特别是双音词是西周金文所独有的，而传世文献中没有，如：

死司①：即尸司。主管，治理。《大盂鼎》："乃召（绍）夹死（尸）司戎。"（《集成》2837）

逆造：迎送、出入之意。《伯者父簋》："用乡（飨）王逆造。"（《集成》3748）

《汉语大词典》中收录的词条、书证均来源于传世文献，并不收录金文的词汇，本书将补充西周金文材料。综上，本书所用的语料包括两个方面：一是传世文献的材料，这部分材料主要来自《汉语大词典》中所涉及的西周时期的语料；二是西周金文材料，这部分材料主要来自《殷周金文集成》中明确断代为西周时期的铭文材料，另外还包括《甲骨文字典》《金文大字典》等收录的词条、书证。

一、传世文献材料

《汉语大词典》书证中所包含的西周文献有三部：《诗经》《尚书》以及《周易》。《诗经》记录的是西周至春秋中叶的作品；而《尚书》的成书时间历来有所争议，学术界公认的今文《尚书》28篇应该是真书，成书的时间应该是西周至战国时期；《周易》也是一部成书年代混合的文献。因此对传世文献的断代是西周词汇研究的基础，同时也是一个难点，因为西周传世文献保存不多，而且多被后人修缮补充，这为我们甄别语料带来了巨大的挑战。《汉语大词典》为我们提供了丰富的先秦语料，但是我们必须逐一把属于西周时期的语

---

① 西周表示"主宰、掌管"的"司"多作"嗣"（"司"的分化字），后世不用"嗣"字，两字又合并。参见季旭昇：《说文新证》，艺文印书馆2014年版，第709页。本书中均用"司"。

料挑选出来，当然这就涉及一个对语料限定的标准问题，由于能力有限，我们的标准多借鉴目前学术界所公认的标准，有时会放宽标准。

（一）关于《诗经》各篇的创作年代

《诗经》是我国最早的一部诗歌总集。《诗经》可以分为"风""雅""颂"。"风"即国风，指的是各地区的音乐，共计160篇。"雅"即正，指的是朝廷的正乐。"雅"又可以分为《大雅》和《小雅》：《大雅》共计31篇，主要是由西周上层贵族所作；《小雅》共计74篇，主要是由贵族和平民所作。"颂"是用于宗庙祭祀的音乐。《周颂》共计31篇，全部作于西周初年；《鲁颂》4篇，产生于春秋中叶鲁僖公时，内容上都是对鲁僖公的赞美；《商颂》5篇，大约是殷商中后期的作品，内容上记录了商朝的历史以及对商人祖先的歌颂。

《诗经》的创作时代在学术界存在着很大的争议，原因是《诗经》从采集到修订成册经历了一个相当长的过程，而且诗歌的创作者多不可考证，正如顾颉刚所说："对于《诗经》的作者和本事，决不能要求知道得清楚，因为这些事已经没有法子可以知道清楚了。"[①]

最早对《诗经》产生时代进行研究的是《毛诗故训传》（简称《毛诗》），每一篇下都有小序，以介绍本篇内容及意旨，将《诗经》各篇按照时代顺序进行排列，并且附加一些史料加以说明。后又有郑玄的《诗谱》，对《诗经》各篇产生的年代做了统计：

文王时期产生37篇：《大雅》6篇，《小雅》8篇，《周南》11篇，《召南》12篇。

武王时期产生6篇：《小雅》4篇，《召南》2篇。

成王时期产生60篇：《周颂》31篇，《大雅》12篇，《小雅》10篇，《豳风》7篇。

懿王时期产生5篇，均为《齐风》。

夷王时期产生1篇，为卫诗（《邶风》《鄘风》《卫风》合称）。

夷王厉王之际产生4篇，均为《桧风》。

---

① 顾颉刚编著：《古史辨》（第三册），上海古籍出版社1982年版，第314页。

厉王时期产生11篇：《大雅》5篇，《小雅》4篇，《陈风》2篇。

共和时期产生1篇，为《唐风》。

宣王时期产生25篇：《大雅》6篇，《小雅》14篇，卫诗1篇，《陈风》3篇，《秦风》1篇。

幽王时期产生42篇：《大雅》2篇，《小雅》40篇。[①]

关于《诗经》产生的时代，我们目前只能大致论定其最早的作品创作于西周初年，最晚的作品写成于春秋中叶，全部《诗经》作品产生于公元前11世纪至前5世纪之间。《诗经》是我们研究西周词汇的一部重要传世文献，因此我们有必要搞清楚《诗经》各篇的断代问题，至少应该大致地搞清楚哪些篇目属于西周时期，这样基本上就可以保证我们所利用的《诗经》语料属于同一时间范畴、同一研究平面，我们的词汇研究结论也就会更精准。

1.《大雅》的创作时代

前人对《大雅》创作时代的考证很多，比较早的是唐代的陆德明，他在《毛诗音义》中说："自此以下至《卷阿》十八篇，是文王、武王、成王、周公之正大雅。据盛隆之时，而推序天命，上述祖考之美，皆国之大事，故为正大雅焉。《文王》至《灵台》八篇，是文王之大雅，《下武》《文王有声》二篇是武王之大雅。"[②]《大雅》在内容上与《周颂》相近，它的篇幅多数较长，用韵也比较整齐，所以在形式上又比《周颂》有所进步。《大雅》各篇作品创作的具体年代已经不好考订，不过我们根据前人的观点大致判定《大雅》各篇是西周时期的作品。《大雅》总共31篇，其中有18篇产生于西周前半期，12篇可以断定产生于周厉王、周宣王、周幽王时期，1篇产生于春秋时期。以下我们对《大雅》中可以明确断定王室的12篇进行简单的阐述。

（1）《民劳》《板》《荡》《桑柔》是厉王时期的作品

《毛诗序》："《民劳》，召穆公刺厉王也。"郑玄笺："厉王，成王七

---

① 洪湛侯编著：《诗经学史》，中华书局2002年版，第717页。

② 陆德明：《经典释文》，上海古籍出版社2012年版，第141页。古代学者一般认为"风""雅"中反映王道兴盛、政治清明的为"正风""正雅"，反之为"变风""变雅"，后者多创作于西周末年至春秋时期。

世孙也。时赋敛重数，徭役烦多，人民劳苦，轻为奸宄，强陵弱，众暴寡，作寇害，故穆公以刺之。"①陆德明在《经典释文》中也将这篇归为厉王时期的作品。②

《毛诗序》："《板》，凡伯刺厉王也。"③《国语·周语》中也记载了召穆公讽谏厉王的事情。《板》中有"民之方殿屎，则莫我敢葵"的诗句，这一句恰与《国语》中记载的内容相符合。

《毛诗序》："《荡》，召穆公伤周室大坏也。厉王无道，天下荡荡，无纲纪文章，故作是诗也。"④《荡》描述的是召穆公感伤周王室衰微。周厉王在位期间统治残暴，不仅剥削劳动人民，而且还剥夺一些贵族的权力。这篇所描述的残暴的君主比较符合周厉王的性格。

《桑柔》是比较公认的出自厉王时期的诗。《左传·文公元年》中引用了这首诗："周芮良夫之诗曰：'大风有隧，贪人败类。听言则对，诵言如醉。匪用其良，覆俾我悖。'"⑤芮良夫是周厉王时期大臣，据此我们判定《桑柔》是周厉王时期的作品。

（2）《云汉》《崧高》《烝民》《韩奕》《江汉》《常武》是宣王时期的作品

《毛诗序》："《云汉》，仍叔美宣王也。宣王承厉王之烈，内有拨乱之志，遇灾而惧，侧身修行，欲销去之。天下喜于王化复行，百姓见忧，故作是诗也。"⑥《云汉》是讲述周王求雨的诗，《竹书纪年》中曾经记载共和十四年天气大旱，孙作云认为这次大旱就是《云汉》中所描述的大旱⑦，因此《云汉》是周宣王时期的作品。

---

① 毛亨传，郑玄笺，陆德明音义：《毛诗传笺》，中华书局2018年版，第401页。

② 陆德明：《经典释文》，上海古籍出版社2012年版，第150页。

③ 毛亨传，郑玄笺，陆德明音义：《毛诗传笺》，中华书局2018年版，第403页。

④ 毛亨传，郑玄笺，陆德明音义：《毛诗传笺》，中华书局2018年版，第409页。

⑤ 杨伯峻编著：《春秋左传注》，中华书局1990年版，第516页。

⑥ 毛亨传，郑玄笺，陆德明音义：《毛诗传笺》，中华书局2018年版，第423页。

⑦ 孙作云：《诗经与周代社会研究》，中华书局1966年版，第386页。

《崧高》中有"吉甫作诵，其诗孔硕，其风肆好，以赠申伯"的诗句，《烝民》中有"吉甫作诵，穆如清风"，两篇都署上作者的名字"吉甫"。《毛诗序》："《韩奕》，尹吉甫美宣王也。能锡命诸侯。""《江汉》，尹吉甫美宣王也。能兴衰拨乱，命召公平淮夷。"①其中认为这两首诗也是吉甫所作。吉甫是周宣王时期的太史，所以《崧高》《烝民》《韩奕》《江汉》是周宣王时期的作品。《江汉》记载的内容与《师寰簋》（《集成》4313）铭文相合，均为宣王时征伐淮夷事。

《常武》中有"赫赫明明，王命卿士，南仲大祖，大师皇父"的诗句，南仲是周宣王时期的大臣，据此我们断定《常武》是周宣王时期的作品。

（3）《瞻卬》《召旻》是幽王时期的作品

《瞻卬》中有这样一段诗句："哲夫成城，哲妇倾城。懿厥哲妇，为枭为鸱。妇有长舌，维厉之阶。乱匪降自天，生自妇人。匪教匪诲，时维妇寺。"这里的妇人指的就是褒姒，周幽王因为宠幸褒姒而废了太子宜臼，后立褒姒的儿子伯服为太子，这件事情引起了贵族们的不满，同时也激化了西周各国之间的矛盾。这首诗预见了周王朝会因此而灭亡。所以，《瞻卬》是周幽王末年创作的作品。

《毛诗序》："《召旻》，凡伯刺幽王大坏也。"②朱熹在《诗集传》中说："此刺幽王任用小人，以致饥馑侵削之诗也。"③据此，《召旻》属于周幽王时期的作品。

2.《小雅》的创作时代

《小雅》共计74篇，绝大多数是西周的作品，但是年代比《大雅》要略晚一些。古代学者认为其中58篇为"变小雅"，创作于西周晚期至春秋时期。经考证，原划分为"正小雅"的《出车》《采薇》为西周晚期作品，《节南山》《正月》《雨无正》和《小旻》产生于春秋时期。以下我们对《小雅》部分篇目的创作时间进行简单的阐述。

① 毛亨传，郑玄笺，陆德明音义：《毛诗传笺》，中华书局2018年版，第433、438页。

② 毛亨传，郑玄笺，陆德明音义：《毛诗传笺》，中华书局2018年版，第446页。

③ 朱熹集撰：《诗集传》，中华书局2017年版，第334页。

《六月》中有"薄伐玁狁，至于太原"，《出车》中有"赫赫南仲，玁狁于襄"，《采薇》中有"靡室靡家，玁狁之故"：这三篇都说到周宣王时讨伐玁狁的事情。据此我们断定《六月》《出车》《采薇》三篇是产生于宣王时期的作品。

《采芑》中有"显允方叔，征伐玁狁，蛮荆来威"的诗句，《竹书纪年》中也记载了宣王北伐和南征的史实，二者是可以相互印证的，据此我们推断《采芑》是宣王时期的作品。

《车攻》叙述周宣王在东都会同诸侯举行田猎的事实，据《毛诗序》："宣王能内修政事，外攘夷狄，复文、武之竟土，修车马，备器械，复会诸侯于东都，因田猎而选车徒焉。"[1]《墨子·明鬼》中也记载："周宣王合诸侯而田于圃田，车数百乘。"[2]据此我们断定《车攻》是周宣王时期的作品。

《黍苗》一篇的内容与《崧高》篇相同。《崧高》讲的是周宣王封申伯于谢地，而后又下令给召伯，让他去划定申伯的疆界。《黍苗》则记述申伯封于谢地的场景："我徒我御，我师我旅。我行既集，盖云归处。"据此我们断定《黍苗》和《崧高》一样属于周宣王时期的作品。

《鹤鸣》是一篇劝人为善的作品，《毛诗序》认为是"诲宣王也"，赵逵夫认为这首诗中体现了一个胸怀大志的大臣的心态[3]，应该产生于宣王中兴时期的作品，我们也赞同此观点。

《瞻彼洛矣》讲述的是周王及诸侯在洛水，诸侯们赞美周天子能够率领军队保卫国家的事情。诗中有"鞗革有奭，以作六师"，这表明这首诗应该是与军事有关系的。《兮甲盘》（《集成》10174）中曾记载周师征伐玁狁到彭衙的事情，彭衙正好是洛水的上游，据此我们推断此篇应该创作于周王朝的军队收复洛水失地之时。

《鸿雁》《黄鸟》和《我行其野》三篇按照《毛诗序》的说法均产生于宣王时期。《毛诗序》对《鸿雁》有这样的记述："鸿雁，美宣王也。万民离

汉语词汇通史 西周卷

① 毛亨传，郑玄笺，陆德明音义：《毛诗传笺》，中华书局2018年版，第240页。
② 吴毓江：《墨子校注》，中华书局2006年版，第331页。
③ 赵逵夫：《滋兰斋文选》，复旦大学出版社2016年版，第29页。

散，不安其居，而能劳来还定安集之，至于矜寡，无不得其所焉。"① 这段话是在描述周宣王时期流民的生活状态。周宣王时期，由于他大规模讨伐北方少数民族猃狁，再加之连年大旱，出现了许多流民。据此我们断定《鸿雁》产生于周宣王时期。《黄鸟》则反映了流民想要回到故乡的苦闷心情，这可能和周宣王时对流民采取"异地安置"的政策有关。② 《我行其野》是《鸿雁》《黄鸟》的延续，流民远离故土，国家虽有政策对其安抚，但还是有很多人颠沛流离，过着流浪的生活。

《节南山》《正月》《雨无正》和《小旻》四篇中都有明显表示创作于西周灭亡以后的语句，比如《节南山》中有"国既卒斩"，《正月》中有"赫赫宗周，褒姒灭之"，《雨无正》中有"周宗既灭，靡所止戾"，《小旻》中有"国虽靡止"：这些语句都证明了这四首诗是创作于西周灭亡以后。

《小雅》多产生于西周晚期，但不是每一篇都有可供断代的依据。然而，我们通过诗篇的语句、创作风格，以及由于政治黑暗、社会动荡而使国人产生的怨愤情绪来看，还是可以大致断定其产生于西周晚期的。

3.《国风》的创作时代

《国风》总共160篇，多数来自民间创作，因此各篇的断代很难断定，一般认为《国风》大致是从西周早期到春秋中叶的作品，大部分篇章属于春秋初期到中期。在《国风》中，我们认为《周南》《召南》《豳风》和《桧风》应该是创作于西周时期的。

《毛诗序》："《关雎》《麟趾》之化，王者之风，故系之周公。南，言化自北而南也。《鹊巢》《驺虞》之德，诸侯之风也，先王之所以教，故系之召公。"③ 这里提出了"二南"即周公、召公。郑玄在《诗谱·周南召南谱》说："文王受命，作邑于丰，乃分岐邦周、召之地，为周公旦、召公奭之采地，施先公之教于己所职之国。武王伐纣，定天下，巡守述职，陈诵诸国之诗，以观民风俗。六州者，得二公之德教尤纯，故独录之，属之太师，分而国

① 毛亨传，郑玄笺，陆德明音义：《毛诗传笺》，中华书局2018年版，第245页。

② 李山：《诗经的文化精神》，东方出版社1997年版，第219页。

③ 毛亨传，郑玄笺，陆德明音义：《毛诗传笺》，中华书局2018年版，第2页。

之。其得圣人之化者，谓之《周南》；得贤人之化者，谓之《召南》，言二公之德教，自岐而行于南国也。"①郑玄的这段话论述了文王分封周公、召公采地之事，《周南》《召南》正是为歌颂周公、召公的德教而作。吴晓峰认为，《周南》《召南》是因为周公、召公在西周王畿"分陕而治"得名。②尽管学者们"二南"的得名有所分歧，但总的来说《周南》《召南》是西周早期的作品，这是达成共识的。

高亨在《诗经今注》中认为《豳风》七篇都是西周时期的作品，我们认为高亨的观点还是值得借鉴的。《豳风》中《七月》产生时代应该更早一些，大概是西周初年。《毛诗序》："《七月》，陈王业也。周公遭变，故陈后稷先公风化之所由，致王业之艰难也。"③此后孔颖达、朱熹等人都遵从《毛诗序》中的说法，认为《豳风》主要是歌颂周公事迹的诗作。竺可桢曾经指出："近五千年期间，可以说仰韶和殷墟时代是中国的温和气候时代，当时西安和安阳地区有十分丰富的亚热带植物种类和动物种类。"④这一温和气候时代与《七月》诗中所反映出的情况大致相同，因此《七月》应该是西周初年就创作出来了。

我们再来谈谈《桧风》的创作时代。桧（郐）是西周分封的诸侯国，为妘姓国，都城在今河南的密县与新郑之间，其统治区大致包括今密县、新郑、荥阳等地。《桧风》包括《羔裘》《素冠》《隰有苌楚》《匪风》四篇。《史记》《韩非子》《说苑》中对桧国都有记载：

《史记》："东徙其民雒东，而虢、郐果献十邑，竟国之。"⑤

《韩非子》："郑桓公将欲袭郐，先问郐之豪杰、良臣、辩智、果敢之士，尽与姓名，择郐之良田赂之，为官爵之名而书之。"⑥

---

① 毛亨传，郑玄笺，陆德明音义：《毛诗传笺》，中华书局2018年版，第502页。
② 吴晓峰：《〈周南〉、〈召南〉产生时代考》，《中州学刊》2008年第6期。
③ 毛亨传，郑玄笺，陆德明音义：《毛诗传笺》，中华书局2018年版，第191页。
④ 竺可桢：《中国近五千年来气候变迁的初步研究》，《考古学报》1972年第1期。
⑤ 司马迁：《史记》，中华书局1959年版，第1758页。
⑥ 王先慎：《韩非子集解》，中华书局2013年版，第278—279页。

《说苑》："郑桓公将欲袭郐，先问郐之辨智果敢之士，书其名姓，择郐之良臣而与之，为官爵之名而书之，因为设坛于门外而埋之，衅之以狸，若盟状。郐君以为内难也，尽杀其良臣。桓公因袭之，遂取郐。"①

上面引用的几段文献都记载了郑桓公讨伐桧国和占领其城邑的史实。公元前770年，周平王东迁。次年，郑桓公之子郑武公灭桧。因此我们断定《桧风》四篇均是西周的作品，而且从语言风格来看，《桧风》很可能产生在西周中晚期。

（二）关于今文《尚书》的成书年代

尽管《诗经》《尚书》以及《周易》多是记录上古之事，但其中很多篇并非产生于西周时代，而是后人假托前人笔法的伪作，这点以《尚书》最具有代表性。《尚书》中最复杂的问题就是经书的真伪问题，而且从古至今学者就为这个问题争论不休。目前比较一致的观点是今文《尚书》应该是真的《尚书》（除去《泰誓》3篇，共计28篇），至少今文《尚书》是汉、魏以来所传的古文，唐以来的学者大都认为这部分是真的《尚书》②。

近五十年来，学者们对今文《尚书》的研究更加深入了，不仅仅是对其真伪的辨别，更研究其各篇的写作时代以及作者。顾颉刚在《答胡适论今文尚书著作时代》里面把今文《尚书》分为三组：

1.《盘庚》《大诰》《康诰》《酒诰》《梓材》《召诰》《洛诰》《多士》《多方》《吕刑》《文侯之命》《费誓》《秦誓》，这些无论在思想上还是在文字上都可信为真。

2.《甘誓》《汤誓》《高宗肜日》《西伯戡黎》《微子》《牧誓》《金縢》《无逸》《君奭》《立政》《顾命》，这几篇或是后世的伪作，或是史官的追记，或是从真的古文经翻译过来的，不过一定是东周时期的作品。

3.《尧典》《皋陶谟》《禹贡》为战国至秦汉间的伪作，其中包含了当时

---

① 刘向撰，向宗鲁校证：《说苑校证》，中华书局1987年版，第340页。

② 蒋善国：《尚书综述》，上海古籍出版社1988年版，第133页。

的诸子思想。①

何定生在《尚书的文法及其年代》中认为，今文《尚书》从各篇的文法来看，没有周以前的作品，其中可以确定为西周作品的只有《大诰》，可以确定为东周作品的只有《费誓》和《秦誓》；《商书》的创作时间不早于西周末年，《虞书》《夏书》则是春秋以后的作品。②

张西堂在《尚书引论》中又将今文《尚书》按照成书时代的不同分为四组：

1.《尧典》《皋陶谟》《禹贡》为战国、秦汉间所作。

2.《甘誓》《汤誓》《牧誓》《洪范》《金縢》为战国初中叶所作。

3.《高宗肜日》《西伯戡黎》《微子》《无逸》《君奭》《顾命》《费誓》《吕刑》《文侯之命》《秦誓》疑为西周、春秋时期所作。

4.《盘庚》《大诰》《康诰》《酒诰》《梓材》《召诰》《洛诰》《多士》《多方》《立政》为西周时期作品。③

陈梦家在《尚书通论》中也对今文《尚书》各篇成书年代做了推断，大致将其分为五组：

1.《康诰》《酒诰》《洛诰》《君奭》《立政》《梓材》《无逸》《多士》《多方》《康王之诰》《召诰》《大诰》为西周初期的命书。

2.《吕刑》《文侯之命》《秦誓》为西周中期以后的命、誓。

3.《金縢》《顾命》《费誓》约为西周时代的记录。

4.《甘誓》《汤誓》《盘庚》《牧誓》为战国时代拟作的誓。

5.《尧典》《舜典》《皋陶谟》《益稷》《禹贡》《高宗肜日》《西伯戡黎》《微子》《洪范》为战国时代的著作。④

蒋善国在《尚书综述》中用了极大的篇幅对今文《尚书》各篇的编著时代

---

① 顾颉刚编著：《古史辨》（第一册），上海古籍出版社1982年版，第201—202页。

② 何定生：《尚书的文法及其年代》，《国立中山大学语言历史学研究所周刊》1928年第49、50、51期合刊。

③ 张西堂：《尚书引论》，陕西人民出版社1958年版，第173、185、192、198页。

④ 陈梦家：《尚书通论》，中华书局2005年版，第108页。

做了探讨，大致情况如下：

1. 《尧典》《皋陶谟》为秦统一中国至秦始皇末年间儒家整编而成。

2. 《禹贡》为战国末期地理家所作。假借大禹治水，拟定各地应缴的贡赋，并且记载了他们所知的关于当时地理上山水土产的传说。

3. 《甘誓》最早成书于西周中叶，最晚成书于战国初年，秦末整编。

4. 《汤誓》为周初整编，后又经过秦人的整编。

5. 《盘庚》为盘庚迁都后史官所作。

6. 《高宗肜日》为武丁以后的作品。

7. 《西伯戡黎》《微子》为周初时史官追记殷朝末年的史实。

8. 《牧誓》为武王在牧野的誓词。

9. 《洪范》成书于墨子卒年（前383年）前后。

10. 《金縢》最早成书于战国中期。

11. 《康诰》《酒诰》《梓材》成书于武王克殷后，康叔被封到康地，武王所作。

12. 《洛诰》成书于周公营造洛地以后，其中也保存了散佚的《鲁诰》。

13. 《费誓》为春秋诸侯相互征战时期鲁僖公在费地誓师时所作。

14. 《吕刑》为周穆王时期作品。

15. 《文侯之命》为周襄王对晋文公的命词。①

以上我们辑录了近代比较有影响的四家对今文《尚书》各篇时代以及作者论述的大概情况。今文《尚书》各篇所包含的时代大约从公元前11世纪末到公元前4世纪末，前后大概有七百多年的历史。我们综合以上大家的观点，最终确定《大诰》《汤誓》《甘誓》《盘庚》《高宗肜日》《西伯戡黎》《微子》《牧誓》《康诰》《酒诰》《梓材》《召诰》《多士》《无逸》《君奭》《多方》《立政》《顾命》《洛诰》《吕刑》《文侯之命》《秦誓》为西周时期的作品，并且作为我们研究西周词汇的语料之一。

---

① 蒋善国：《尚书综述》，上海古籍出版社1988年版，第140—263页。

（三）关于《周易》古经的成书时代

通过整理语料，我们发现《汉语大词典》中所收录的关于《周易》的词条实际上包含两个部分，即经和传。它们虽然属同一部书，但却是不同时代的产物。尽管它们之间具有密切的联系，但又各具特点。因此我们研究西周词汇就不能对他们不加区别笼统而论。《周易》古经的成书时代是我们确定西周词汇无法绕开的问题，我们大致收集了几家的观点：

高亨在《周易古经今注》谈到《周易》古经大致成书于周初，最晚也是在文王、武王的时候，文王和周公修订增补了《周易》古经。①

李镜池在《周易通义》中认为《周易》古经成书于西周末年，它的作者不是文王和周公，而是西周末年的一位筮官。②

赵雨在《〈诗〉、〈易〉制作年代试考》中指出："卦、爻辞的编订，是由文王和周公分别开始的。""《易》到西周中晚期（宣王之世）已基本定稿。""最晚收入《易》卦爻辞的歌诗、谣谚应不晚于宣王之世。"③

杨端志在《周易古经韵考韵读》中从音韵学的角度研究《周易》古经，并且总结出《周易》古经韵部系统二十六部，通过把古经的协韵系统与甲骨文、《诗经》、《楚辞》的韵部系统进行比较，最后确定《周易》古经韵部系统实际上反映了殷末周初的语音实际情况，因此可以确定《周易》古经的成书年代应该在殷末周初。④

综合以上几家的结论，我们认为杨端志的结论还是比较可靠的，《周易》古经的成书年代应该在殷末周初。因此，《周易》古经部分，即六十四卦的卦象、卦辞、爻辞，是我们研究西周词汇的语料，而《易传》不属于我们研究的范围。

---

① 高亨：《周易古经今注》，中华书局1984年版，第12页。

② 李镜池著，曹础基整理：《周易通义》，中华书局1981年版，前言第2页。

③ 赵雨：《〈诗〉、〈易〉制作年代试考》，《内蒙古师范大学学报》（哲学社会科学版）2003年第2期。

④ 杨端志：《周易古经韵考韵读》，《山东大学学报》（哲学社会科学版）1994年第3期。

二、西周金文材料

研究西周词汇，西周金文具有巨大的语料价值。王力曾说："古文字学的研究在汉语史上占重要的地位。"[①]管燮初更是在《西周金文语法研究》中对出土文献资料的语言史价值进行了论述："西周典籍流传下来的不多，而且古书经过一再传钞，舛误难免。金文一字一句都是当时语言文字的真迹，所记载的社会情况可以证信古史，补苴史书的缺佚，是研究古代历史的重要资料，尤其是研究上古语言史的第一手资料。"[②]

彭裕商在《西周青铜器年代综合研究》的引言中阐述了西周金文的语言史价值："西周时期还有众多的金文材料流传下来，这些金文材料没有经过后人的传抄和整理，保持了当时的原貌，……在年代研究的基础上，再对金文所记载的内容进行分类整理，我们就可了解到许多前人未曾了解的重要史实，……如西周各阶段的典章制度、重要人物、语言文字等，也都可获得比以前更为准确的了解。"[③]

利用出土文献进行语言研究已经越来越受到语言学界的重视，然而《汉语大词典》在编纂中没有收录甲骨文、金文等古文字资料。为了可以全面地研究西周词汇的面貌，我们就必须补充金文的材料。本书金文资料的补充主要使用的是中国社会科学院考古研究所编写的《殷周金文集成》，这套丛书共计18册，收录青铜器11983件，是目前古今中外殷周金文资料比较详备的一部大型资料汇编。

---

① 王力：《汉语史稿》，中华书局2013年版，第12页。

② 管燮初：《西周金文语法研究》，商务印书馆1981年版，第1页。

③ 彭裕商：《西周青铜器年代综合研究》，巴蜀书社2003年版，引言第1—3页。

第三节　西周词汇史研究的方法

一、西周词汇语料库的建立

我们穷尽式地搜集《汉语大词典》中断代为西周时期的词汇材料，并且补充《殷周金文集成》中明确断代为西周时期的金文材料，按照不同的角度建立西周词汇语料库，以下介绍几个主要的语料库。

（一）西周文献语料库

前文我们已经谈到过，西周文献包括两个部分：传世文献和出土文献。因此，西周文献语料库也包括两个部分：传世文献语料库和西周青铜器铭文语料库。首先，我们把明确断代为西周时期的文献原文搜集起来，并且按照时间顺序将其排列，建立西周传世文献语料库。其次，我们以《殷周金文集成》作为底本，筛选出完全断代为西周的青铜器铭文，并且参考唐兰的《西周青铜器铭文分代史征》、陈梦家的《西周铜器断代》、彭裕商的《西周青铜器年代综合研究》、刘启益的《西周纪年》等，将挑选出的青铜器铭文材料按照时间进行分类，能具体到某王在位时期则具体到某王在位时期，不能具体到某王在位时期则将其归入西周某一大致阶段①之中，形成西周青铜器铭文语料库。

（二）西周新词语料库

首先，我们把《汉语大词典》中收录的首见书证是西周文献的词语搜集起来，建立西周新词语料库。如：

禡：古代在军队驻地举行的祭礼。《诗·大雅·皇矣》："是类是禡。"《礼记·王制》："天子将出征……禡于所征之地。"郑玄注："禡，师祭也，为兵祷。"《汉书·叙传下》："类禡厥宗。"颜师古注引应劭曰："《诗》云：'是类是禡。'礼，将征伐，告天而祭谓之类，告以事类也；至所征伐之地，表而祭之谓之禡。禡者，马也。马者，兵之首，故祭其先神也。"《资治通鉴·隋炀帝大业十年》："癸亥，至临渝宫，禡祭黄帝。"

---

① 我们把西周分为三个阶段：西周前期（武王至昭王，即前1046年—前977年），西周中期（穆王至夷王，即前976年—前878年），西周晚期（厉王至幽王，即前877年—前771年）。

《明史·徐达传》："帅步骑二十五万人，北取中原，太祖亲祃于龙江。"

黄流：指酒。《诗·大雅·旱麓》："瑟彼玉瓒，黄流在中。"毛传："黄金所以饰流瓒也。"郑玄笺："黄流，秬鬯也。"孔颖达疏："酿秬为酒，以郁金之草和之，使之芬香条鬯，故谓之秬鬯。草名郁金，则黄如金色；酒在器流动，故谓之黄流。"按，传、笺所释不同，此从笺疏。参阅清马瑞辰《毛诗传笺通释》。南朝梁沈约《梁宗庙登歌》之四："我郁载馨，黄流乃注。"宋陆游《题斋壁》诗："昼存真火温枵腹，夜挽黄流灌病骸。"章炳麟《訄书·原教下》："夫黄流之祼，郁金百叶，酳之以达黄泉。"

单音节词"祃"的义项中的第一个书证出自《诗经·大雅·皇矣》，符合首见书证属于西周文献的标准，我们就将其归入新词语料库。双音节词"黄流"的第一个义项的第一个书证出自《诗经·大雅·旱麓》，同样也符合首见书证属于西周文献的标准，我们也将其归入新词语料库。此外，我们在西周新词语料库下面还建立单音节新词语料库、双音节新词语料库、三音节新词语料库等子语料库。《汉语大词典》在编纂的过程中由于客观条件的限制，存在首见书证滞后以及漏收词条等问题。针对这些问题我们又进行进一步的考证和补充，主要参考向熹的《诗经词典》、周民的《尚书词典》以及张善文的《周易辞典》等，这样基本上弥补了西周语料库在词语准确性方面的不足。

最后，我们在西周新词语料库中又补充了金文新词。具体做法是：根据已建立的青铜器铭文语料库，逐篇考察，并且结合《殷周金文集成引得》（简称《引得》）。如果这个词在《引得》中最早的书证是出现在西周的，我们则断定该词是西周新词，如：

煃：鼎的一种。《董鼎》："用（乍）作大子癸宝尊煃。"（《集成》2703）

事喜：举行祭祀。《天亡簋》："事喜（饎）上帝。"（《集成》4261）

"煃"这个词在《引得》中最早出现在《董鼎》铭文中，《董鼎》是周成王时期的青铜器，所以我们把"煃"这个词归入西周周成王时期单音节新词语料库中。"事喜"在《引得》中最早出现在《天亡簋》铭文中，《天亡簋》是周武王时期的青铜器，所以我们把"事喜"归入周武王时期双音节新词语料库中。

如果一个词在《引得》中的最早用例出现在殷商，即使还有属于西周时期的用例，我们也把这个词归入殷商新词语料库中，如：

母：《司母戊方鼎》："司母戊。"（《集成》1706）

"母"这个词在《引得》中的用例最早出现在《司母戊方鼎》铭文中，《司母戊方鼎》是殷商时期的青铜器，所以我们把"母"这个词归入殷商单音节新词中。

如果一个词在《引得》中的最早用例出现在春秋，则这个词我们就把它归入春秋新词语料库中，如：

仁：《鲁伯愈父鬲》："鲁伯愈父乍（作）邾（龗）姬仁朕（媵）羞鬲。"（《集成》690）

"仁"这个词在《引得》中最早的用例出现在《鲁伯愈父鬲》铭文中，对照《殷周金文集成》，该器出现于春秋初期，因此"仁"是春秋新词，我们把它归入春秋单音节新词语料库中。

（三）西周新义语料库

我们把《汉语大词典》中多义词的第二个义项、第三个义项以及以后的各个义项中第一个书证属于西周文献的搜集起来，建立西周新义语料库，并且按照时间顺序排列起来。如：

破：①破坏；损坏；使碎裂。《诗·豳风·破斧》："既破我斧，又缺我斨。周公东征，四国是皇。"《管子·揆度》："烧山林，破增薮，焚沛泽，逐禽兽，实以益人。"唐韩愈《潭州泊船呈诸公》诗："暗浪春楼蝶，惊风破竹篙。"清黄鷟来《雨中怀曹午瞻》诗："何当邀珠履，一破绿苔迹。"老舍《四世同堂》十一："高第一脚的露水，衣服被花枝挂破了好几个口子。"②破裂；碎裂。《诗·小雅·车攻》："不失其驰，舍矢如破。"郑玄笺："射者之工，矢发则中，如椎破物也。"《荀子·劝学》："南方有鸟焉，名曰蒙鸠，以羽为巢，而编之以发，系之苇苕，风至苕折，卵破子死。"《后汉书·郭太传》："〔孟敏〕客居太原，荷甑堕地，不顾而去。林宗见而问其意。对曰：'甑以破矣，视之何益？'"唐白居易《琵琶行》："银瓶乍破水浆迸，铁骑突出刀枪鸣。"柳青《创业史》第一部第一章："他说，他就是把嘴说破，你的老脑筋还是扭不过弯儿来嘛。"

单音节词"破"第二个义项的第一个书证出自《诗经·小雅·车攻》，符合除第一义项以外的其他义项首见书证属于西周文献的标准，因此我们将其归入新义位语料库。在新义语料库基础上又建立了单音节新义语料库、双音节新义语料库、三音节新义位语料库等子语料库。

（四）西周标志性新词语场

西周作为词汇史研究的一个阶段，它的新词也是具有时代色彩的，我们选取西周新词语场中能反映时代特色的三个语义场，并建立西周标志性新词语场，这三个方面包括：反映政治特征的新词语场、反映经济特征的新词语场、反映文化与社会生活的新词语场。如：

皇：君主；帝王。《诗·周颂·桓》："於昭于天，皇以间之。"郑玄笺："皇，君也。"

麦：一年生或二年生草本植物。子实用来磨成面粉，也可以用来制糖或酿酒，是我国北方重要的粮食作物。有小麦、大麦、黑麦、燕麦等多种。《诗·豳风·七月》："九月筑场圃，十月纳禾稼，黍稷重穋，禾麻菽麦。"

辟$_2$雍[①]：亦作"辟雝"。辟，通"璧"。本为西周天子所设大学，校址圆形，围以水池，前门外有便桥。东汉以后，历代皆有辟雍，除北宋末年为太学之预备学校（亦称"外学"）外，均为行乡饮、大射或祭祀之礼的地方。辟雝，即辟雍。《诗·大雅·灵台》："於论鼓钟，於乐辟雝。"

"皇"表示"君主"的含义，是西周时期最高统治者的称呼，因此我们将其归入反映政治特征的新词语场中；"麦"是一种作物的名称，属于农业方面的词语，因此我们将其归入反映经济特征的新词语场中；"辟$_2$雍"指的是学校，属于社会文化范畴，因此我们将其归入反映西周文化生活和社会生活的新词语场。

---

① "辟$_2$"音 bì。

（五）西周基本词汇和一般词汇语料库

研究汉语词汇史我们要使用基本词汇这一概念。我们把每个朝代作为一个共时平面，只有把每一个共时平面摸清楚，才能完整地反映汉语词汇史的全貌。描写每个朝代中的基本词汇，不仅反映了自古以来不变的东西，还要描写具有时代特征的基本词汇。比如西周时期《诗经》中所描绘的粮食作物、花草植物，则反映了西周时期的词汇的特点。我们研究西周词汇就要扩大西周基本词汇的范围，建立具有西周时代特征的基本词汇语料库。

基本词汇是生活中最主要的词汇，一般词汇则是整个词汇的面貌。西周的一般词汇内容丰富多彩，包括了生活中的方方面面。我们在一般词汇中又按照语义分别建立表示政治的一般词汇语料库、表示日常生活的一般词汇语料库、表示自然界的一般词汇语料库、西周人名语料库四个子语料库。

（六）西周熟语语料库

一个时代词汇的面貌不仅包括对词的描写，还应该包括对语的描写。因此，我们建立了西周熟语语料库，主要包括两个部分：一是西周成语语料库，二是西周谚语语料库。

二、其他研究方法

除了上述所谈到的建立一些语料库以外，我们还选用了一些其他研究方法，具体而言主要包括以下四个：

（一）二重证据法

二重证据法是20世纪20年代王国维在古史研究中提出来的，二重证据法就是将传世文献和出土文献相结合的研究方法。李学勤在《古文字学初阶》中指出："我国古代有许多典籍流传至今，其著作时代和古文字材料是同时的。这些文献通过历代数以千计的学者钻研注释，有很多内容在研究古文字时应当吸取参考。可以说，没有在古代文献方面的相当修养，就不可能在古文字学上有真正的成就。"[1]这说明出土文献对于传世文献研究有重要的作用。我们运用

---

① 李学勤：《古文字学初阶》，中华书局1985年版，第70页。

二重证据法主要是把西周传世文献与西周出土文献相互印证，从而展现西周词汇的全貌。

（二）定量统计和定性分析相结合

定量分析指的是把自然科学研究方法里的数字统计运用到语言研究中，充分使用电脑技术等进行实证调查和处理，利用具体数据对语言现象进行说明。定量研究可以帮助我们了解语言现象的规律性和客观性，增强研究的可信度。定性分析则是以语料为出发点，对语料作深入的描写和解释，从中得出结论。定性分析具有整体性，有助于我们从宏观上完整地把握语料。我们利用统计的数量比例，在定量分析的基础上对西周词汇的发展状况做出定性的分析。定性分析可以帮助我们在研究中针对既定的语言材料比较客观地去发现问题。

（三）描写与解释相结合

描写与解释是语言研究的重要方法。我们从语言与社会的关系角度、音节结构的角度、语汇的角度、词义的角度全面地描写了西周时期的新词，在充分描写的基础上，对西周新词发展的规律、产生的原因进行详尽的解释。

（四）共时和历时相结合

语言共时研究和历时研究最初是由索绪尔提出的，我们在研究中使用了共时研究和历时研究相结合的方法。从共时研究来看，西周词汇是一个共时研究的平面，我们只有将共时描写、解释清楚，才可能进一步研究历时状态的语言面貌。从历时研究来看，西周词汇又是汉语词汇发展史的一个重要的历史阶段。我们要把西周词汇向上与甲骨文比较，探寻汉语原始语言的面貌；向下与后代语言比较，探寻汉语词汇发展的趋向，从而梳理出汉语词汇发展的脉络。

第一章　反映西周社会特征的标志性新词语场

社会属性是语言的根本属性，语言是人类进行交际、思考的重要工具。词汇所代表的概念则是人类文明成果的一种思维储存方式。斯大林曾经说过："语言则同人的生产行为直接联系着，也像它同人的工作的一切范围（毫无例外）中的其他一切活动直接联系着一样。因此语言的词汇对于变化是最敏感的。"①社会的变化首先反映在人的思维中，而后形成概念，最终由词汇把概念所反映的新内容凝固下来，因此我们研究词汇就要首先关注那些反映某一时代特征的新词语。无论是政治制度，还是社会文化，西周时期都发生了重大的变革，重大的变革势必会催生新的社会特征，从而也就会产生一批反映这一时期特征的词汇。

杨端志提出："'新词语'的系统是与上一时代相区别的标志。一个时期的'新词语'系统也是有层次的，其中最具时代特色的部分则构成一个共时时期的'标志性新词语场'。'标志性新词语场'是词汇、词汇史研究的关键所在。"②西周时期的新词语所反映的内容属于不同的社会领域，把这些词语按照反映政治特征、反映经济特征、反映文化与社会生活特征这三个方面分别聚

汉语词汇通史　西周卷

---

① 斯大林：《马克思主义和语言学问题》，中共中央马克思恩格斯列宁斯大林著作编译局译，人民出版社1971年版，第18页。

② 杨端志：《从清末民初科学小说新词语看"现代性"新词语的来源和发展——兼论"标志性子词语场"理论和"现代汉语词汇史"的起点》，载《汉语史论集》，齐鲁书社2008年版，第257页。

合起来，就形成了反映西周时期社会不同领域特征的"标志性新词语场"。本章重点从反映政治特征的新词语场、反映经济特征的新词语场、反映文化与社会生活特征的新词语场三个方面展开论述，重点考察新词词义所反映的内容与西周社会生活的关系，以及新词反映社会生活的能力。

第一节 反映政治特征的新词语场

反映西周政治特征的新词语场包括祭祀、军事、阶级关系、职官、法律刑罚、行政区划等几个方面。

一、反映西周祭祀的新词语场

（一）祭祀的名称

"国之大事，在祀与戎"，祭祀和军事是西周时期两项重要的政治活动。祭祀又称"亨$_2$"。

亨$_2$①：祭祀；飨献。《易·大有》："公用亨于天子，小人弗克。"

这一时期出现很多不同用途的祭祀，比如祭祀土地称为"盥""祼""社""瘗"。

盥：祭名。灌祭。酌酒浇地降神。《易·观》："盥而不荐，有孚颙若。"李鼎祚集解引马融曰："盥者，进爵灌地，以降神也。"

祼：祭名。以香酒灌地而求神。《书·洛诰》："王入太室祼。"孔颖达疏："王以圭瓒酌郁鬯之酒以献尸，尸受祭而灌于地，因奠不饮，谓之祼。"

社：谓祭土地神。《书·召诰》："越翼日戊午，乃社于新邑，牛一羊一豕一。"

瘗：埋物祭地。《诗·大雅·云汉》："旱既大甚，蕴隆虫虫；不殄禋祀，自郊徂宫；上下奠瘗，靡神不宗。"毛传："上祭天，下祭地，奠其币，瘗其物。"高亨注："把祭品埋在地下以祭地神为瘗。"

在军队的驻地举行的祭祀称为"祃"，诸侯为"释疑取信"而对神立誓缔

---

① "亨$_2$"音xiǎng。

约的一种仪礼称作"盟"。

祃：古代在军队驻地举行的祭礼。《诗·大雅·皇矣》："是类是祃。"

盟：古代诸侯为释疑取信而对神立誓缔约的一种仪礼。多杀牲歃血。《诗·小雅·巧言》："君子屡盟，乱是用长。"毛传："凡国有疑，会同，则用盟而相要也。"

还有在不同季节举行的祭祀，如"祠"。

祠：祭名。春祭。《诗·小雅·天保》："禴祠烝尝。"毛传："春曰祠，夏曰禴，秋曰尝，冬曰烝。"

对祖先及其亡灵的祭奠称为"禘""奠""祭""礿"。

禘：通"禘"，祭祀名，天子诸侯的宗庙，每五年举行一次禘祭。《剌鼎》："王禘（禘），用牡于大室。"（《集成》2776）

奠：谓置祭品祭祀鬼神或亡灵。《诗·召南·采蘋》："于以奠之，宗室牖下。"毛传："奠，置也。"

礿：古代宗庙时祭名。《礼记·王制》："天子诸侯宗庙之祭，春曰礿，夏曰禘，秋曰尝，冬曰烝。"郑玄注："此盖夏殷之祭名，周则改之，春曰祠，夏曰礿。"陈澔集说："礿，薄也。春物未成，祭品鲜薄也。"

对各种神灵的祭祀，祭路神谓之"軷"，祭百神谓之"蜡"，祭四方之神谓之"方"，祭祀马神谓之"伯"，谢神的祭祀称为"酺"，对天地神灵的祭祀称为"禋祀"。

軷：古代出行时祭路神谓之"軷"。《诗·大雅·生民》："取萧祭脂，取羝以軷。"毛传："軷，道祭也。"

方：古代祭祀名。指秋祭四方之神。《诗·小雅·甫田》："以我齐明，与我牺羊，以社以方。"朱熹集传："方，秋祭四方，报成万物。"《诗·小雅·大田》："来方禋祀，以其骍黑。"郑玄笺："成王之来，则又禋祀四方之神。"

伯：古代祭名。祭祀马神。《诗·小雅·吉日》："吉日维戊，既伯既祷。"毛传："伯，马祖也。重物慎微，将用马力，必先为之祷其祖。"朱熹集传："伯，马祖也。谓天驷房星之神也。"

酢：报祭，谢神的祭祀。《书·顾命》："秉璋以酢。"孔传："报祭曰酢。"孔颖达疏："酢训报也，故报祭曰酢。"

禋（禋）祀：周人对天帝及天上神灵的祭祀。《史墙盘》："义（宜）其禋（禋）祀。"（《集成》10175）

（二）祭祀使用物品的名称

祭祀使用的物品包括两个方面：一方面是祭祀的礼器，另一方面是祭祀时使用的供品。

1. 祭祀礼器的名称

登：古代祭器名。《诗·大雅·生民》："卬盛于豆，于豆于登。"毛传："木曰豆，瓦曰登。豆，荐菹醢也；登，大羹也。"

俎：古代祭祀、燕飨时陈置牲体或其他食物的礼器。《诗·小雅·楚茨》："执爨踖踖，为俎孔硕。"

圭：古代帝王诸侯朝聘、祭祀、丧葬等举行隆重仪式时所用的玉制礼器。长条形，上尖下方。其名称、大小因爵位及用途不同而异。《易·益》："有孚中行，告公用圭。"

簠：古祭祀、宴享时用以盛黍稷稻粱的容器。长方形，口外侈，有四短足及二耳。盖与器形状相同，合上为一器，打开则成大小相同的两个器皿。西周晚期开始出现，春秋、战国流行，后世有仿制。《微伯癲簠》："微伯癲乍（作）簠。"（《集成》4681）

瓒璋：以璋为柄酌鬯酒的裸器。《卯簋》："赐汝瓒璋四。"（《集成》4327）

尊彝：泛指宗庙中的祭祀用器。《趞簋》："用乍（作）季姜尊彝。"（《集成》4266）

2. 祭祀供品的名称

牷：色纯而完整的祭牲。《书·微子》："今殷民乃攘窃神祇之牺牷牲。"孔传："色纯曰牺，体完曰牷，牛羊豕曰牲。"

币：缯帛。古代常用作祭祀或馈赠的礼品。《书·召诰》："我非敢勤，惟恭奉币，用供王能祈天永命。"孔传："惟恭敬奉其币帛用供待王，能求天长命。"

荐：祭祀时献牲。《易·观》："观，盥而不荐，有孚颙若。"孔颖达疏："既盥之后，陈荐笾豆之事。"

秬鬯：古代祭祀使用的酒，用郁金草酿黑黍而成。《吕方鼎》："王赐吕秬鬯三卣、贝卅朋。"（《集成》2754）

骍犅：周代用以祭祀的一种赤色大牛。《大簋》："赐乌（犅）羊（骍）犅（犅）。"（《集成》4165）

大₃①牢：古代帝王祭祀社稷时，牛、羊、豕三牲全备为太牢。《吕伯簋》："大牢其万年祀厥叹（祖）考。"（《集成》3979）

（三）祭祀的地点和参与者

周人举行祭祀仪式一般都是在宗庙中进行的，祭祀地点称为"宫""庙"。如：

宫：宗庙。《诗·召南·采蘩》："于以用之？公侯之宫。"毛传："宫，庙也。"

庙：旧时供祀先祖神位的屋舍。《诗·大雅·思齐》："雍雍在宫，肃肃在庙。"

周庙：周王朝宗庙，天子祭祖的场所。《小盂鼎》："王各周庙。"（《集成》2839）

康宫：西周王室的宗庙。《扬簋》："王在周康宫。"（《集成》4294）

祭祀的参与者主要是主持祭祀的人和受祭祀的人，主持祭祀的人称为"祝""工祝"。

工祝：古时在祭祀时专司祝告的人。《诗·小雅·楚茨》："工祝致告，徂赉孝孙。"

代替死者接受祭祀的称为"尸""妥"。

尸：古代祭祀时代死者受祭的人。《诗·小雅·楚茨》："神具醉止，皇尸载起。鼓钟送尸，神保聿归。"

妥：周代祭祀祖先的礼制。以人扮神，其名为尸，当尸进入宗庙走到他的

---

① "大₃"音tài。

位置上的时候，由主祭者跪拜，请尸安坐，这叫做妥。《诗·小雅·楚茨》：
"以妥以侑，以介景福。"

二、反映西周军事的新词语场

西周是依靠武力推翻商朝而建立起来的新王朝，因此军事战争在这个时期起着非常重要的作用。西周时期就有了十分严密的军队编制，《说文·帀部》："师，二千五百为师。"

师：军队编制。《诗·大雅·棫朴》："周王于迈，六师及之。"

西周时期比较著名的军队称为"殷八师"（也称"牧师"）、"西六师"。"殷八师"主要驻扎在朝歌地区，用以加强对殷人以及东夷的统治。"西六师"驻守在西土，主要是巩固镐京的安全。

牧师：即殷八师，指西周驻扎在牧野的军队。《小臣謎簋》："复归在牧师。"（《集成》4239）

西六师：西周部队编制。指周人发祥地一带的六个师兵力，为周王的嫡系部队。《禹鼎》："王乃命西六师、殷八师。"（《集成》2833）

（一）军事防御工事的名称

为了保护国家安全，统治者建立一系列的军事防御设施，如："塞$_2$""减$_2$""城"等。

减$_2$①：沟渠；护城濠。《诗·大雅·文王有声》："筑城伊减，作丰伊匹。"毛传："减，成沟也。"郑玄笺："方十里曰成；减，其沟也，广深各八尺。"陆德明释文："减字又作洫。"

城：都邑四周的墙垣。一般分两重，里面的叫城，外面的叫郭。城字单用时，多包含城与郭。城、郭对举时只指城。《诗·大雅·文王有声》："筑城伊减，作丰伊匹。"

（二）军事武器的名称

西周时期还出现了大量的兵器和战车。兵器有"瞿""刘""扬$_2$""惠"和

---

① "减$_2$"音xù。

"戚扬"等。

瞿：古兵器名。戟属。《书·顾命》："一人冕执戣，立于东垂；一人冕执瞿，立于西垂。"孔颖达疏引郑玄曰："戣、瞿，盖今三锋矛、锐矛属。"

刘：兵器名。斧钺。《书·顾命》："一人冕执刘，立于东堂。"孔传："刘，钺属。"孔颖达疏引郑玄曰："刘，盖今镵斧。"

扬：钺。《诗·大雅·公刘》："弓矢斯张，干戈戚扬，爰方启行。"毛传："扬，钺也。"

惠：古兵器名。三棱矛。《书·顾命》："二人雀弁，执惠，立于毕命之内。"孔传："惠，三隅矛。"孔颖达疏："惠状盖斜刃，宜芟刈。"

戚扬：古兵器。即斧钺。《诗·大雅·公刘》："弓矢斯张，干戈戚扬。"毛传："戚，斧也；扬，钺也。"

战车有"冲""戎车"和"檀车"等。

冲：古战车名。用以攻城。《诗·大雅·皇矣》："以尔钩援，与尔临冲，以伐崇墉。"毛传："临，临车也。冲，冲车也。"孔颖达疏："临者在上临下之名，冲者从傍冲突之称，故知二车不同。"

戎车：兵车。《书·牧誓》："武王戎车三百两，虎贲三百人。"《诗·小雅·采薇》："戎车既驾，四牡业业。"

檀车：古代车子多用檀木为之，故称。常用以指役车，兵车。《诗·小雅·杕杜》："檀车幝幝，四牡痯痯。"郑玄笺："檀车，役车也。"

西周时期还出现关于军事征战方面的动词，如：

征伐：讨伐，出兵攻打。《周公东征鼎》："唯周公于征伐东尸（夷）。"（《集成》2739）

扑伐：攻击，讨伐。《㝬钟》："扑伐厥都。"（《集成》260）

干₂①吾：金文用语。捍御。郭沫若《师克盨铭考释》："《毛公鼎》《师訇簋》均有'干吾王身'语，干吾者敷敔也，捍御也。"

西周王朝军事上的主要打击对象就是周边的少数民族，西周对少数民族统

---

① "干₂"音gàn。

称为"夷"（金文常作"尸"）、"方"。根据少数民族居住地的不同，又有"淮夷""秦夷""京夷""彙夷""蛮方"等。

尸：通"夷"，金文指蛮夷。《大盂鼎》："赐尸（夷）司王臣十又三伯。"（《集成》2837）

淮夷：指淮河流域一带的少数民族。西周时曾多次与其他族联合抗周。《禹鼎》："亦唯噩（鄂）侯驭方率南淮尸（夷）、东尸（夷）。"（《集成》2833）

秦夷：指居住在西部秦地一带的夷人。《訇簋》："先虎臣后庸：西门尸（夷）、秦尸（夷）、京尸（夷）、彙尸（夷）。"（《集成》4321）

蛮方：南方古族的泛称。《虢季子白盘》："用政（征）緣（蛮）方。"（《集成》10173）

三、反映阶级关系的新词语场

（一）统治阶级的名称

1. 最高统治者的名称

西周时期最高统治者称为"皇""烝""邦君""辟₂王""皇帝""皇后""皇王""天子""天牧""王人"等。

皇：君主；帝王。《诗·周颂·桓》："於昭于天，皇以间之。"郑玄笺："皇，君也。"

烝：国君；君王。《书·立政》："夷、微、卢烝、三亳阪尹。"周秉钧易解："烝，君也。"

邦君：古代指诸侯国君主。《书·顾命》："卿士邦君，麻冕蚁裳。"

辟₂王：君王。《诗·大雅·棫朴》："济济辟王，左右趣之。"郑玄笺："辟，君也。君王谓文王也。"《诗·周颂·载见》："载见辟王，曰求厥章。"郑玄笺："诸侯始见君王，谓见成王也。"

皇帝：古时对前代帝王的尊称。《书·吕刑》："皇帝哀矜庶戮之不辜。"

皇后：大君。谓天子。《书·顾命》："皇后凭玉几，道扬末命。"蔡沈集传："皇，大；后，君也。"

皇王：指古圣王。后亦泛指皇帝。《诗·大雅·文王有声》："四方攸同，皇王维辟。"毛传："皇，大也。"

天子：古以君权为神所授，故称帝王为天子。《诗·大雅·江汉》："明明天子，令闻不已。"

天牧：为天牧民者。指掌管政事的统治者。《书·吕刑》："王曰：'嗟！四方司政典狱，非尔惟作天牧。'"孔传："主政典狱，谓诸侯也。非汝惟为天牧民乎？"

王人：国君。《书·君奭》："王人罔不秉德，明恤小臣。"孔颖达疏引王肃云："王人者，犹君人也。"

最高统治者经常自称"冲人""冲子"等，表示一种自谦的态度。

冲人：年幼的人。多为古代帝王自称的谦辞。《书·盘庚下》："肆予冲人，非废厥谋。"孔传："冲，童。"孔颖达疏："冲、童，声相近，皆是幼小之名。自称童人，言己幼小无知，故为谦也。"

冲子：冲人。《书·召诰》："今冲子嗣，则无遗寿耇。"孔传："童子，言成王少，嗣位治政。"

2. 诸侯和卿大夫的名称

西周时期实行分封制，即周天子分地给同姓和功臣，封国之内具有独立的行政、军事以及经济等权力。所分封的各国君主称为"诸侯"。诸侯又可称为"百辟""辟₂公""官伯""长₂伯"等。

百辟：诸侯。《书·洛诰》："汝其敬识百辟享，亦识其有不享。"

辟₂公：指诸侯。《诗·周颂·烈文》："烈文辟公，锡兹祉福。"朱熹集传："辟公，诸侯也。"

官伯：指诸侯。《书·吕刑》："王曰：'呜呼！敬之哉，官伯族姓，朕言多惧。'"孙星衍疏："官伯，谓司政典狱也。"司政典狱，谓诸侯。见孔传。一说指典狱官和诸侯。蔡沈集传："官，典狱之官也；伯，诸侯也。"

长₂①伯：指诸侯。《书·立政》："亦越文王、武王，克知三有宅心，灼见三有俊心，以敬事上帝，立民长伯。"

在封国之内，诸侯也对下属进行分封，诸侯封其下属为卿大夫，称为"小伯"。

小伯：古代公卿都邑内的大夫、士和邑宰的统称。《书·立政》："大都小伯艺人，表臣百司。"孔传："小臣犹皆慎择其人，况大都小邑之长……可以非其任乎！"孔颖达疏："〔小伯，〕大都邑之小长，谓公卿都邑之内大夫、士及邑宰之属。"

周天子与诸侯、卿大夫之间，有一定的权力与义务，形成一种严密的等级隶属关系。

（二）被统治阶级的名称

西周是在夏、商基础上建立起来的奴隶制国家，被统治阶级中最主要的就是奴隶，称为"仆"。"仆"又分为"臣妾""臣仆"。

仆：古代的一种奴隶。《师旂鼎》："师旂众仆不从王征于方雷。"（《集成》2809）

臣妾：古时对奴隶的称谓。男曰臣，女曰妾。后亦泛指统治者所役使的民众和藩属。《易·遁》："畜臣妾吉，不可大事也。"

臣仆：指奴仆。《书·微子》：商其沦丧，我罔为臣仆。"

除了奴隶以外，被统治阶级还包括平民，称为"民""庶""下民""小民""兆民""烝徒""王人""人鬲"等。

民：人。泛指人类。《诗·大雅·生民》："厥初生民，时维姜嫄。生民如何，克禋克祀。"朱熹集传："民，人也。"

庶：百姓，平民。《书·召诰》："厥既命殷庶。"

下民：百姓；人民。《诗·小雅·十月之交》："下民之孽，匪降自天。"

小民：指一般老百姓。《书·酒诰》："小民经德秉哲。"

_____

① "长₂"音zhǎng。

兆民：古称天子之民，后泛指众民，百姓。《书·吕刑》："一人有庆，兆民赖之。"

烝徒：众人；百姓。《诗·大雅·棫朴》："淠彼泾舟，烝徒楫之。"郑玄笺："烝，众也。"

王人：在王畿地域里劳动的下层平民和农奴。《宜侯矢簋》："赐在宜王人十又七生（姓）。"（《集成》4320）

人鬲：西周时代一种处于社会底层的体力劳动者。《中甗》："厥人鬲廿夫。"（《集成》949）

四、反映西周职官的新词语场

西周时期的职官系统比殷商时期更加完备，分为中央官制和地方官制。此外，从搜集的西周金文来看，周王或诸侯在授予官职的时候，都会举行盛大的册命典礼。

（一）中央官制

中央以周天子作为统治的核心，以下设有"三公"，即太师、太傅和太保。"三公"的主要职责是辅佐周天子处理国事，执掌百官，西周初年的周公和召公就是著名的太师和太保。

西周时期朝廷办公的机构主体由"太宰（冢宰）""太宗""大史""大祝""太士"和"太卜"组成。他们的职责是在周天子左右，协助处理朝廷事务。"六太"中以太宰职位最高，经常是由太师或太保来兼任。太史主要负责文书的起草，册命诸侯、卿大夫，记载史事，保管典籍以及天文、历法等。太祝主管祭祀祈祷。

冢宰：周官名。为六卿之首，亦称太宰。《书·周官》："冢宰掌邦治，统百官，均四海。"孔传："天官卿称太宰，主国政治，统理百官，均平四海之内。"《诗·大雅·云汉》："鞫哉庶正，疚哉冢宰。"朱熹集传："冢宰，又众长之长也。"

太宗：古官名。即周之大宗伯。《书·顾命》："太保、太史、太宗，皆麻冕彤裳。"孔传："太宗上宗，即宗伯也。"

大史：官名。金文大太同字，大史即太史。周代朝廷大臣。掌管起草文书，策命诸侯卿大夫，记载史事，编写史书，兼管国家典籍、天文历法、祭祀等事。《大史友簋》：大（太）史舂（友）乍（作）召公宝尊彝。（《集成》915）

大祝：官名。即太祝。《周礼》春官宗伯之属官，专司祝辞祈祷之事。《大祝禽方鼎》：大（太）祝禽鼎。（《集成》1937）

大$_3$人：周代占梦之官。《诗·小雅·斯干》："大人占之。"朱熹集传："大人，太卜之属，占梦之官也。"

西周时期中央政府机构长官有"司土""司马""司工""司寇""司士"和"司宫"。司土（司徒）主管农业生产，司马主管军队和军事，司工（司空）执掌建设，司寇主管刑狱、纠察，司士主管百官狱讼，司宫（司居）主管宅居。

司土：官名。即司徒。负责掌管国家的土地和人民，管理籍田以及徒役征发。《免簋》："令（命）免乍（作）司土（徒）。"（《集成》4626）

司马：官名。掌管军政、军赋的重臣。《谏簋》："司马共右（佑）谏。"（《集成》4285）

司工：官名。即司空。主持营造宫室等土木工程。《免尊》："乍（作）司工（空），对扬王休。"（《集成》6006）

司寇：官名。负责掌管刑狱、纠察等事。《扬簋》："眔司宫（居）、眔司刍、眔司寇、眔司工（空）事。"（《集成》4295）

司士：官名。专职断狱、司法的官员。《牧簋》："昔先王既令女（汝）乍（作）司士。"（《集成》4343）

司宫（居）：官名。专门管理宅居的官员。《扬簋》："眔司宫（居）、眔司刍、眔司寇、眔司工（空）事。"（《集成》4295）

除了以上的职官以外，中央还有以下官职：

常事：上古指掌管政务的官员。《书·立政》："文王惟克厥宅心，乃克立兹常事司牧人，以克俊有德。"

常伯：周官名。君主左右管理民事的大臣。以从诸伯中选拔，故名。

《书·立政》："王左右常伯、常任、准人、缀衣、虎贲。"蔡沈集传："有牧民之长曰常伯。"后因以称皇帝的近臣，如侍中、散骑常侍等。

常任：古代君主左右执掌政务的长官。《书·立政》："王左右常伯、常任、准人、缀衣、虎贲。"蔡沈集传："有任事之公卿曰常任。"一说指掌委任之官。

服采：朝祭的近臣。一说指作事之臣。《书·酒诰》："矧唯尔事，服休服采。"孔颖达疏："郑玄以服休为燕息之近臣，服采为朝祭之近臣。"蔡沈集传："服采，起而作事之臣。"

少②正：古官名。西周始置。为六卿之长"正"的副职。《书·酒诰》："厥告毖庶邦庶士，越少正御事，朝夕曰祀兹酒。"孙星衍疏："少正者，正人之副。"

膳夫：古官名。掌宫廷的饮食。《诗·小雅·十月之交》："家伯维宰，仲允膳夫。"郑玄笺："膳夫，上士也，掌王之饮食膳羞。"

庶子：周代司马的属官。掌诸侯、卿大夫之庶子的教养等事。《书·康诰》："不率大戛，矧惟外庶子训人。"孔传："况在外掌众子之官主训及者而亲犯乎？"

准人：古代狱官，掌管司法刑狱的官。《书·立政》："王左右常伯、常任、准人、缀衣、虎贲。"孔传："准人平法，谓士官。"孔颖达疏："准，训平也；平法之人谓士官也。士，察也；察狱之官用法必当均平，故谓狱官为准人。"

准夫：即准人。《书·立政》："立政，任人、准夫、牧，作三事。"孔传："常任、准人及牧治为天地人之三事。"孔颖达疏："准夫者，平法之人，谓理狱官也。"

（二）地方职官

西周时期的地方政权主要是分封在各地的诸侯国。诸侯在自己的封国之内，仿照周王室的职官机构设置官职，进行统治。西周地方制度分为

---

① "少₂"音shào。

"国""都"和"邑"三级。

国：古代王、侯的封地。《易·师》："开国承家，小人勿用。"孔颖达疏："若其功大，使之开国为诸侯；若其功小，使之承家为卿大夫。"

邑：古代称侯国。《书·汤誓》："率割夏邑。"

此外，根据《周礼》记载，西周地方制度还有乡遂制度。王国百里之内称作"乡"，王国百里之外称作"遂"。不过，对此学术界还没有达成一致，最主要是因为西周还属于奴隶制社会，应该还不存在十分严密的乡里制度。不过根据《周礼》的记载，我们可以看出西周统治者也在竭尽全力地加强中央集权，维护自身的统治。

西周地方职官有"里人""新造""司贮"等。

里人：官名，即里宰。周代基层行政机构里的长官。《鬲簋》："命女（汝）司成周里人。"（《集成》4215）

新造：官名。管理成周市廛及税收的官吏。《颂鼎》："监司新造。"（《集成》2827）

司贮：官名。执掌管理赋税囤积。《善夫山鼎》："用乍（作）宪司贮。"（《集成》2825）

（三）册命制度

所谓"册命"指的是西周封官授职时举行的仪式。无论是周天子任命官员，还是诸侯分封卿大夫，都会举行册命仪式。

册命：周天子通过隆重仪式对诸侯、大臣的封官赐爵，并作为正式命令、决定记录在册。《颂鼎》："王乎史虢生（甥）册令（命）颂。"（《集成》2827）

从我们搜集的金文材料来看，很多长篇都是记录册命仪式的。西周王室举行册命典礼的时候都会对受命者有所赏赐，《史记·周本纪》中有记载："封诸侯，班赐宗彝，作《分殷之器物》。"[1]关于册命的金文中都会记载一些赏赐的物品，其顺序一般是：祭酒、冕服服饰、车及车饰、马及马饰、旂旗、兵

---

[1] 司马迁：《史记》，中华书局1959年版，第126—127页。

器、土地、臣民、取征以及其他。这个顺序是从大量的金文材料中整理出来的，并不是每一篇册命金文的赏赐物中都包括这些物品。[①] 我们列举几个经常出现在金文中的赏赐物，如：

赤琥：雕成虎形的赤色玉器。《裘卫盉》："取赤虎（琥）两。"（《集成》9456）

銮勒：马辔首的铜饰。《癲盨》："攸（銮）勒。"（《集成》4462）

象弭：两端饰以象牙的弓。《师汤父鼎》："王乎宰脋赐盛弓、象弭。"（《集成》2780）

瑁圭：礼器。天子诸侯会见时的信物。《师遽方彝》："王乎宰利赐师遽瑁圭一。"（《集成》9897）

逐毛：车旗上的装饰。《逐己公方鼎》："楷仲赏厥嫊奚逐毛两，马匹。"（《集成》2729）

同黄（衡）：茼麻色的玉衡。《七年趞曹鼎》："赐趞曹载（缁）芾、绹（同）黄（衡）、緐（銮）。"（《集成》2783）

取遄（征）：取得财物，指俸禄。《楚簋》："取遄（征）五寽（锊）。"（《集成》4246）

此外，关于册命的金文中还有一些金文习语，比如：

对扬：金文习语。册封时的仪式之一。指受赐者对赐者报以歌颂、赞扬之辞。《师餘鼎》："俞则对扬厥德。"（《集成》2723）

頴首：古时的一种礼节，跪下，拱手至地，头也至地。《小臣夌鼎》："夌拜頴首，对扬王休。"（《集成》2775）

通禄：金文习语。福禄齐全、官运亨通之意。《癲钟》："受（授）余屯（纯）鲁、通录（禄）、永令（命）。"（《集成》247）

康乐：安康欢乐。《微緐鼎》："用赐康乐、鲁休。"（《集成》2790）

令终：善终。《善夫山鼎》："用祈眉寿、绰绾、永令（命）、需（令）冬（终）。"（《集成》2825）

---

① 陈汉平：《西周册命制度研究》，学林出版社1986年版，第220页。

纯嘏：厚福，大福。《克钟》："用匄屯（纯）叚（嘏）、永令（命）。"（《集成》204）

五、反映西周刑法的新词语场

（一）法律的名称

率₂^①：法令；条例。《书·西伯戡黎》："不迪率典。"孙星衍疏："《广雅·释言》云：'律，率也。'律、率训同，俱为法也……不迪率典谓不由法常也。"

式：准则，法度。指言行所依据的原则。《诗·大雅·下武》："成王之孚，下土之式。"毛传："式，法也。"郑玄笺："王道尚信，则天下以为法，勤行之。"

章：典章制度。《诗·大雅·假乐》："不愆不忘，率由旧章。"朱熹集传："旧章，先王之礼乐政刑也。"

臬：刑律；法规。《书·康诰》："王曰：外事，汝陈时臬，司师兹殷罚有伦。"孔传："言外土诸侯，奉王事，汝当布陈是法，司牧其众，及此殷家刑罚有伦理者，兼用之。"孔颖达疏："汝当布陈是刑法。"

（二）刑罚的名称

西周的刑罚已经十分严厉了，概括起来有"五刑"，即"墨辟"（又称"天"）、"劓"、"剕辟"、"宫"（又称"椓"）、"大辟"。除了"五刑"以外还有"刵"等。

五刑：五种轻重不等的刑法。秦以前为：墨、劓、剕（刖）、宫、大辟（杀）。《书·吕刑》："正于五刑。"

墨辟：墨刑。《书·吕刑》："墨辟疑赦，其罚百锾，阅实其罪。"蔡沈集传："墨，刻其颡而涅之也。"

天：古代的墨刑。《易·睽》："其人天且劓，无初有终。"孔颖达疏："剠额为天。"剠，同"黥"。

---

① "率₂"音lǜ。

劓：割鼻。古代五种酷刑之一。《书·吕刑》："惟作五虐之刑曰法，杀戮无辜，爰始淫为劓刵椓黥。"孔颖达疏："劓，截人鼻。"

刖辟：刖刑。《书·吕刑》："刖辟疑赦，其罚倍差。"孔传："刖足曰刖。"

宫辟：即宫刑。《书·吕刑》："宫辟疑赦，其罚六百锾。"孔传："宫，淫刑也。男子割势，妇人幽闭。次死之刑。"

椓：宫刑。《书·吕刑》："杀戮无辜，爰始淫为劓、刵、椓、黥。"孔传："截人耳鼻，椓阴黥面。"

大辟：古五刑之一，谓死刑。《书·吕刑》："大辟疑赦，其罚千锾。"孔传："死刑也。"孔颖达疏："《释诂》云：辟，罪也。死是罪之大者，故谓死刑为大辟。"

刵：割耳。古代的刑罚。《书·吕刑》："爰始淫为劓、刵、椓、黥。"孔颖达疏："刵，截人耳。"

违反法律除了对其进行身体上的惩罚、实施肉刑以外，西周时期还可以用付罚金的形式来赎罪，比如：

罚：出金赎罪。《书·吕刑》："五刑不简，正于五罚。"孔传："不简核，谓不应五刑，当正五罚，出金赎罪。"

墨罚：与墨刑相应的罚金。《书·吕刑》："墨罚之属千。"

刖罚：以金钱赎断足之刑。《书·吕刑》："刖罚之属五百。"

（三）刑具的名称

桎：拘系犯人两脚的刑具。

梏：刑具名。古代木制的手铐。《易·蒙》："利用刑人，用说桎梏。"孔颖达疏："在足曰桎，在手曰梏。"

（四）其他与法律相关的新词

狱：监狱。《诗·小雅·小宛》："哀我填寡，宜岸宜狱。"朱熹集传："岸，亦狱也，《韩诗》作'犴'。乡亭之系曰犴，朝廷曰狱。"

刑剭：谓将有罪之贵族、大臣刑杀于户内，而不在市上施刑。《易·鼎》："鼎折足，覆公餗，其刑剭，凶。"郑玄注："若三公倾覆王之美道，屋中刑之。"

第二节　反映经济特征的新词语场

一、反映农业特征的新词语场

农业生产在古代社会占有绝对重要的地位，恩格斯在《家庭、私有制和国家的起源》中说过："农业是整个古代世界的决定性的生产部门。"[1]周人的祖先最早主要居住在今天的渭河流域的黄土高原上，他们的祖先后稷曾经是夏朝掌管稼穑的长官。周人历来十分重视农业生产，《诗经》中的《生民》《公刘》都记录了周族祖先农业生产的情况，至文王时期，文王还亲自带头参加农业劳动。武王伐纣后，建立西周王朝。西周的版图不断扩张，人口大量增加，这些都为西周农业的发展提供了便利的条件。

（一）农作物

1.粮食作物

西周的粮食作物品种较前朝大量增加，已经具备了后世的主要农作物。

（1）粮食的名称

西周时期粮食作物的总称有"谷""粮"，"糇"既指地里的粮食作物，也包括收获后的粮食作物。

谷：庄稼和粮食的总称。《诗经·小雅·信南山》："既沾既足，生我百谷。"

粮：谷类食物的总称。亦指出行所携食粮。《诗·大雅·公刘》："乃裹糇粮，于橐于囊。"

糇：米粮。《诗·大雅·崧高》："以峙其糇，式遄其行。"郑玄笺："糇，粮。"

（2）黍类作物的名称

"黍"在商代已经出现了，甲骨文写作"𣏂"，为黍子散穗之状。黍，又称黍子，在古文献中常常与稷连称。到了西周，"黍"又增加了新的品种

---

①　恩格斯：《家许、私有制和国家的起源》，载《马克思恩格斯选集》（第四卷），人民出版社1972年版，第145页。

"秬"和"秠"，如：

秬：黑黍。古人视为嘉谷。《诗·大雅·生民》："诞降嘉种，维秬维秠。"毛传："秬，黑黍也。"

秠：黑黍的一种。每个壳中有二颗米。《诗·大雅·生民》："诞降嘉种，维秬维秠。"孔颖达疏："郭璞曰：'秠，亦黑黍，但中米异耳。汉和帝时任城生黑黍，或三四实，实二米，得黍三斛八斗。'则秬是黑黍之大名；秠是黑黍之中有二米者，别名之为秠。故此经异其文，而《尔雅》释之若然。秬、秠，皆黑黍矣。"

（3）稷类作物的名称

"稷"是今天我们北方所称的谷子，《礼记·玉藻》中有"子卯稷食菜羹"。"粟"指还没去壳的小米，"糜"和"芑"指的是打磨得比较精细的小米，属于"稷"中的优良品种，还有不同生长期的谷类作物称为"重"。

粟：谷粒。未去皮壳者为粟，已舂去糠则为米。《书·禹贡》："四百里粟，五百里米。"蔡沈集传："粟，谷也。"

芑：粟的一种。茎白色。又名白粱粟。《诗·大雅·生民》："诞降嘉种，维秬维秠，维糜维芑。"毛传："糜，赤苗也；芑，白苗也。"陈奂传疏："赤苗、白苗，谓禾茎有赤白二种。"

糜：粟之一种。《诗·大雅·生民》："诞降嘉种，维秬维秠，维糜维芑。"

重₃①：通"種"。先种后熟的谷物。《诗·豳风·七月》："黍稷重穋，禾麻菽麦。"毛传："后熟曰重，先熟曰穋。"陆德明释文："重，直容反。注同，先种后熟曰重。又作种，音同。"

黍和稷在当时的饮食中占有非常重要的地位，人们甚至把它们作为庄稼茂盛的标志，《诗经·小雅·出车》中就有"昔我往矣，黍稷方华"这样的诗句。《周礼·夏官·职方氏》中说雍冀两州"宜黍稷"，《淮南子·地形训》中也说"渭水多力而宜黍"，这些都从一定侧面反映出西周时此地广泛种植黍

---

① "重₃"音tóng。

稷的事实。

（4）稻米类作物的名称

西周时期出现了"稻"，主要在南方种植，而且种植面积不大，属于很珍贵的作物，这点在《周礼·夏官·职方氏》有记载："正南曰荆州，……其谷宜稻。"西周时期"稻"也出现了新品种"稌"（粳稻）、"粺"（比较细的精米），除此之外，还出现了衡量稻米的数量词"秉"。如：

稻：植物名。一年生草本植物。有水稻、旱稻两类，通常多指水稻。子实碾制去壳后叫大米，是重要的粮食作物之一。《诗·豳风·七月》："十月获稻，为此春酒，以介眉寿。"

稌：稻；粳稻。《诗·周颂·丰年》："丰年多黍多稌，亦有高廪，万亿及秭。"毛传："稌，稻也。"

粺：精米。《诗·大雅·召旻》："彼疏斯粺，胡不自替。"毛传："彼宜食疏，今反食精粺。"郑玄笺："米之率，粝十，粺九。"

秉：稻禾一把。《诗·小雅·大田》："彼有遗秉，此有滞穗。"

西周时期还出现了描述稻类植物结构的词，如"穗""秀"等。

穗：稻麦等禾本科植物的花或果实聚生在茎上顶端部分。《诗·小雅·大田》："彼有遗秉，此有滞穗，伊寡妇之利。"

秀：禾类植物开花抽穗。《诗·大雅·生民》："实发实秀，实坚实好。"朱熹集传："秀，始穟。"

（5）豆类植物名称

"菽"是豆类作物的总称，也特指大豆，它也是西周重要的粮食作物。

菽：豆类的总称。《诗·豳风·七月》："六月食郁及薁，七月亨葵及菽。"

（6）麦类植物的名称

"麦"在西周时是大麦和小麦的统称，也特指小麦；"牟"专指小麦。

麦：一年生或二年生草本植物。子实用来磨成面粉，也可以用来制糖或酿酒，是我国北方重要的粮食作物。有小麦、大麦、黑麦、燕麦等多种。《诗·豳风·七月》："九月筑场圃，十月纳禾稼，黍稷重穋，禾麻菽麦。"

牟：通"麰"。大麦。《诗·周颂·思文》："贻我来牟。"朱熹集传："来，小麦；牟，大麦。"

（7）麻类植物的名称

"麻"是麻类植物的总称，既是粮食作物，同时麻的茎皮纤维也可以作为纺织的原料。"苴"是大麻的籽实。

麻：麻类植物的总名，有大麻、亚麻、苎麻等。古代专指大麻。茎皮纤维长而坚韧，可供纺织等。《诗经·大雅·生民》："麻麦幪幪，瓜瓞唪唪。"

苴：麻子。《诗·豳风·七月》："九月叔苴，采荼薪樗。"毛传："叔，拾也；苴，麻子也。"

通过以上论述，我们可以看出西周农作物分布的概貌：北方西部以种植黍稷为主，东部则是杂种五谷；麦的种植正在不断推广，南方则以水稻为主。总的来说，农作物种类繁多，分布广泛，而且生长范围已经基本固定。由此看出当时的农林业发展水平已经达到了相当的高度，远远超过了商代的发展程度。

2. 蔬菜

西周时期蔬菜的统称是"蔌"。蔬菜在人类日常生活中历来和粮食一样处于重要地位，《尔雅·释天》中有"谷不熟为饥，蔬不熟为馑"。

蔌：蔬菜的总称。《诗·大雅·韩奕》："其蔌维何？维笋及蒲。"

西周时期的蔬菜主要分为水生蔬菜和陆生蔬菜两种。水生蔬菜如：

芹：蔬菜名。即水芹。《诗·小雅·采菽》："觱沸槛泉，言采其芹。"朱熹集传："芹，水草，可食。"

蘋：植物名。也称四叶菜、田字草。多年生草本。生浅水中，叶有长柄，柄端四片小叶成田字形。夏秋开小白花。全草入药，也可作猪饲料。《诗·召南·采蘋》："于以采蘋？南涧之滨。"毛传："蘋，大萍也。"

荇：多年生水生草本植物，叶呈对生圆形，嫩时可食，亦可入药。《诗·周南·关雎》："参差荇菜，左右流之。"

陆生蔬菜比较多，如：

韭：韭菜。《诗·豳风·七月》："献羔祭韭。"

藿：豆叶。嫩时可食。《诗·小雅·白驹》："皎皎白驹，食我场藿。"

葵：蔬菜名。我国古代重要蔬菜之一。可腌制，称葵菹。《诗·豳风·七月》："七月亨葵及菽。"

薇：菜名。也称野豌豆。《诗·召南·草虫》："陟彼南山，言采其薇。"毛传："薇，菜也。"陆玑疏："薇，山菜也。茎叶皆似小豆，蔓生。其味亦如小豆藿，可作羹，亦可生食。"

蕨：多年生草本植物。生在山野。嫩叶可食，俗称蕨菜；根茎含淀粉，俗称蕨粉，可供食用或酿造；也供药用，有清热利尿之效。亦泛指蕨类植物。《诗·召南·草虫》："陟彼南山，言采其蕨。"陆玑疏："蕨，山菜也，周秦曰蕨，齐鲁曰鳖，初生似蒜，茎紫黑色，可食。"

通过以上举例，我们不难发现今天我们食用的很多蔬菜品种早在西周时期就已经存在了，说明当时人们对蔬菜的食用价值已经非常了解。

3. 水果

对水果的记载，先秦典籍仅《礼记·内则》一篇中就记载了枣、栗、桃、李、梅等多种水果，可见水果在古人的生活中也占有非常重要的地位。在西周，水果主要包括桃、李、梅、枣等。

桃：果木名。落叶小乔木。春季开花，花淡红、粉红或白色，可供观赏。果实略呈球形，表面有毛茸，味甜，可供生食，也可加工成桃脯或罐头食品。核仁、花与干幼果可入药。《诗·魏风·园有桃》："园有桃，其实之殽。"

李：果木名。蔷薇科，落叶小乔木。叶长椭圆形至椭圆倒卵形，花白色，果实圆形，果皮紫红、青绿或黄绿。果味甜，可生食及制蜜饯。果仁、根皮供药用。《诗·小雅·南山有台》："南山有杞，北山有李。"

梅：落叶乔木。种类很多。叶卵形，早春开花，以白色、淡红色为主，味清香。果球形，立夏后熟，生青熟黄，味酸，可生食，也用以制成蜜饯、果酱等食品。未熟果加工成乌梅，供药用。花供观赏。《诗·召南·摽有梅》："摽有梅，其实七兮。"朱熹集传："梅，木名，华白，实似杏而酢。"

枣：枣树的果实。《诗·豳风·七月》："八月剥枣，十月获稻，为此春酒，以介眉寿。"

除了上述五种以外还有"櫠""薁"等。

瓞：小瓜。《诗·大雅·绵》："绵绵瓜瓞。"孔颖达疏："瓜之族类本有二种，大者曰瓜，小者曰瓞……瓜蔓近本之瓜必小于先岁之大瓜，以其小如瓝，故谓之瓞。瓞是瓝之别名。"

薁：蘡薁。又称野葡萄。果可酿酒，根叶可入药。《诗·豳风·七月》："六月食郁及薁。"毛传："薁，蘡薁也。"

还有的既是蔬菜也是水果，比如"瓜"。

瓜：葫芦科植物。种类甚多。果实可作蔬菜或水果，有的还可作杂粮和饲料。亦指这类植物的果实。《诗·小雅·信南山》："中田有庐，疆埸有瓜，是剥是菹。"

（二）农业生产

1.农业生产工具和生产技术

西周时期能获得如此丰富的农作物，与其农业生产工具和农业技术的发展是密不可分的。西周时期的农业生产工具较殷商时期有了很大进步，在西周的墓葬和遗址中已经出土了金属农具，但由于出土量较少，我们只能认为金属工具已经在农业生产中使用，但并不是普遍使用。这一时期主要的生产工具有耒、耜、钱、镈和铚等。"耒"和"耜"是耕地翻土的农具；"钱"是类似铁锹的工具；"铚"是镰刀，收割的农具；"镈"是一种短柄锄，用来除草。

西周时期的农业生产技术也有一定程度的发展。周人采用新的田间管理技术以及对田地实行定期轮换的耕作制度，出现了"畲""新田"。这种耕作方法的运用说明周人已经认识到了休耕的重要性，这在农业耕作制度发展上来说具有进步意义。

畲：开垦过三年的田地，熟田。《诗·周颂·臣工》："亦又何求？如何新畲。"毛传："田，二岁曰新，三岁曰畲。"一说为开垦过二年的田地。后泛指田地。

新田：开垦两年的田地。《诗经·小雅·采芑》："薄言采芑，于彼新田。"毛传："田一岁曰菑，二岁曰新田。"

湿田：新开发的田地。《散氏盘》："我既付散氏湿田。"（《集成》10176）

此外，周人还十分重视水利灌溉，《诗经》中有"滮池北流，浸彼稻田"这样的诗句。《周礼·地官·遂人》中还记载："凡治野，夫间有遂，遂上有径；十夫有沟，沟上有畛；百夫有洫，洫上有涂；千夫有浍，浍上有道；万夫有川，川上有路，以达于畿。"

2.农业生产场所

场：翻晒作物和脱粒的平坦空地。《诗·小雅·小宛》："交交桑扈，率场啄粟。"

亩：泛指农田，田地。《诗·豳风·七月》："同我妇子，馌彼南亩。"

疆：田界；田边。《诗·小雅·信南山》："疆场翼翼，黍稷或或。"

3.粮食的保存

随着社会生产力的不断进步，人们收获的农产品数量越来越多，但是人们不可能在很短时间内或者很快地把收获的产品一次性消费掉，因此西周人建立一些仓库用来保存粮食，反映在语言中即"廪""庾""仓"。

廪：粮仓。《诗·周颂·丰年》："亦有高廪，万亿及秭。"

庾：露天的谷堆。《诗·小雅·甫田》："曾孙之稼，如茨如梁；曾孙之庾，如坻如京。乃求千斯仓，乃求万斯箱。"

仓：贮藏粮食的场所。《诗·小雅·甫田》："乃求千斯仓，乃求万斯箱。"

西周的粮食主要是通过常温储藏法在自然状态下保存，这一点和我们今天的情况是相同的。西周时期除了对粮食进行储存，也对肉类和水果进行储存，主要采用冷藏和干藏两种方式。冷藏主要是在地下挖地窖，这种方法早在原始社会时期就已经开始使用，到了西周时期已经是一种十分普遍的储存食物的方法，而且《周礼》中还记载了专门负责藏冰的官员，称为"凌人"。干藏指的是把肉或者水果脱水，制成干品来保存，这种干品叫"腊肉"或者"脯"，《周礼》中也记录有专门负责制作干肉的官员，称为"腊人"。

阴：通"窨"。地窖。《诗·豳风·七月》："三之日纳于凌阴。"毛传："凌阴，冰室也。"

凌人：周代官名，掌管藏冰之事。《周礼·天官·凌人》："凌人，

还要扩大基本词汇研究的范围，即基本词汇中也要包括那些可以反映时代特征的生活领域中的词，比如西周时期的《诗经》中所描绘的粮食作物、花草植物等，这些都是反映西周时期生活面貌的词语，我们将这些词语也归入西周时期的基本词汇中。此外，一部分新词也应该归入基本词汇中。对于新词语来说，"经过一段时间的使用，在社会约定俗成的基础上，有少数的词可能成为基本词进入到基本词汇中去"①。因此，我们研究西周时期的基本词汇既研究这一时期的新词，也研究从上一个朝代传承下来的基本词汇。

我们来总结一下：首先，我们所研究的基本词汇要限定在西周时期这一历史平面上，讨论西周时期所使用的基本词汇；其次，除了具备基本词汇的三个特征以外，我们还要扩大西周基本词汇的研究范围，要研究反映时代特征的词汇；最后，我们所研究的基本词汇不仅包括从殷商传承下来的词，还包括西周时期新产生的词。

潘允中把汉语基本词汇按照性质分为八大类：一、关于自然现象、自然事物的名称；二、关于方位的名称；三、关于人和人体部分的名称；四、关于近亲的名称；五、关于生产劳动（渔猎、畜牧、农业、工业等）的词汇；六、关于物质文化（宫室、衣服、家具等）的词汇；七、关于行为的词汇；八、关于事物性状的词汇。②符淮青在《现代汉语词汇》中将基本词汇也分成八类：一、表示人们最熟悉的自然界现象和事物的一些词；二、表示生产和生活资料的一些词；三、表示时令和方位的一些词；四、表示最基本的性质状态的一些词；五、表示最基本的动作变化的一些词；六、表示人体部位器官的一些词；七、表示数量的一些词；八、表示人称和指代关系的一些词。③我们综合潘允中和符淮青对基本词汇的分类，按照词性来展示西周的基本词汇。

---

① 葛本仪：《现代汉语词汇学》，山东人民出版社2001年版，第7页。

② 潘允中：《汉语词汇史概要》，上海古籍出版社1989年版，第42页。

③ 符淮青：《现代汉语词汇》（增订本），北京大学出版社2004年版，第157页。

一、名词

（一）表示自然现象的基本词汇

关于自然现象的基本词汇很早就被古人创造出来了，原因是我们的祖先在和自然界作斗争的过程中，较早地接触到自然现象，关系也比较密切，为了交际的需要，就创造了一些关于自然现象的基本词汇。

星：宇宙间发射或反射光的天体，如恒星、行星、卫星、彗星等。一般指夜空中发光的天体。《诗·大雅·云汉》："瞻卬昊天，有嘒其星。"

月：月球；月亮。《诗·小雅·天保》："如月之恒，如日之升。"

雷：云层放电时发出的响声。《诗·召南·殷其雷》："殷其雷，在南山之阳。"

电：闪电。《诗·小雅·十月之交》："烨烨震电，不宁不令。"孔颖达疏："烨烨然有震雷之电。"

冰：水在零摄氏度以下凝结成的固体。《诗·豳风·七月》："二之日凿冰冲冲。三之日纳于凌阴。"

（二）表示自然事物的基本词汇

表示自然事物的基本词汇包括动物、植物、山川河流的名称等。

豜：古代兽名。皮厚，可以制甲。《诗·小雅·吉日》："发彼小豝，殪此大豜。"

虺：古称蝮蛇一类的毒蛇。通常指土虺蛇，色如泥土。借指土灰色。《诗·小雅·斯干》："维虺维蛇。"

熊：兽名。头大，四肢短而粗，形似大猪。脚掌大，能攀缘。冬多穴居，始春而出。《诗·小雅·斯干》："吉梦维何？维熊维罴，维虺维蛇。"

鸿：大雁。《易·渐》："鸿渐于干。"李鼎祚集解引虞翻曰："鸿，大雁也。"

芹：蔬菜名。即水芹。《诗·小雅·采菽》："觱沸槛泉，言采其芹。"朱熹集传："芹，水草，可食。"

薇：菜名。也称野豌豆。《诗·召南·草虫》："陟彼南山，言采其薇。"毛传："薇，菜也。"陆玑疏："薇，山菜也。茎叶皆似小豆，蔓生。其味亦如小豆藿，可作羹，亦可生食。"

　　瓜：葫芦科植物。种类甚多。果实可作蔬菜或水果，有的还可作杂粮和饲料。亦指这类植物的果实。《诗·小雅·信南山》："中田有庐，疆场有瓜，是剥是菹。"

　　岳：古代指名山"四岳"或"五岳"。《诗·大雅·崧高》："崧高维岳，骏极于天。"毛传："岳，四岳也。东岳岱，南岳衡，西岳华，北岳恒。"

　　海：百川会聚之处。后指大洋靠近陆地的部分。《诗·小雅·沔水》："沔彼流水，朝宗于海。"

（三）表示方位的基本词汇

　　汉语表示方位的基本词汇的产生可以追溯到远古时期，早在甲骨文中就有"东""南""西""北"作为方位词在使用。

　　上：位置在高处。《诗·周颂·敬之》："无曰高高在上，陟降厥土，日监在兹。"

　　下：位置在低处。《诗·小雅·北山》："溥天之下，莫非王土。"

　　前：与"后"相对，谓正面的或位次在头里的。《书·顾命》："先辂在左塾之前，次辂在右塾之前。"

　　东：方位词。日出的方向。与"西"相对。《诗·召南·小星》："嘒彼小星，三五在东。"

　　南：方位名。和"北"相对。《诗·周南·樛木》："南有樛木，葛藟累之。"

（四）表示时间的基本词汇

　　庚：天干的第七位。殷商时代纪日主要用十干。庚，一旬中的第七日。《易·巽》："先庚三日后庚三日吉。"高亨注："周人以甲、乙、丙、丁、戊、己、庚、辛、壬、癸十字记日，'先庚三日'即庚前之丁日，'后庚三日'即庚后之癸日。"

　　夕：傍晚，日暮。《诗·小雅·北山》："偕偕士子，朝夕从事。"

除①：夏历四月的别称。《诗·小雅·小明》："昔我往矣，日月方除。"郑玄笺："四月为除。"孔颖达疏："《尔雅》除作余。李巡曰：'四月，万物皆生枝叶，故曰余；余，舒也。'孙炎曰：'物之枝叶敷舒。'"

宵：夜。《诗·豳风·七月》："昼尔于茅，宵尔索绹。"毛传："宵，夜。"

晨：天亮；日出时。《诗·小雅·庭燎》："夜如何其，夜乡晨。"郑玄笺："晨，明也。上二章闻鸾声尔，今夜乡明，我见其旂，是朝之时也。"

（五）表示人身体器官的基本词汇

汉语中关于人体部位的词汇产生得也比较早，而且在西周时期基本上已经很完备了，这也说明周人对人类自身的认识已经达到了一定的高度。

口：人类用来发声和进饮食的器官。《书·秦誓》："人之彦圣，其心好之，不啻若自其口出，是能容之。"

耳：耳朵。人与哺乳动物的听觉和平衡器官。《诗·小雅·无羊》："尔牛来思，其耳湿湿。"

股：大腿。《诗·小雅·采菽》："赤芾在股，邪幅在下。"

肱：手臂。《诗·小雅·无羊》："麾之以肱，毕来既升。"毛传："肱，臂也。"

肾：人和高等动物体内的造尿器官，俗称腰子。左右各一，位于腹腔后壁脊柱两侧。旧以为五脏之一。《书·盘庚下》："今予其敷心腹肾肠，历告尔百姓于朕志。"

目：眼睛。《易·鼎》："巽而耳目聪明。"

须：胡须，胡子。后多作"鬚"。《易·贲》："六二：贲其须。"王弼注："须之为物，上附者也。"孔颖达疏："须，是上须〔附〕于面。"

发：头发。《诗·小雅·都人士》："彼君子女，卷发如虿。"

（六）表示亲属称谓的基本词汇

父：父亲。《诗·小雅·蓼莪》："无父何怙？无母何恃？"

---

① "除₃"音shū。

子：古代兼指儿女。《诗·小雅·斯干》："乃生男子，载寝之床……乃生女子，载寝之地。"

兄：哥哥。《书·康诰》："兄亦不念鞠子哀。"孔传："为人兄亦不念稚子之可哀。"

妻：旧指男子的嫡配。《易·小畜》："九三，舆说辐，夫妻反目。"

嫡：正妻。《诗·召南·江有汜序》："勤而无怨，嫡能悔过也。"陆德明释文："嫡……正夫人也。"孔颖达疏："嫡，谓妻也。"

妣：称祖母和祖母辈以上的女性祖先。《易·小过》："过其祖，遇其妣。"《诗·周颂·丰年》："为酒为醴，烝畀祖妣。"皆"祖""妣"并称。

（七）表示生产资料和生活资料的基本词汇

1. 生产资料

罪：捕鱼竹网。泛指罗网。《诗·小雅·小明》："岂不怀归，畏此罪罟。"马瑞辰通释："《说文》：罪，捕鱼竹网；罟，网也。秦始以罪易辠。维此诗罪罟二字平列，犹云网罟。与下章'畏此谴怒''畏此反复'语同。"

罶：捕鱼的竹篓。《诗·小雅·鱼丽》："鱼丽于罶，鲿鲨。"毛传："罶，曲梁也，寡妇之笱也。"

罝：捕兔网。泛指捕兽的网。《诗·周南·兔罝》："肃肃兔罝，椓之丁丁。"毛传："兔罝，兔罟也。"

杼：织机的梭子。《诗·小雅·大东》："小东大东，杼柚其空。"朱熹集传："杼，持纬者也。"

柚₃[1]：筘。织机的主要部件。《诗·小雅·大东》："小东大东，杼柚其空。"朱熹集传："杼，持纬者也；柚，受经者也。"

2. 生活资料

筐：筐子。《诗·召南·采蘋》："于以盛之，维筐及筥。"毛传："方曰筐，圆曰筥。"

---

① "柚₃"音zhú。

囊：袋子。《易·坤》："六四，括囊，无咎无誉。"孔颖达疏："囊，所以贮物。"

筥：圆形的盛物竹器。《诗·召南·采蘋》："于以盛之，维筐及筥。"毛传："方曰筐，圆曰筥。"

罍：古代的一种容器。外形或圆或方，小口，广肩，深腹，圈足，有盖和鼻，与壶相似。用来盛酒或水。多用青铜铸造，亦有陶制的。《诗·周南·卷耳》："我姑酌彼金罍，维以不永怀。"朱熹集传："罍，酒器，刻为云雷之象，以黄金饰之。"

床：供人睡卧的家具。《诗·小雅·斯干》："乃生男子，载寝之床。"郑玄笺："男子生而卧于床，尊之也。"

衾：大被。《诗·召南·小星》："肃肃宵征，抱衾与裯，寔命不犹。"毛传："衾，被也。"

蓑：雨具名。即蓑衣。《诗·小雅·无羊》："尔牧来思，何蓑何笠，其负其糇。"

二、动词

动词性的基本词汇包括两个方面：一是表示具体动作行为，二是表示人的心理活动。其中表示人的心理活动这一部分动词是从西周开始陆续产生的，在殷商时期的卜辞中没有记录。

（一）表示具体动作行为的基本词汇

1.表示人的具体动作行为

聪：听；听觉。《易·夬》："闻言不信，聪不明也。"孔颖达疏："聪，听也。"

问：询问；诘问。《书·吕刑》："皇帝清问下民。"蔡沈集传："清问，虚心而问也。"

奔：急走，跑。《诗·小雅·小弁》："鹿斯之奔，维足伎伎。"

陟：由低处向高处走。与"降"相对。《诗·周南·卷耳》："陟彼崔嵬，我马虺隤。"

徂：往，去。《诗·豳风·东山》："我徂东山，慆慆不归。"郑玄笺："我往之东山，既久劳矣。"

生：生育；养育。《诗·小雅·斯干》："乃生男子，载寝之床。"

2. 表示物的具体动作行为

嘤：鸟鸣声。《诗·小雅·伐木》："嘤其鸣矣，求其友声。"郑玄笺："求其尚在深谷者，其相得则复鸣嘤嘤然。"

鸣：鸟兽昆虫叫。《易·中孚》："鹤鸣在阴，其子和之。"

飞：（鸟、虫等）鼓动翅膀在空中活动。《诗·周南·葛覃》："黄鸟于飞，集于灌木，其鸣喈喈。"

蠢：虫类蠕动。引申为骚动，动乱。《书·大诰》："有大艰于西土，西土人亦不静，越兹蠢。"孔传："四国作大难于京师，西土人亦不安，于此蠢动。"孙星衍疏："蠢者，《释诂》云：'动也。'"

啄：鸟用嘴取食。《诗·小雅·小宛》："交交桑扈，率场啄粟。"

陨：坠落。《易·姤》："有陨自天。"高亨注："陨，坠也，灭也。"

（二）表示人心理活动的基本词汇

1. 表示悲伤的基本词汇

恻：忧伤；悲痛。《易·井》："井渫不食，为我心恻。"孔颖达疏："井渫而不见食，犹人修己全洁而不见用，使我心中恻怆。"

惄：忧思；忧伤。《诗·周南·汝坟》："未见君子，惄如调饥。"毛传："惄，饥意也。"郑玄笺："惄，思也。未见君子之时，如朝饥之思食。"

悲：哀痛，伤心。《诗·豳风·七月》："女心伤悲，殆及公子同归。"

怛：悲伤，愁苦。《诗·桧风·匪风》："瞻顾周道，中心怛兮。"毛传："怛，伤也。"

2. 表示喜悦的基本词汇

快：高兴；愉快。《易·旅》："得其资斧，心未快也。"

兑：喜悦。《易·兑》："兑，说也。刚中而柔外，说以利贞。"孔颖达疏："外虽柔说而内德刚正，则不畏邪谄。"

怿：喜悦；快乐。《书·康诰》："我惟有及，则予一人以怿。"

3. 表示恐惧的基本词汇

畏：害怕；恐惧。《诗·大雅·烝民》："不侮矜寡，不畏强御。"

惧：恐惧；害怕。《诗·小雅·谷风》："将恐将惧，维予与女。"

惮：畏难；畏惧。《诗·小雅·绵蛮》："岂敢惮行，畏不能趋。"郑玄笺："惮，难也。"

惕：畏惧；戒惧。《书·盘庚上》："惟汝含德，不惕予一人。"孔传："汝不从我命，所含恶德，但不畏惧我耳。"

4. 表示憎恶悔恨的基本词汇

忌：憎恶；怨恨。《诗·大雅·瞻卬》："舍尔介狄，维予胥忌。"毛传："忌，怨也。"

悔：悔恨；后悔。《诗·召南·江有汜》："不我以，其后也悔。"

三、形容词

（一）表示事物性质的基本词汇

薄：厚度小。《诗·小雅·小旻》："战战兢兢，如临深渊，如履薄冰。"

小：形容事物在体积、面积、数量、力量、强度等方面不及一般的或不及比较的对象。同"大"相对。《诗·小雅·吉日》："发彼小豝，殪此大兕。"

大：与"小"相对。形容体积、面积、数量、力量等方面超过一般或超过所比较的对象。《诗·小雅·吉日》："发彼小豝，殪此大兕。"

白：像雪一般的颜色。《易·贲》："上九，白贲，无咎。《象》曰：白贲无咎，上得志也。"王弼注："以白为饰，而无患忧，得志者也。"

玄：赤黑色。后多用以指黑色。《诗·豳风·七月》："载玄载黄，我朱孔阳。"毛传："玄，黑而有赤也。"

朱：大红色。比绛色（深红色）浅，比赤色深。古代视为五色中红的正色。《诗·豳风·七月》："我朱孔阳，为公子裳。"

（二）表示事物状态的基本词汇

亟：疾速。与"缓慢"相对。《诗·豳风·七月》："亟其乘屋，其始播百谷。"郑玄笺："亟，急。"

浊：液体浑浊。与"清"相对。《诗·小雅·四月》："相彼泉水，载清载浊。"

四、数量词

（一）数词

一：数词。《小盂鼎》："贝胄一。"（《集成》2839）

两：数词。《逐己公方鼎》："楷仲赏厥嬯奚逐毛两，马匹。"（《集成》2729）

七：数词。《诗·召南·摽有梅》："摽有梅，其实七兮。"

卅：三十。《小盂鼎》："俘车卅两（辆）。"（《集成》2839）

百：数词。《伯姜鼎》："西（百）世孙孙子子受厥屯（纯）鲁。"（《集成》2791）

秭：数词。亿亿。《诗·周颂·丰年》："丰年多黍多稌，亦有高廪，万亿及秭。"毛传："数万至万曰亿。数亿至亿曰秭。"

千：数词。《小盂鼎》："俘人万三千八十一人。"（《集成》2839）

（二）量词

堵：古代筑墙的计量单位名。古以版筑法筑土墙，一版之长，五版之高，为堵。《诗·大雅·绵》："百堵皆兴，鼛鼓弗胜。"

五、虚词

基本词汇中是否应该包括虚词是学界中备受争议的问题。林焘首先提出虚词不能进入基本词汇的观点，他说："虚词纵然最常用，但是只能在'语法构造'的范围内来研究，不能归入基本词汇。"① 赵振铎在《虚词不能归入基本

---

① 林焘：《汉语基本词汇中的几个问题》，《中国语文》1954年第7期。

词汇吗》一文中反驳了林焘的观点，认为基本词汇应该包括虚词。

我们的观点是基本词汇应该包括虚词。因为虚词也是一种词汇现象，是词汇学研究的对象之一。词汇学对于虚词的研究与语法学不同，词汇学对虚词的研究主要关注虚词的组成、意义以及特点等。我们认为只要虚词符合基本词汇的标准，就应该把它作为基本词汇的成员，而绝对不应该把它排除在外。西周时期基本词汇中的虚词包括代词、助词、连词、副词和叹词。

（一）代词

我：代词。称自己。《诗·小雅·采薇》："昔我往矣，杨柳依依；今我来思，雨雪霏霏。"

卬：我。《书·大诰》："越予冲人，不卬自恤。"孔传："卬，我也。"

他：代词。指另外的人或事物。《诗·小雅·頍弁》："岂伊异人？兄弟匪他！"

其：代词。表第三人称领属关系。他（她、它）的或他（她、它）们的。《诗·周南·桃夭》："桃之夭夭，灼灼其华，之子于归，宜其室家。"

曷：代词。表示疑问。相当于"何""什么"。《书·盘庚上》："汝曷弗告朕。"孔传："曷，何也。"孔颖达疏："曷、何同音，故曷为何也。"

（二）助词

兮：古代韵文中的助词。用于句中或句末，表示停顿或感叹。与现代的"啊"相似。《诗·周南·麟之趾》："麟之趾，振振公子，于嗟麟兮！"

其₂[①]：助词。用于疑问代词之后，表疑问语气。《书·微子》："今尔无指，告予颠隮，若之何其？"

伊：发语词，无义。《诗·周颂·我将》："伊嘏文王，既右飨之。"高亨注："伊，发语词。"

（三）连词

仍：因，就此。《诗·大雅·常武》："铺敦淮濆，仍执丑虏。"毛传：

---

① "其₂"音jī。

"仍，就。"孔颖达疏："《释诂》云：'仍，因也。'因是就之义也。"

每：连词。虽然。《诗·小雅·常棣》："每有良朋，况也永叹。"郑玄笺："每，虽也。"

且：连词。连接两个形容词或形容词性词组，约相当于"又……又……"。《诗·小雅·鱼丽》："君子有酒，旨且多。"

（四）副词

则：副词。犹乃，才。《诗·小雅·出车》："既见君子，我心则降。"

会：副词。恰巧；适逢。《诗·大雅·生民》："诞置之平林，会伐平林。"

勿：副词。毋，不要。表禁止。《诗·大雅·行苇》："敦彼行苇，牛羊勿践履。"

孔：副词。甚，很。《诗·周南·汝坟》："虽则如毁，父母孔迩。"毛传："孔，甚。"

尚：副词。犹；还。《诗·大雅·荡》："虽无老成人，尚有典刑。"

第二节　一般词汇

"词汇中基本词汇以外的词的总汇就是语言的一般词汇。与基本词汇相比较，一般词汇使用的范围比较狭窄，使用的频率也比较低，从总体上讲，在稳固性和作为产生新词的基础等方面，都要比基本词汇弱得多。"[1]一般词汇不如基本词汇使用广泛、频率高，其稳固性和产生新词的能力也相对弱一些，但它能灵敏地反映社会变化，包含的内容比较丰富。西周时期的一般词汇从词性上来看包括名词、动词、形容词以及一些虚词，本节以名词为例，分析西周时期的一般词汇。我们从词义角度把西周时期的名词性一般词汇分成三类：表示政治领域的一般词汇、表示社会生活领域的一般词汇以及表示自然界的一般词汇。

---

[1]　葛本仪：《现代汉语词汇学》，山东人民出版社2001年版，第6页。

一、表示政治领域的一般词汇

（一）表示方国、地名以及少数民族名称

莘：古国名。在今陕西省合阳县东南，姒姓。周文王妃太姒即此国之女。《诗·大雅·大明》："缵女维莘，长子维行，笃生武王。"

芮：古国名。也作"内"。周文王时建立，姬姓。在今陕西省大荔县朝邑城。《诗·大雅·绵》："虞芮质厥成。"孔颖达疏："虞芮二国之君，有争讼事，来诣文王，而得成其和平也。"

苏：古国名。建都于温（今河南省温县）。《书·立政》"司寇苏公"唐孔颖达疏："苏是国名，所都之地，其邑名温。"

卢：古国名。约在今湖北省南漳县东北。《书·牧誓》："嗟！我友邦冢君……及庸、蜀、羌、髳、微、卢、彭、濮人。"孔颖达疏："此八国者，皆西南夷也。"

蜀：地名。《班簋》："秉繁、蜀、巢。"（《集成》4341）

杞：地名。《亳鼎》："公侯赐亳杞土、麋土、稟禾、虬禾。"（《集成》2654）

海湄：一说是东南方靠近海洋的地区。一说是地名。《小臣謎簋》："伐海眉（湄）。"（《集成》4239）

髳：古代西南少数民族名。《书·牧誓》："及庸、蜀、羌、髳、微、卢、彭、濮人。"孔颖达疏："此八国皆西南夷也。"

东夷：周代东方落后部族的总称。《雪鼎》："唯王伐东尸（夷）。"（《集成》2740）

玁狁：厉王、宣王时期，北方的少数民族。《虢季子白盘》："搏伐厰（玁）狁（狁），于洛之阳。"（《集成》10173）

（二）表示与祭祀相关的

秬鬯：古代以黑黍和郁金香草酿造的酒，用于祭祀降神及赏赐有功的诸侯。《书·洛诰》："伻来毖殷，乃命宁予以秬鬯二卣。"

禋（禋）祀：周人对天帝及上天神灵的祭祀。《史墙盘》："义（宜）其

禋（禋）祀。"（《集成》10175）

露筮：古人在卜筮之前，必先将著（蓍）草置于庭院夜空星宿之下，以受星宿灵气。《史懋壶》："窺（亲）令史懋路（露）筮。"（《集成》9714）

（三）表示军事

戎车：兵车。《书·牧誓》："武王戎车三百两，虎贲三百人。"《诗·小雅·采薇》："戎车既驾，四牡业业。"

黄钺：饰以黄金的长柄斧子。天子仪仗，亦用以征伐。《书·牧誓》："王左杖黄钺，右秉白旄以麾。"孔颖达疏引《广雅》："钺，斧也。斧称黄钺，故知以黄金饰斧也。"

白旄：古代的一种军旗。竿头以牦牛尾为饰，用以指挥全军。《书·牧誓》："王左杖黄钺，右秉白旄以麾。"

戚扬：古兵器。即斧钺。《诗·大雅·公刘》："弓矢斯张，干戈戚扬。"毛传："戚，斧也；扬，钺也。"

临车：古战车名。可以居高临下用于攻城，故名。《诗·大雅·皇矣》"与尔临冲"毛传："临，临车也。"

（四）表示官职

宏父：古官名。即司空。《书·酒诰》："若保宏父，定辟。"孔传："宏，大也。宏父，司空。"

少$_2$正：古官名。西周始置。为六卿之长"正"的副职。《书·酒诰》："厥告毖庶邦庶士，越少正御事，朝夕曰祀兹酒。"孙星衍疏："少正者，正人之副。"

庶子：周代司马的属官。掌诸侯、卿大夫之庶子的教养等事。秦因之，置中庶子、庶子员。汉以后为太子属官。两晋、南北朝称中庶子、庶子。隋、唐以后，改称左右庶子。历代相沿，清末始废。《书·康诰》："不率大戛，矧惟外庶子训人。"孔传："况在外掌众子之官主训及者而亲犯乎？"

大祝：官名。即太祝。《周礼》春官宗伯之属官，专司祝辞祈祷之事。《大祝禽方鼎》："大（太）祝禽鼎。"（《集成》1937）

准人：狱官，掌管司法刑狱的官。《书·立政》："王左右常伯、常任、准人、缀衣、虎贲。"孔传："准人平法，谓士官。"孔颖达疏："准，训平也；平法之人谓士官也。士，察也；察狱之官用法必当均平，故谓狱官为准人。"

二、表示社会领域的一般词汇

（一）表示时间

昧爽：拂晓；黎明。《书·牧誓》："时甲子昧爽，王朝至于商郊牧野。"

丙日：用天干地支表示的时间。《由伯尊》："丙日唯毋入于公。"（《集成》5998）

古先：往昔；古代。《书·康诰》："别求闻由古先哲王，用康保民。"

凤夕：早晚，日夜。《雁公鼎》："奄以乃弟用凤夕嬲享。"（《集成》2553）

朔月：月朔。指旧历每月初一。《诗·小雅·十月之交》："十月之交，朔月辛卯，日有食之，亦孔之丑。"郑玄笺："周之十月，夏之八月也。八月朔日，日月交会。"

（二）表示服饰

麻冕：麻布帽。古时一种礼服。《书·顾命》："王麻冕黼裳，由宾阶隮。"

蚁裳：玄色下衣。《书·顾命》："卿士邦君，麻冕蚁裳。"

织衣：用染色丝织成的王臣的朝服。《免簠》："赐戠（织）衣、縊（銮）。"（《集成》4626）

虎裘：虎皮衣。《大师虘簋》："王乎宰智赐大（太）师虘虎裘。"（《集成》4251）

（三）表示教育

学宫：即大学。指设在辟雍专门训练射术的学校。《静簋》："王令静司射学宫。"（《集成》4273）

射庐：古代宫廷内专用于天子行大射礼和练习射术的场所，即宫中大室前东西两序的庑廊。《十五年趞曹鼎》："龚（恭）王在周新宫，王射于射庐（庐）。"（《集成》2784）

（四）生活用品

兔罝：捕兔的网。《诗·周南·兔罝》："肃肃兔罝，椓之丁丁。"毛传："兔罝，兔罟也。"

饴器：盛粮食的容器。《萳簋》："王命萳眔叔䌛父归（馈）吴姬饴器。"（《集成》4195）

底③席：用青蒲编成的席子。一说指竹席。《书·顾命》："西序东向，敷重底席。"陆德明释文引马融云："青蒲也。"

三、表示自然界的一般词汇

（一）表示水名

瀍：水名。源出河南洛阳西北，东南流经旧县城东入洛水。《书·洛诰》："我乃卜涧水东、瀍水西，惟洛食。"

玄水：古水名。《同簋》："厥逆（朔）至于玄水。"（《集成》4271）

洧水：水名。《启作且丁尊》："在洧水上。"（《集成》5983）

（二）表示植物

葛藟：植物名。又称"千岁藟"。落叶木质藤本。叶广卵形，夏季开花，圆锥花序，果实黑色，可入药。《诗·周南·樛木》："南有樛木，葛藟累之。"

白茅：亦作"白茆"。植物名。多年生草本，花穗上密生白色柔毛，故名。古代常用以包裹祭品及分封诸侯，象征土地所在方位之土。《诗·召南·野有死麕》："野有死麕，白茅包之。"

甘棠：木名。即棠梨。《诗·召南·甘棠》："蔽芾甘棠，勿翦勿伐，召伯所茇。"陆玑疏："甘棠，今棠梨，一名杜梨。"

卷耳：菊科植物，又称"苍耳"或"枲耳"。《诗·周南·卷耳》："采采卷耳，不盈顷筐。嗟我怀人，置彼周行。"毛传："卷耳，苓耳也。"朱熹集传："卷耳，枲耳。叶如鼠耳，丛生如盘。"

荏菽：大豆。《诗·大雅·生民》："荏菽旆旆，禾役穟穟。"毛传："荏菽，戎菽也。"郑玄笺："戎菽，大豆也。"

---

③　"底③"音dǐ。

（三）表示动物

草虫：即草螽。《诗·召南·草虫》："喓喓草虫，趯趯阜螽。"毛传："草虫，常羊也。"陆玑疏："小大长短如蝗也，奇音青色，好在茅草中。"马瑞辰通释："今以目验，盖即顺天及济南人所称聒聒者，《诗》以'喓喓'言之，亦取其善鸣也。"

阜螽：蝗的幼虫。《诗·召南·草虫》："喓喓草虫，趯趯阜螽。"毛传："阜螽，蠜也。"陆德明释文："李巡云：蝗子也。"

黄鸟：鸟名。《诗·周南·葛覃》："黄鸟于飞，集于灌木，其鸣喈喈。"

本章主要论述了西周时期基本词汇和一般词汇的情况。一段时期内基本词汇和一般词汇的面貌基本反映了这一历史时期客观世界发展和人的精神发展的程度。通过以上的分析，西周时期基本词汇和一般词汇具有以下特点：

首先，从数量上看，西周时期基本词汇数量比较多，超过了一般词汇的数量。

其次，从音节上看，西周时期的基本词汇以单音词为主，一般词汇包括单音词和多音词。多音节一般词汇是由单音节基本词作为词素组合而来的，这反映了基本词汇具有能产性的特点。

再次，从词类上说，这一时期的基本词和一般词都包括名词、动词、形容词以及一部分虚词，词语类型丰富。无论是基本词汇，还是一般词汇，名词的数量都是占绝对优势的，这也反映了西周时期周人对自然界和人类社会还处于初级的探索阶段。

最后，通过总结西周时期的基本词汇我们也进一步证明了汉语基本词汇具有稳固性、能产性这两个特点。西周时期的一些基本词汇直到如今在现代汉语中仍然是基本词汇，比如表示自然现象的"日""月""星"等，表示方位的"上""下""东""西"等，表示事物性质的"大""小""薄""厚"等。不过伴随着复音词的发展，西周时期的一部分单音节基本词汇在现代汉语里已经不再单独成词，而是作为词素，构成了复音词。比如："耳"说成"耳朵"，"月"说成"月亮"，"须"说成"胡须"，"发"说成"头发"，等等。

第三章　西周单音节新词

单音词与复音词是从音节多少的角度来对汉语词汇进行的分类。现代汉语以双音节词为主，而在西周时期则是单音节词占主导地位。先秦时期以单音节词为主并不是偶然的，是有一定原因的，赵克勤将其总结为两点："首先是由社会条件决定的。……其次是由汉语词汇发展的内部规律决定的。"[①]以下我们将从单音节词的词形、词音、词义三个角度来分析西周单音节新词的情况。

第一节　字和词

古代汉语以单音节词为主，这就产生一个问题，"字"和"词"经常混淆在一起，因此在谈西周单音节词之前，我们必须要搞清楚古代汉语中"字"和"词"的关系。"字"是记录语言的书写符号系统，是重要的辅助性交际工具，属于文字学范畴；"词"是能够自由运用的最小的意义单位，属于语言学范畴。"字"和"词"属于不同的范畴，本来不是同一个层面上的东西。从发生学的角度来看，应该是先有的"词"，而后有的"字"。"词"是音义的结合体，"字"则是记录语言音义的符号，也就是说，"字"是记录语言音义的形体。可以说，字就是形体。"词"是语言本身的单位，"字"则是语言之外的成分。"字"和"词"之间存在着复杂的关系，原因有两点：一是汉字本身

---

① 赵克勤：《古汉语词汇概要》，浙江教育出版社1987年版，第13页。

的性质，这是内部原因；二是受到了一定社会文化背景的影响，这是外部原因。因此要弄清楚"字"和"词"的关系，我们首先要搞清楚汉字的性质。

一、汉字的性质

文字学家和语言学家多数都认同汉字具有单音节性。关于汉字的性质一直是文字学家争论的焦点，主要研究角度大致有两种：一种是汉字表达功能的角度，比较有代表性的是认为汉字是表意文字；另一种是汉字记录语言单位的角度，比较有代表性的是认为汉字是"表词文字""语素文字"等。

从汉字表达功能的角度来看，汉字的性质属于"表意文字"。这种提法比较有代表性的是瑞士语言学家索绪尔所提出的"表意体系"一说。索绪尔把他所能接触到的所有文字分为表意和表音两个体系：表意体系指的是以汉字为代表的用一个符号来代表一个词，符号与整个词发生关系，并且间接地表达概念；表音体系指的是描摹出词中的一个个声音。[1]

从汉字记录语言单位的角度来看，汉字是"表词文字"，这种提法比较有代表性的是欧美现代语言学家布龙菲尔德。他认为，如果把汉字说成表意文字是很容易让人误会的，因为文字所代表的并不是客观世界的概念，而是代表了写字人的语言特征。[2]

赵元任最先提出汉字是"语素文字"的观点。1959年，他在《语言问题》中说："用文字来写语言，可以取语言里头各等不同尺寸的单位来写。""在世界上通行的能写全部语言的文字当中，所用的单位最大的文字，不是写句、写短语的，是拿文字一个单位，写一个词素。""用一个文字单位写一个词素，中国文字是一个典型的最重要的例子。"[3]赵元任在《语言问题》里所说的"一字一言"是指汉字用一个字记录一个词素，"一字一音"是指拼音文字

---

[1] 费尔迪南·德·索绪尔：《普通语言学教程》，高名凯译，商务印书馆2017年版，第38页。

[2] 布龙菲尔德：《语言论》，袁家骅、赵世开、甘世福译，商务印书馆2017年版，第403—404页。

[3] 赵元任：《语言问题》，商务印书馆1980年版，第141、142、144页。

用一个字母记录一个音位或音节。他虽没有明确说出汉字是"语素文字",但认为汉字是属于用一个文字单位记录一个词素的文字。

尽管各家对汉字的性质论述不一,但有一点是一致的:汉字具有单音节性,汉字一个文字单位一般对应一个词或者一个词素,也就是一个汉字对应一个音节。

二、西周时期"字"和"词"的关系

汉字形、音、义之间的关系十分复杂,这也就直接造成了"字"和"词"之间关系的错综复杂。汉语词汇是不断发展的,因此"字"和"词"的关系也不是一成不变的,而是处于动态的发展之中,因此要确定其关系必须将"字"和"词"放在一个特定时间平面上。

(一)"字""词"之间的区别

"字"是用来记录"词"的,尽管"字"和"词"之间存在着千丝万缕的联系,但二者还是有着明显的区别的,我们有必要对其进行区分。

首先,语言是在文字之前所产生的,文字是用来记录语言的。清人王筠说过:"未有文字以前,先有是声。依声以造字,而声即寓文字之内。……先有日、月之名,因造日、月之文。先有上、下之词,因造上、下之文。"[①]王力也说过:"并不是先有文字后有语言,而是先有语言,后有文字,语言是根本的东西,而文字是随人写的。"[②]

其次,"字"和"词"这两种符号的结构不同。戴震说:"文字既立,则声寄于字,而字有可调之声;意寄于字,而字有可通之意;是又文字之两大端也。"[③]语言先于文字而产生,它仅有音、义,但却没有形体;文字有形、音、义,汉字的音义是由词转移给它的。

最后,从感知的方式上来说,"词"是听觉的符号,而"字"则是视觉的

---

① 王筠:《说文释例》,中华书局1987年版,第50页。

② 王力:《龙虫并雕斋琐语》,中华书局2015年版,第331页。

③ 戴震:《声韵考》,载《戴震全集》,清华大学出版社1997年版,第2295页。

符号。也就是说，对于"词"来说声音是十分重要的，而对于"字"来说形体是很重要的。

（二）西周时期"字"和"词"的对应关系

王力说过："文字如果脱离了有声语言的关系，那就失去了文字的性质。"[①]当文字进入了语言交际，它不仅只是单纯的符号形体，而且具备了"词"所具备的音和义，而成为真正具有形、音、义"三位一体"[②]的"字"了。这时候如果站在"字"的立场，重视其形体，它就是"字"；如果站在"词"的立场，重视其语言交际性，它就是"词"。总之，"字"总是要比"词"多出一样东西，那就是形体。这样，"字"和"词"的关系就统一起来了。

前面我们得出结论，汉字是具有单音节性质的，也就是说在古代汉语中，一般一个音节就代表一个文字。古代汉语以单音节词为主，也就是说古代汉语中一个字通常又代表一个词。实际上，古代汉语中"字"和"词"的关系是十分复杂的，吕叔湘曾经在谈到语素和汉字的对应关系时说过语音、语义、字形这三样的异同互相搭配，共有八种可能："两同一异的有三种，一同两异的有三种，全同和全异的各一种。"[③]根据吕叔湘的观点，同时我们参照张联荣在《古汉语词义论》中对"字""词"关系的论述，结合搜集的语料，我们把西周时期"字"和"词"的关系分为五种情况，以下我们将进行逐一的讨论。

1.一字一词

一字一词指的是一个汉字就代表一个词，西周时期这种情况非常多，如：

蔀：覆盖于棚架上以遮蔽阳光的草席。《易·丰》："丰其蔀。"王弼注："蔀，覆暧，郭光明之物也。"

褫：夺去或解下衣服。《易·讼》："上九，或锡之鞶带，终朝三褫之。"李鼎祚集解引侯果曰："褫，解也。"

摧：退；抑制。《易·晋》："初六，晋如摧如，贞吉。"孔颖达疏：

---

① 王力：《中国语言学史》，山西人民出版社1981年版，第156页。

② 吕叔湘：《语文常谈》，生活·读书·新知三联书店1980年版，第40页。

③ 吕叔湘：《汉语语法分析问题》，商务印书馆1979年版，第16页。

"何氏云：摧，退也。"

頄：颧骨。《易·夬》："壮于頄，有凶。"王弼注："頄，面权也。"

臀：人体后面两股上端和腰相连的部位。亦指高等动物后肢上端和腰相连的部位。《易·夬》："臀无肤，其行次且。"

2.一个字代表一个词素

一个字代表一个词素指的是一个汉字代表复音词中的一个词素，如：

角弓：以兽角为饰的硬弓。《诗·小雅·角弓》："骍骍角弓，翩其反矣。"朱熹集传："角弓，以角饰弓也。"

大宜：举行大飨与赏赐的双层大屋。《天亡簋》："王乡（飨），大宜。"（《集成》4261）

畯臣：贤臣。《沕其鼎》："畯臣天子。"（《集成》2768）

西六师：西周部队编制。指周人发祥地一带的六个师兵力。为周王的嫡系部队。《禹鼎》："王乃命西六师、殷八师。"（《集成》2833）

3.一个字只代表一个音节

一个字不代表一个词，而只是代表一个音节，这个音节没有实际的意义，主要作用就是记音。比如：

崔嵬：本指有石的土山。后泛指高山。《诗·周南·卷耳》："陟彼崔嵬，我马虺隤。"毛传："崔嵬，土山之戴石者。"

磐桓：徘徊；逗留。《易·屯》："初九，磐桓，利居贞，利建侯。"王弼注："不可以进，故磐桓也。"

4.一个字代表多个词

一个字代表多个词指的是一个字形可以代表多个词，这种情况是十分复杂的，具体又可以分为以下两种情况。

（1）假借形成的一字数词

假借在西周时期是十分盛行的，一个字形除了本用以外，还可以利用语音相同或相近借用为他字。比如：

阿：本义指大的丘陵。《诗·小雅·菁菁者莪》："菁菁者莪，在彼中阿。"毛传："中阿，阿中也。大陵曰阿。"假借为"婀"。柔美貌，

《诗·小雅·隰桑》："隰桑有阿，其叶有难。"毛传："阿然，美貌。"

童：本义指的是僮仆。假借为三个词。一是假借为"东"，表示方位，《史墙盘》："微伐尸（夷）童（东）。"（《集成》10175）二是假借为"动"，表示惊惧，《毛公鼎》："死（尸）毋童（动）余一人在立（位）。"（《集成》2841）三是假借为"踵"，表示车辆零件，《番生簋盖》："赐朱芾……金童（踵）。"（《集成》4326）

（2）同源形成的一字数词

一个字形由于同源的关系分成几个词，然而没有形成新的词形，仍然使用原字形表示，这也形成了一字数词的情况，如：

乘：本义是坐、驾。《麦方尊》："王乘于舟"（《集成》6015）；表量词，战车一架曰乘，《禹鼎》："肄（肆）武公乃遣禹率公戎车百乘。"（《集成》2833）

表示量词的"乘"与表示坐的"乘"是同源关系。

右：表示方位，与左相对。《小盂鼎》："三左三右多君入服酉（酒）"（《集成》2839）；佑、祐，表保佑，《小克鼎》："用匄康乐、屯（纯）右（祐）。"（《集成》2796）

表示方位的"右"与"佑""祐"同源。

5.数字一词

数字一词指的是几个不同的字形表示同一个词。

（1）异体形成的数字一词

西周时期字形不稳定，常常一个词会有好几个字形，异体字的情况是十分多见的。因此异体字也形成了数字一词的情况，如：

①选择不同的声符

管、筦：古乐器名。亦为以管发声乐器的总称。《诗·周颂·有瞽》："既备乃奏，箫管备举。"朱熹集传："管，如篪，并两而吹之者也。"

觟、觙：兽角上曲貌。《诗·小雅·桑扈》："兕觥其觩，旨酒思柔。"朱熹集传："觩，角上曲貌。"

②选择不同的意符

歃、歠：古人盟会时，嘴唇涂上牲畜的血，表示诚意。《格伯簋》："立（涖）歃（歠）成𥅆。"（《集成》4262）

鈩、筐：筐。《獣叔簋》："獣（胡）叔乍（作）吴（虞）姬尊鈩（筐）。"（《集成》4552）

③选择不同的声符和意符。

裕、褒：富饶。谓财物多。《诗·小雅·角弓》："此令兄弟，绰绰有裕。"毛传："裕，饶。"

整、憖：整齐，严整。《诗·小雅·六月》："玁狁匪茹，整居焦获。"郑玄笺："乃自整齐而处周之焦获。"

那、郍：多。《诗·小雅·桑扈》："不戢不难，受福不那。"毛传："那，多也；不多，多也。"

（2）假借形成的数字一词

假借形成的数字一词指的是用不同的借字来表示同一个词。如：

仕：通"事"。谓从事于某种工作或事业。《诗·小雅·四月》："滔滔江、汉，南国之纪；尽瘁以仕，宁莫我有。"郑玄笺："仕，事也。"

士$_2$[①]：通"事"。从事。《诗·豳风·东山》："我徂东山，慆慆不归，我来自东，零雨其濛；我东曰归，我心西悲，制彼裳衣，勿士行枚。"毛传："士，事。"孔颖达疏："言敌皆前定，未尝衔枚与战也。"

以上，我们分析了西周时期字和词关系的几种情况，总的来说一字一词的情况还是占有主要地位的。

第二节　西周单音节新词的概况

本书搜集西周单音节新词的材料主要是建立在《汉语大词典》《殷周金文集成》基础上的单音节新词语料库。西周单音节新词语料库建立的标准主要有两个：一是从《汉语大词典》中选取单音节单义词义项的第一个用例所使用的

---

① "士$_2$"通"事"，音shì。

西周时期文献的词语，以及单音节多义词的第一个义项的第一个用例所使用的的西周时期文献的词语作为西周单音节新词；二是根据《殷周金文集成》整理出完全断代属于西周的青铜器铭文，依照《引得》，补充产生于西周时期的单音节词。经过这两个步骤以后，我们把初步整理出的西周单音节词与《甲骨文字典》进行比照，去除甲骨文中已经出现的单音节词。根据语料库，我们统计出西周时期出现的单音节新词有1653个，具体产生的时代见下表（表1）：

表1　西周单音节新词产生时代一览表

时代			新词数量
西周早期		武王时期	32
		成王时期	110
		康王时期	50
		昭王时期	59
		具体时代不详	519
西周早或中期			8
西周中期		穆王时期	74
		共王时期	43
		懿王时期	22
	孝夷之际	具体时代不详	18
		夷王时期	27
		具体时代不详	77
西周晚期		厉王时期	147
		宣王时期	198
		幽王时期	11
		具体时代不详	251
具体时代不详			7

一、单音节新词的来源

西周时期的单音节新词有两个来源：一是借用原有词形而产生新单音节

词，二是创造新词形而产生新单音节词。

（一）借用原有词形而产生的新单音节词

借用原有词形而产生的新单音节词是指利用已有的词形，改变原词的语音和意义而创造出的新词。如：

尸：①古代祭祀时代死者受祭的人。《诗·小雅·楚茨》："神具醉止，皇尸载起。鼓钟送尸，神保聿归。"②通"夷"。方国名。如："庚寅卜，宾贞：今🐘王其步伐尸。"（《合集》6461）①

育：①生育。《易·渐》："妇孕不育，失其道也。"②同"胄"。古代帝王与贵族的后裔。《书·盘庚中》："乃有不吉不迪，颠越不恭，暂遇奸宄，我乃劓殄灭之无遗育，无俾易种于兹新邑。"②

柞：①木名。常绿灌木或小乔木。生棘刺。叶卵形或长椭圆状卵形，边缘有锯齿。初秋开花，花小，黄白色。木质坚硬，供制家具等用，树皮及叶可入药。《诗·小雅·采菽》："维柞之枝，其叶蓬蓬。"②砍伐树木。《诗·周颂·载芟》："载芟载柞，其耕泽泽。"毛传："除木曰柞。"③

和：①以声相应；跟着唱或跟着唱腔伴奏。《易·中孚》："鸣鹤在阴，其子和之。"②和顺；平和。《书·康诰》："惟民其敕懋和。"蔡沈集传："民其戒敕，而勉于和顺也。"④

白：①像雪一般的颜色。《易·贲》："上九，白贲，无咎。《象》曰：白贲无咎，上得志也。"王弼注："以白为饰，而无患忧，得志者也。"②通"帛"。丝织品的总称。《诗·小雅·六月》："织文鸟章，白旆央央。"孔颖达疏："言白旆者，谓绛帛。"⑤

（二）创造新词形所产生的新单音节词

创造新词形所产生的新单音节词在西周单音节新词中占有很大比重，这一

---

① 该用例转引自徐中舒主编的《甲骨文字典》。
② 第一个例证中"育"音yù，第二个例证中"育"音zhòu。
③ 第一个例证中"柞"音zuò，第二个例证中"柞"音zé。
④ 第一个例证中"和"音hè，第二个例证中"和"音hé。
⑤ 第一个例证中"白"音bái，第二个例证中"白"音bó。

点我们在本章第三节"单音节新词的产生方式"有详细的阐述，在此不赘述。

二、单音节新词词性的分布

西周时期产生的单音节新词的词性已经十分丰富了，除名词、动词、形容词以及数词等实词以外，还有少量的虚词出现。

（一）名词

垣：矮墙。《书·梓材》："若作室家，既勤垣墉，惟其涂塈茨。"陆德明释文："马云：卑曰垣，高曰墉。"

襜：系在衣服前面的围裙。《诗·小雅·采绿》："终朝采蓝，不盈一襜。"毛传："衣蔽前谓之襜。"陆德明释文："襜，尺占反。衣蔽前谓之襜，郭璞云：'今之蔽膝。'"

幅$_2$①：斜缠于胫的布帛，自足至膝，似今之绑腿布，古称行滕。《诗·小雅·采菽》："赤芾在股，邪幅在下。"

弁：古代贵族的一种帽子，通常穿礼服时用之（吉礼之服用冕）。赤黑色的布做的叫爵弁，是文冠；白鹿皮做的叫皮弁，是武冠。《诗·小雅·頍弁》："有頍者弁。"毛传："弁，皮弁也。"

罴：熊的一种。俗称人熊或马熊。《书·牧誓》："如虎如貔，如熊如罴。"

砠：戴土的石山。《诗·周南·卷耳》："陟彼砠矣，我马瘏矣。"毛传："石山戴土曰砠。"

卣：一种盛酒的器具，口小腹大，有盖和提梁。《吕方鼎》："王赐吕秬鬯三卣、贝卅朋。"（《集成》2754）

囊：兵甲的护衣。《天亡簋》："王降亡助（贺）爵、退（褪）囊。"（《集成》4261）

衡：车辕前的横木。《毛公鼎》："造（错）衡。"（《集成》2841）

裨：古代的次等礼服。《敔簋》："俘戎兵盾、矛、戈、弓、备（箙）、

---

① "幅$_2$"音bī。

矢、禅胄。"（《集成》4322）

（二）动词

舞：舞蹈。《诗·小雅·宾之初筵》："籥舞笙鼓，乐既和奏。"

予：赐予；给与。《诗·小雅·采菽》："君子来朝，何锡予之？"

为：做；干。《诗·小雅·北山》："或出入风议，或靡事不为。"

敖：游玩；游逛。《诗·小雅·鹿鸣》："我有旨酒，嘉宾式燕以敖。"
毛传："敖，游也。"

刈：割取。《诗·周南·葛覃》："葛之覃兮，施于中谷，维叶莫莫，是
刈是濩。"孔颖达疏："葛既成就，已可采用，后妃于是刈取之。"

禋：祈祷。《虢姜簋盖》："用禋（祈）追孝于皇考惠仲。"（《集成》
4182）

捶：用棍棒或拳头等敲打。《曾仲大父螽簋》："敀（捶）乃鬻（酬）
金。"（《集成》4203）

弼：辅佐；辅正。《何尊》："克逑（弼）文王。"（《集成》6014）

禗（愢）：忧念。《我方鼎》："我乍（作）御禗（愢）祖乙、妣乙、
祖己、妣癸。"（《集成》2763）

（三）形容词

秾：花木茂盛浓密。《诗·召南·何彼秾矣》："何彼秾矣，唐棣之
华。"朱熹集传："秾，盛也。"

嘒：形容星光微小而明亮。《诗·召南·小星》："嘒彼小星，三五在
东。"毛传："嘒，微貌。"马瑞辰通释："嘒，盖状星之明貌。"《诗·大
雅·云汉》："瞻卬昊天，有嘒其星。"孔颖达疏："有嘒然光明之众星。"
朱熹集传："嘒，明貌。"

纻：鲜洁貌。《诗·周颂·丝衣》："丝衣其纻，载弁俅俅。"朱熹集
传："纻，洁貌。"

溥：广大；大。《诗·大雅·公刘》："逝彼百泉，瞻彼溥原。"郑玄
笺："溥，广也。"

嘏：大。《诗·周颂·我将》："伊嘏文王，既右飨之。"陆德明释文：

"騢，古雅反。"毛：大也。孔颖达疏引王肃曰："维天乃大文王之德，既佑助而歆飨之。"

曼：柔美，细润。《寓鼎》："赐寓曼丝。"（《集成》2718）

汸：形容浩大。《师颖簋》："官司汸闛。"（《集成》4312）

庶：众多。《诗·小雅·小明》："念我独兮，我事孔庶。"郑玄笺："庶，众也。"

艰：艰难。《毛公鼎》："趣余小子圂湛于艰。"（《集成》2841）

敏：聪敏。《师𩱋簋》："女（汝）敏可事（使）。"（《集成》4324）

（四）数词

卌：四十。《曶鼎》："则付卌（四十）秭。"（《集成》2838）

卅：三十。《小盂鼎》："俘车卅两（辆）。"（《集成》2839）

千：数词。《小盂鼎》："俘人万三千八十一人。"（《集成》2839）

百：数词。《伯姜鼎》："西（百）世孙孙子子受厥屯（纯）鲁。"（《集成》2791）

秭：数词。亿亿。《诗·周颂·丰年》："丰年多黍多稌，亦有高廪，万亿及秭。"毛传："数万至万曰亿。数亿至亿曰秭。"

两：数词。《逐己公方鼎》："楷仲赏厥嫊奚逐毛两，马匹。"（《集成》2729）

贰：数词。《五年召伯虎簋》："公宕其贰。"（《集成》4292）

（五）虚词

曷：代词。表示疑问。相当于"何""什么"。《书·盘庚上》："汝曷弗告朕。"孔传："曷，何也。"孔颖达疏："曷，何同音，故曷为何也。"

且：此；今。《诗·周颂·载芟》："匪且有且，匪今斯今，振古如兹。"毛传："且，此也。"

唯：语助词。《沈子它簋盖》："用妥（绥）公唯寿。"（《集成》4330）

吾：第一人称代词，我。《沈子它簋盖》："公克成妥（绥）吾考。"

（《集成》4330）

从语料中我们可以看出，名词性的单音节新词数量最多，其次是动词，再次是形容词。从新词产生的时间上来看，西周早期产生的单音节新词数量最多，其次是西周晚期，产生新词数量最少的是西周中期。（见表2）

表2　西周时期单音节新词的词性统计表

时代			名词	动词	形容词	数词	虚词	其他	总计
西周早期	武王时期		12	15	3		2		32
	成王时期		59	37	7	1	5	1	110
	康王时期		12	23	3	5	4	3	50
	昭王时期		30	19	2	2	5	1	59
	具体时代不详		315	121	37	2	6	38	519
西周早或中期			5	3					8
西周中期	穆王时期		46	21	2		5		74
	共王时期		17	13	13				43
	懿王时期		15	6				1	22
	孝夷之际	具体时代不详	11	3	3			1	18
		夷王时期	19	6	1		1		27
	具体时代不详		59	14	2	1	1		77
西周晚期	厉王时期		79	49	13	2	2	2	147
	宣王时期		102	57	23	1	12	3	198
	幽王时期		5	5	1				11
	具体时代不详		143	75	25		2	6	251
具体时代不详			5					2	7
总计			934	467	135	14	45	58	1653
百分比			56.50%	28.25%	8.17%	0.85%	2.72%	3.51%	100%

第三节　单音节新词的产生方式

"社会生活任何变化，那怕是最微小的变化，都会或多或少地在语言——主要在语汇——中有所反映，因为语言是社会生活所赖以进行交际活动的最重要的交际手段。"[①]单音节新词产生的最主要的原因就是社会因素的变化：一方面，社会的不断发展促使新的事物和新的现象出现，为了能够满足交际的需要，也就随之产生了相关的新词；另一方面，对于新的事物或者现象，人们要不断地去认识，这也就要求人们的思维要不断地发展。

西周时期单音节新词的产生方式是多种的，总结起来主要有以下几种方式：

一、音义结合法

音义结合法就是利用某种声音形式的任意性为某种事物来命名。利用音义结合法产生的新词我们称为"原生词"[②]，原生词产生之初音义之间是没有必然联系的。词是一种语言符号，语言符号的音义结合最初是任意的，当人们用某种语音形式来为事物命名的时候就赋予了这个词某种意义，这样就产生了新词。语言中最早产生的一些词都是利用音义结合法创造出来的。从意义上来看，原生词多是单音节词，词义在人们头脑中形成的时候，语言中还没有现成的词来对应新事物，只有对一个事物有了一定的认识，产生了新的意义，然后才能给它一个名称，再赋予它一个新的语音形式。原生词音义结合的偶然性也是有原因的，单音节词刚产生时词汇的数量还是比较少的，词义贫乏，词义之间的关系也是比较薄弱的，因此一个新词的产生，可借用的已有的语言材料就非常少，这也就造成了原生词音义结合上有一定的偶然性、随意性。

---

① 陈原：《社会语言学》，商务印书馆2000年版，第230页。

② "原生词"的概念杨怀源在《西周金文词汇研究》中曾经提到过，"其进入语言系统的初始状态就是词"，"原生词"是与"凝固词"相对的。杨怀源：《西周金文词汇研究》，巴蜀书社2007年版，第82页。我们这里的"原生词"指的是汉语中最初产生的、音义上没有必然联系的单音节词。

西周时期正处于原生词大量产生的时期，从文字的角度来看多是象形字、会意字，从词性的角度来说有名词、动词、形容词以及数词。

（一）单音节新名词

方：相并的两船；竹木编成的筏。亦指以舟、筏渡水。《诗·周南·汉广》："江之永矣，不可方思。"毛传："方，泭也。"

兄：哥哥。《书·康诰》："兄亦不念鞠子哀。"孔传："为人兄亦不念稚子之可哀。"

几：古人坐时凭依或搁置物件的小桌。后专指放置小件器物的家具。《书·顾命》："相被冕服，凭玉几。"

（二）单音节新动词

用：使用；任用。《诗·大雅·公刘》："执豕于牢，酌之用匏。"

函：包含；容纳。《诗·周颂·载芟》："播厥百谷，实函斯活。"孔颖达疏："函者，容藏之义。"

交：两者相接触。《易·泰》："天地交而万物通也。"孔颖达疏："由天地气交而生养万物。"

奔：急走，跑。《诗·小雅·小弁》："鹿斯之奔，维足伎伎。"

飞：（鸟、虫等）鼓动翅膀在空中活动。《诗·周南·葛覃》："黄鸟于飞，集于灌木，其鸣喈喈。"

（三）单音节新形容词

亶：谷多貌。《诗·小雅·十月之交》："择三有事，亶侯多藏。"

老：年岁大。与"幼"或"少"相对。《诗·小雅·北山》："嘉我未老，鲜我方将。"

爽：明亮；清朗。《书·牧誓》："时甲子昧爽，王朝至于商郊牧野。"陆德明释文："爽，明也。昧爽，谓早旦也。"

（四）单音节新数词

百：数词。《伯姜鼎》："西（百）世孙孙子子受厥屯（纯）鲁。"（《集成》2791）

千：数词。《小盂鼎》："俘人万三千八十一人。"（《集成》2839）

西周时期积累了一部分原生词，不过随着社会的发展，人们对同一类事物、现象的认识也在深化，社会语言材料中也已经有了一定的积累，人们对要用什么样的新词来表示某种事物就有了一定的选择性，因此利用这种音义结合的方法创造的新词就越来越少。

二、摹声造词

"摹声法是用人类语言的语音形式，对某种声音加以摹拟和改造，从而创制新词的方法。事实上，这就是把某种声音语言化，使其变成了语言中的词。"[1]摹声法就是通过语音的形式来描摹自然界以及人类生活所产生的声音，并且根据声音来为事物命名而产生新词。如：

鸣：鸟兽昆虫叫。《易·中孚》："鹤鸣在阴，其子和之。"

噌：众人饮食声。《诗·周颂·载芟》："有噌其馌。"毛传："噌，众貌。"朱熹集传："噌，众饮食声也。"

阚$_2$[2]：虎怒貌；虎叫声。《诗·大雅·常武》："进厥虎臣，阚如虓虎。"

呱：小儿哭声。《诗·大雅·生民》："鸟乃去矣，后稷呱矣。"毛传："后稷呱呱然而泣。"

嘤：鸟鸣声。《诗·小雅·伐木》："嘤其鸣矣，求其友声。"郑玄笺："求其尚在深谷者，其相得则复鸣嘤嘤然。"

三、同源滋生造词

同源滋生造词指的是在原有词的基础上创造出与其语音相同或相近、意义上有一定联系的新词。同源词都是来源于同一语源的。人类在造词之初，词的意义和语音之间是不存在必然联系的，但是当社会交际中积累了一定的语言材料的时候，原生词和新词之间的联系就越来越紧密，因此，人类在给新事物、

① 葛本仪：《现代汉语词汇学》，山东人民出版社2001年版，第77页。

② "阚$_2$"音hǎn。

新现象进行命名的时候就会利用与其音义有相似性的词汇来构造新词,这样也就产生了大量的新词。新词与旧词之间是一种同源关系。比如:

里—庐　里,乡村的庐舍、宅院,后泛指乡村居民聚落。《诗·小雅·十月之交》:"悠悠我里。"庐,古代指平民一家在郊野所占的房地,引申为指季节性临时寄居或休憩所用的简易房舍。《诗·小雅·信南山》:"中田有庐,疆埸有瓜。"郑玄注:"中田,田中也。农人作庐焉,以便其田事。""里"属于来母,之部。"庐"属于来母,鱼部。"里"和"庐"声母相同,韵部之鱼旁转,韵部相似,声音相似。

筐—筥　筐,筐子。筥,圆形的盛物竹器。《诗·召南·采蘋》:"于以盛之,维筐及筥。"毛传:"方曰筐,圆曰筥。""筐"是溪母,阳部。"筥"是见母,鱼部。"筐"和"筥"声母同属牙音,发音部位相同,声母相似。韵部是鱼阳对转,韵部相似,声音相似。

吾—我—卬　吾,我、我们,表示第一人称。《易·中孚》:"我有好爵,吾与尔靡之。"我,代词,称自己。《诗·小雅·采薇》:"昔我往矣,杨柳依依;今我来思,雨雪霏霏。"卬,我。《书·大诰》:"越予冲人,不卬自恤。"孔传:"卬,我也。""吾""我""卬"同属于疑母,声母相同。"吾"与"我"是鱼歌通转,"吾"和"卬"是鱼阳对转,韵部相似,声音相似。

本章主要阐述了西周单音节新词的概貌。我们简单整理一下西周单音节新词的情况:

首先,从数量上说,西周早期单音节新词产生的数量最多,其次是晚期,最后是中期。这一时期产生的单音节新词除了名词、动词、形容词以及数词等实词以外,还有少量的虚词,名词数量最多。

其次,从单音节新词产生的方式来看,有的是由音义任意结合所产生的原生词,包括名词、动词以及形容词等;有的是摹拟自然界以及人类生活所发出的声音而产生的新词;有的是根据音义同源关系创造的新词。

再次,西周单音节新词词形具有不稳定性。这一时期单音节新词词形不稳定主要是因为产生了大量的异体词，尤其是金文单音节新词。词形的变化大致包括以下几种方式，有的是在原词形的基础上增加新的形符，如：

禋：祭名。升烟祭天以求福。《诗·大雅·生民》："厥初生民，时维姜嫄。生民如何？克禋克祀，以弗无子。"

禋（禋）祀：周人对天帝及上天神灵的祭祀。《史墙盘》："义（宜）其禋（禋）祀。"（《集成》10175）

有的是在原词的基础上改变形符，如：

恤：忧念。《追簋》："追虔夙夕恤厥死（尸）事。"（《集成》4219）

祽（恤）：忧念。《我方鼎》："我乍（作）御祽（恤）祖乙、妣乙、祖己、妣癸。"（《集成》2763）

有的则是颠倒了单音词的声符和形符的位置，如：

綦、綦：黑色。《攸簋》："肇乍（作）綦（綦）。"（《集成》3906）

哦、咠：人名。《咠作父辛簋》："咠（哦）乍（作）父辛宝尊彝。"（《集成》3613）

又次，西周单音节新词具有多义性。这一时期的单音节新词一词多义的现象是比较常见的，如：

烝：①古代指冬祭。《书·洛诰》："戊辰，王在新邑，烝祭岁。"②君临。《大盂鼎》："夙夕召（绍）我一人烝四方。"（《集成》2837）

就：①趋；趋向。《易·乾》："同声相应，同气相求，水流湿，火就燥。"②谋求、求取。《诗·大雅·生民》："以就口食。"③成、成功、完成。《诗·周颂·敬之》："日就月将，学有缉熙于光明。"

单音节词的义项较多，这样就会使每一个意义的表达不能特别精确，也就是说，在单音节词意义表述上存在着一定的模糊性，特别是那些表示抽象概念的单音节词。

最后，西周单音节新词具有能产性。单音节词的能产性主要指的是单音节词作为词素形成复音词。词组的固定化是上古时期复音词的一个主要来源，单音节词是构成复音词的重要的语言材料。西周时期产生的一些复音词很大一部分是由单音词作为词素所构成的，如"辟₂公"：辟₂，指天子、君主，公，表示爵位；当两个单音词变成词素，组成"辟₂公"则表示诸侯。《诗·周颂·烈文》："烈文辟公，锡兹祉福。"朱熹集传："辟公，诸侯也。"又如"腹心"："腹""心"分别表示肚腹与心脏，皆人体重要器官；组成复音词后比喻贤智策谋之臣。《诗·周南·兔罝》："肃肃兔罝，施于中林；赳赳武夫，公侯腹心。"郑玄笺："此罝兔之人，行于攻伐，可用为策谋之臣，使之虑事，亦言贤也。"又如"爪士"：爪，指鸟兽的趾端有尖甲的脚，士，表示士兵；两个单音词语素组成复音词表示禁卫军将士。《诗·小雅·祈父》："祈父！予王之爪士。"

第四章　西周新复音词

从音节的角度来说，西周词汇是由单音词和复音词组成的。西周时期以单音词为主，同时也出现了一定数量的复音词，而且复音化的倾向已经十分明显了。本章从复音单纯词、双音节合成词以及多音节合成词三个类别阐述西周新复音词。

第一节　复音词的判定标准

要研究西周时期的复音新词，摆在我们面前的第一个问题就是如何区分复音词和词组。词和词组是词汇结构的两个不同的层次，"词"是语言中能够独立运用的最小的音义结合单位，"词组"又称"短语""仿语"，是词和词结合而成的。在现代汉语中，我们可以根据语言习惯和语感来分出复音词和词组，然而对于区分古代汉语中的复音词和词组，语感和语言习惯的标准则明显行不通，古代汉语中区分复音词和词组是十分复杂的问题。

一、关于古代汉语复音词判定标准的争论

关于古代汉语复音词的判定历来都是学界争论比较多的一个问题，由于各家考虑该问题的角度不同，因此至今也没有达成共识。之所以会出现这样的情况，主要是因为古代汉语（尤其是上古汉语）的复音词多是由词组凝固而成的，因此复音词和词组之间的界限并不严格。

马真提出了判别古汉语复音词的五条标准，并且提出："划分先秦的复音词，主要应从词汇意义的角度来考虑问题，即考察复音组合的结合程度是否紧密，它们是否已经成为具有完整意义的不可分割的整体。这是最可行的办法，其他方面的标志都只能作为参考。"①

伍宗文提出了利用"形式标志""意义标准""修辞手段""语法性质"和"见次频率"五个方面②来判定先秦汉语复音词。这样的判定标准更加全面、细化，而且使我们判定的操作性也变得很强。

唐钰明又进一步指出金文复音词的判定标准有三条，即："看看这个组合的两部分在语义上是否融合，是否表达一个完整的概念"；"看看这个组合是否具有连续性。也就是说，上是否见之于甲骨文，下是否有典籍的佐证"；"看看这个组合是否有'合文'这个形式标志"。在这三条标准中"其中第一方面最有决定性"，具体使用时要三条标准结合起来看。③唐钰明提出的判定金文复音词的标准对于我们的研究十分有意义。

二、西周复音词的判定标准

综合以上各家的说法，本书判定西周复音词的主要标准有三个，即：形式标准、意义标准、语法标准。还有两个附加标准：见次频率以及词典标准。

（一）主要标准

1. 形式标准

形式标准主要有两个：合文和音节重叠。

（1）合文

"合文"是判定金文复音词的形式标志。潘允中在《汉语词汇史概要》中说："当时人们是把这种合体字内容作为整体的概念，所以用'复音'形式来

---

① 马真：《先秦复音词初探》，《北京大学学报》（哲学社会科学版）1980年第5期。

② 伍宗文：《先秦汉语复音词研究》，巴蜀书社2001年版，第71—147页。

③ 唐钰明：《金文复音词简论——兼论汉语复音化的起源》，载《著名中年语言学家自选集·唐钰明卷》，安徽教育出版社2002年版，第118—120页。

记录它们。我们不妨把这些合体字看作是汉语复音词结构的初级状态。"①西周以后"合文"这种形式逐渐被淘汰，战国金文中虽然还有出现，但是数量已经非常少了。

（2）音节重叠

一个音节重叠以后，词义或是仍然保持原来的意义，或是在原来意义的基础上增加了其他意义，构成重叠式合成词，或是与原来意义没有联系，构成叠音词。如：

趩趩：威武的样子。《禹鼎》："不（丕）显趩趩皇祖穆公。"（《集成》2833）

哀哀：悲伤不已貌。《诗·小雅·蓼莪》："哀哀父母，生我劬劳。"

言言：指欢言。《诗·大雅·公刘》："于时言言，于时语语。"

2. 意义标准

从意义上，我们采用比较宽泛的标准，即两个单音节词结合起来，只要形成一个比较统一的概念，人们不再把他们看成明显的两个事物，我们就把这样的双音节结构看成是复音词。

（1）组合在一起的两个音节表示一个完整的概念，而且从意义上不能拆分，这种结构叫联绵词，属于复音词的一种。西周时期的联绵词从语音关系上来分，有叠韵联绵词、双声联绵词、双声叠韵联绵词，如：

炰烋：猛兽怒吼。亦形容人嚣张或暴怒。《诗·大雅·荡》："咨汝殷商，女炰烋于中国，敛怨以为德。"郑玄笺："炰烋，自矜气健之貌。"

朴$_2$②樕：丛木、小树。《诗·召南·野有死麕》："林有朴樕，野有死鹿。"毛传："朴樕，小木也。"

参$_2$③差：不齐貌。《诗·周南·关雎》："参差荇菜，左右流之。"

蔽芾：茂盛貌。《诗·召南·甘棠》："蔽芾甘棠，勿翦勿伐。"朱熹集传："蔽芾，盛貌。"一说，小貌。孔传："蔽芾，小貌。"

---

① 潘允中：《汉语词汇史概要》，上海古籍出版社1989年版，第2—3页。

② "朴$_2$"音pú。

③ "参$_2$"音cēn。

绵蛮：小鸟的样子。《诗·小雅·绵蛮》："绵蛮黄鸟，止于丘阿。"毛传："小鸟貌。"

（2）两个意义相同或相近或相反的单音节词组合起来，整个结构并不是表示其中一个单音节词的词义，这样的结构是复音词，即联合式复音词。如：

邦家：国家。《诗·小雅·南山有台》："乐只君子，邦家之基。"郑玄笺："人君既得贤者，置之于位，又尊敬以礼乐，乐则能为国家之本。"

腹心：肚腹与心脏，皆人体重要器官。亦比喻贤智策谋之臣。《诗·周南·兔罝》："肃肃兔罝，施于中林；赳赳武夫，公侯腹心。"郑玄笺："此罝兔之人，行于攻伐，可用为策谋之臣，使之虑事，亦言贤也。"

肺肠：比喻内心；心思。《诗·大雅·桑柔》："自有肺肠，俾民卒狂。"郑玄笺："自有肺肠，行其心中之所欲，乃使民尽迷惑。"

前后：用于空间，指事物的前边和后边。《书·盘庚》："古我前后。"

（3）两个单音节词组合起来，一个单音节成分表示整个结构的意义，另一单音节成分只起到修饰的作用，这样的双音节结构也属于复音词，即偏正式复音词。如：

吉士：贤人。《书·立政》："继自今立政，其勿以憸人，其惟吉士，用劢相我国家。"

赤子：婴儿。《书·康诰》："若保赤子，惟民其康乂。"孔颖达疏："子生赤色，故言赤子。"

荇菜：一种多年生水草。《诗·周南·关雎》："参差荇菜，左右流之。"

黄鸟：鸟名。《诗·周南·葛覃》："黄鸟于飞，集于灌木，其鸣喈喈。"

羔羊：小羊。《诗·豳风·七月》："朋酒斯飨，曰杀羔羊。"

新田：开垦两年的田地。《诗·小雅·采芑》："薄言采芑，于彼新田。"

（4）两个单音节词组合起来，后一个单音节词与前一个单音节词具有陈述与被陈述的关系，这样的双音节结构是复音词，即主谓式复音词。如：

天休：天赐福佑。《书·汤诰》："凡我造邦，无以匪彝，无即慆淫，各守尔典，以承天休。"

屋漏：古代室内西北隅施设小帐，安藏神主，为人所不见的地方称作"屋漏"。《诗·大雅·抑》："相在尔室，尚不愧于屋漏。"毛传："西北隅谓之屋漏。"郑玄笺："屋，小帐也；漏，隐也。"后即用以泛指屋之深暗处。

（5）两个单音节词组合，前一个单音节词是动词性的，后一个单音节词是名词性的，前后两个成分是支配与被支配的关系，这样的结构是复音词，即动宾式复音词。如：

采菽：谓采摘豆叶。《诗·小雅·采菽》："采菽采菽，筐之筥之。"

发蒙：启发蒙昧。《易·蒙》："初六，发蒙，利用刑人。"孔颖达疏："以能发去其蒙也。"

拜手：亦称"拜首"。古代男子跪拜礼的一种。跪后两手相拱，俯头至手。《书·洛诰》："拜手稽首休享。"

（6）两个单音节词组合起来，其中一个单音节成分在整个结构中没有具体的词汇意义，这种结构也属于复音词，即附加式复音词。如：

有事：犹有司。《书·酒诰》："文王诰教小子，有正有事，无彝酒。"孔传："事，谓下群吏。"孔颖达疏："正官下治事之群吏。"《诗·小雅·十月之交》："皇父孔圣，作都于向。择三有事，亶侯多藏。"毛传："择三有事，有司，国之三卿。"

有正：指掌政的大臣。《书·酒诰》："文王诰教小子，有正有事，无彝酒。"孔传："正，官治。"

舒而：慢慢地。《诗·召南·野有死麕》："舒而脱脱兮，无感我帨兮，无使尨也吠。"

3.语法标准

判定复音词还可以利用词语间的搭配。如王力提出的"新兴的平行式"中的"共宾"[①]，即两个或两个以上的动词共享一个宾语，如"扑灭"，意即扑

---

① 王力：《汉语史稿》，中华书局2013年版，第455页。

打消灭。《书·盘庚上》："若火之燎于原，不可向迩，其犹可扑灭。"

（二）辅助标准

1.见次频率

单纯地使用意义标准来判定复音词具有一定的片面性，朱德熙曾说："意义上的分析对于区分复合词和句法结构的界限是有用的。但是光凭意义来划界限是靠不住的。"[①]"见次频率"指的是复音词在西周文献或者铜器铭文中出现的频率，它是判定西周复音词的一个辅助的标准。双音节结构的频繁使用是其凝固成双音节词的一个必要条件，如果一个双音节结构在西周时期频繁使用，我们认为它就是一个复音词，比如："万年"一词在金文中使用达2500次，"对扬"一词使用达300次，"天子"一词使用达250次，"頫首"一词使用达80次。

万年：祝祷之词。《遣卣》："其万年用乡（飨）各。"（《集成》631）

对扬：金文习语。册封时的仪式之一。指受赐者报以歌颂、赞扬之辞。《师嫠鼎》："俞则对扬厥德。"（《集成》2723）

天子：帝王。《伯姜鼎》："天子万年。"（《集成》2791）

頫首：古时的一种礼节，跪下，拱手至地，头也至地。《小臣夌鼎》："夌拜頫首，对扬王休。"（《集成》2775）

但并不是说使用次数少的双音节结构就不是复音词，其实通过语料整理我们发现，金文中有不少仅出现过一次的复音词。如：

师尹：《善夫克盨》："唯用献于师尹、佣友。"（《集成》4465）

进人：《兮甲盘》："毋敢不出其𧴌（帛）、其责（积）、其进人。"（《集成》10174）

各伐：《兮甲盘》："王初各伐厰（玁）狁（狁）。"（《集成》10174）

2.词典标准

词典标准主要是针对判定金文复音词所提出的，我们在建立西周金文复音

---

① 朱德熙：《语法讲义》，商务印书馆1982年版，第34页。

词语料库时，对于复音词的判定除了以上的标准以外，还参考了戴家祥的《金文大字典》、王文耀的《简明金文词典》以及陈初生的《金文常用字典》。凡三部书中所收录的复音词，我们均将其纳入金文复音词语料库中。

第二节　新复音单纯词

复音单纯词包括叠音词和联绵词两类。这两类词在商代甲骨文中没有见到，是西周时期新出现的复音词类型。

一、叠音词

叠音词指的是由两个相同音节组成只有一个词素的复音词。从词性上来看，西周时期的叠音词多是形容词，用来描绘人或事物的情貌，如：

憧憧：往来不绝貌。《易·咸》："憧憧往来，朋从尔思。"陆德明释文引王肃曰："憧憧，往来不绝貌。"

索索：恐惧貌；颤抖貌。《易·震》："震索索，视矍矍。"孔颖达疏："索索，心不安貌。"

卬卬：轩昂貌。《诗·大雅·卷阿》："颙颙卬卬，如圭如璋。"

板板：乖戾，反常。《诗·大雅·板》："上帝板板，下民卒瘅。"

赳赳：威武雄健貌。《诗·周南·兔罝》："赳赳武夫，公侯干城。"毛传："赳赳，武貌。"

叠音词也包括一部分象声词，用来模拟声音，如：

登登：象声词。指敲击声。《诗·大雅·绵》："度之薨薨，筑之登登。"

逢₂①逢：象声词。常形容鼓声。《诗·大雅·灵台》："鼍鼓逢逢，蒙瞍奏公。"

关关：鸟类雌雄相和的鸣声。后亦泛指鸟鸣声。《诗·周南·关雎》：

———————————

① "逢₂"音péng。

"关关雎鸠，在河之洲。"

嘤嘤：虫鸣声。《诗·召南·草虫》："嘤嘤草虫，趯趯阜螽。"

挃挃：象声词。《诗·周颂·良耜》："获之挃挃，积之栗栗。"毛传：
"挃挃，获声也。"按，此为刈禾声。

（一）叠音词的语义情况

西周时期的叠音词语义范围很广，不仅涉及山川天地、星辰日月、鸟兽虫鱼等自然界的事物，同时也涵盖了人的外貌心理所表现出的状态。

1. 描写人的言行、心理状态

桓桓：勇武、威武貌。《书·牧誓》："勖哉夫子！尚桓桓。"孔传：
"桓桓，武貌。"

卬卬：轩昂貌。《诗·大雅·卷阿》："颙颙卬卬，如圭如璋。"

灌灌：犹款款。情意恳切貌。《诗·大雅·板》："老夫灌灌，小子蹻
蹻。"毛传："灌灌，犹款款也。"

俅俅：恭顺貌。《诗·周颂·丝衣》："丝衣其紑，载弁俅俅。"毛传：
"俅俅，恭顺貌。"一说为冠饰华美貌。

赳赳：威武雄健貌。《诗·周南·兔罝》："赳赳武夫，公侯干城。"毛
传："赳赳，武貌。"

2. 描写自然现象

泥①泥：露水浓重貌。《诗·小雅·蓼萧》："蓼彼萧斯，零露泥泥。"

习习：微风和煦貌。《诗·小雅·谷风》："习习谷风，维风及雨。"

瀌瀌：雨雪盛貌。《诗·小雅·角弓》："雨雪瀌瀌。"

发发：风吹迅疾貌。亦象疾风声。《诗·小雅·四月》："冬日烈烈，飘
风发发。"郑玄笺："发发，疾貌。"

3. 描写山川河流的状态

渐②渐：山石高峻貌。渐，通"巉"。《诗·小雅·渐渐之石》："渐渐

---

① "泥₃"音nǐ。

② "渐₄"音chán。

之石，维其高矣。"毛传："渐渐，山石高峻。"孔颖达疏："以渐渐文连之石为山石之状，又以维其高矣，故知为高峻貌。"

汤₃①汤：水流盛大貌。《书·尧典》："汤汤洪水方割，荡荡怀山襄陵，浩浩滔天。"孔传："汤汤，流貌。"《诗·小雅·鼓钟》："鼓钟将将，淮水汤汤，忧心且伤。"

泱泱：水深广貌。《诗·小雅·瞻彼洛矣》："瞻彼洛矣，维水泱泱。"毛传："泱泱，深广貌。"

4.表示植物的状态

夭夭：美盛貌。《诗·周南·桃夭》："桃之夭夭，灼灼其华。"

蓁蓁：草木茂盛貌。《诗·周南·桃夭》："桃之夭夭，其叶蓁蓁。"朱熹集传："蓁蓁，叶之盛也。"

楚楚：蕃茂貌。《诗·小雅·楚茨》："楚楚者茨，言抽其棘。"

菁₂②菁：茂盛貌。《诗·小雅·菁菁者莪》："菁菁者莪，在彼中阿。"毛传："菁菁，盛貌。"

5.表示动物的状态

麌麌：群聚貌。《诗·小雅·吉日》："兽之所同，麀鹿麌麌。"毛传："麌麌，众多也。"

汕汕：鱼游水貌。《诗·小雅·南有嘉鱼》："南有嘉鱼，烝然汕汕。"

湿₅③湿：牲畜耳朵摇动貌。《诗·小雅·无羊》："尔牛来思，其耳湿湿。"毛传："呞而动其耳，湿湿然。"陆德明释文："湿，始立反；又尸立反；又处立反。"

趯趯：跳跃貌；跳动貌。《诗·召南·草虫》："喓喓草虫，趯趯阜螽。"

蜎蜎：昆虫蠕动爬行的样子。《诗·豳风·东山》："蜎蜎者蠋，烝在桑野。"毛传："蜎蜎，蠋貌，桑虫也。"郑玄笺："蠋蜎蜎然特行，久处桑

---

① "汤₃"音shāng。

② "菁₂"音jīng。

③ "湿₅"音chì。

野，有似劳苦者。"朱熹集传："蜎蜎，动貌。"

（二）叠音词的特点

1. 语义特点

从语义上说，叠音词的表意十分模糊。叠音词是汉语双音节化的最初阶段，同时也是汉语语音造词阶段的产物。这一时期叠音词多数是表音的，无法从字面上去理解词的含义；即使是构成叠音词的单字表义，这种意义也是模糊不清的，让人无法把握。如：

依依：轻柔披拂貌。《诗·小雅·采薇》："昔我往矣，杨柳依依。"

霏霏：雨雪盛貌。《诗·小雅·采薇》："今我来思，雨雪霏霏。"

"依依""霏霏"究竟是描写事物怎样的状态，即使看了词语的解释，我们也很难真切地想清楚。前面我们阐述过叠音词产生的一个很重要的原因就是适应诗歌发展的需要，词义的模糊性也是诗歌在表义上的需要，因此正是这种模糊才会使读者有无限的遐想，所谓言有尽而意无穷。

2. 语用特点

叠音词具有强烈的表达情感的作用，使用叠音词可以增加文章的感染力。刘勰在《文心雕龙·物色》中这样写道："是以诗人感物，联类不穷。流连万象之际，沉吟视听之区；写气图貌，既随物以宛转；属采附声，亦与心而徘徊。故灼灼状桃花之鲜，依依尽杨柳之貌，杲杲为出日之容，瀌瀌拟雨雪之状，喈喈逐黄鸟之声，喓喓学草虫之韵。皎日嘒星，一言穷理；参差沃若，两字穷形。并以少总多，情貌无遗矣。"[1]西周时期的叠音词在语用上主要有两个特点：

（1）从语义内容上说，叠音词主要用来描写人或者事物的状态。叠音词可以把人或者事物的情状描写得惟妙惟肖，这一点在前面"叠音词的语义情况"中已经进行了论述。此外，叠音词还可以对同一事物从不同的角度进行描写，比如：描写马的外在形态可以用"彭彭"，描写马奔驰的样子可以用"骎骎"。

---

① 刘勰著，范文澜注：《文心雕龙注》，人民文学出版社1958年版，第693—694页。

彭₃①彭：强壮貌。《诗·大雅·大明》："檀车煌煌，驷骒彭彭。"郑玄笺："兵车鲜明，马又强。"孔颖达疏："又驾驷骒之马，彭彭然皆强盛。"

骙骙：马疾速奔驰貌。《诗·小雅·四牡》："驾彼四骆，载骤骙骙。"

再比如：描述昆虫缓慢的动作可以用"蜎蜎"表示，昆虫的鸣叫声可以用"喓喓"来表示。

蜎蜎：昆虫蠕动爬行的样子。《诗·豳风·东山》："蜎蜎者蠋，烝在桑野。"毛传："蜎蜎，蠋貌，桑虫也。"郑玄笺："蠋蜎蜎然特行，久处桑野，有似劳苦者。"朱熹集传："蜎蜎，动貌。"

喓喓：虫鸣声。《诗·召南·草虫》："喓喓草虫，趯趯阜螽。"

（2）从语用形式上说，叠音词的使用有利于调节韵律，促进音节的协调。刘勰在《文心雕龙》中这样说："声转于吻，玲玲如振玉；辞靡于耳，累累如贯珠矣。"②这句话恰到好处地说明了使用叠音词可以给文章带来音乐上的美感。叠音词除了可以单独使用以外，有时候还会重叠使用，这种重叠使用更能增加诗歌的韵律性，增强表达效果。比如：

《诗·大雅·卷阿》："萋萋萋萋，雍雍喈喈。"

《诗·大雅·卷阿》："颙颙卬卬，如圭如璋。"

《诗·小雅·吉日》："儦儦俟俟，或群或友。"

《诗·小雅·小旻》："战战兢兢，如临深渊，如履薄冰。"

（三）叠音词产生的原因

1. 词汇发展的需要

西周时期单音词一词多义的现象已经十分普遍，单音词的多义有时会使人们交际上出现困难，此外有些单音词笔画复杂，这也增加了人们记忆的难度。为了满足交际的需要，西周时期出现了大量的复音词。在形成的众多复音词之中，利用音节的重叠而形成叠音词是最简便的复音词构成方法。"在上古前期，通过音节重叠或音节内部音素变化来构造新词，是一种能产的构词方法，

---

① "彭₃"音páng。

② 刘勰著，范文澜注：《文心雕龙注》，人民文学出版社1958年版，第553页。

也是一种主要的构造复音词的方法。"①音节重叠是西周时期产生新的复音词最简便的方法。西周时期叠音词的出现和盛行是这一时代语言发展的需要。

2. 文学作品体裁的要求

一个时期文学作品的体裁对词汇发展也是有一定影响的。《诗经》是西周时期一部重要的传世文献，由于《诗经》中的诗歌多是要入乐进行歌唱的，因此在语言上要求简练优美。形式上，《诗经》以四言句式为主，这就要求句式的整齐。因此，单凭单音节组合是无法达到诗歌语言的要求的，这就需要有双音节词的配合。而双音节词中以叠音词最为合适，叠音词是音节重叠而成，结构简单，表意简练，音乐感强，符合诗歌语言的要求。根据我们整理，西周时期的叠音词共计228个，其中《诗经》中的叠音词就有200个，占到总数的87.72%。可以说西周时期叠音词的大量出现是诗歌发展的结果。朱广祁指出："《诗经》的句式和节奏，对词汇的音节有着特殊的要求。这就提示我们，汉语双音词的发展，不仅是意义准确、词汇丰富的需要，同时也是音节和谐的需要。在汉语词汇发展史上，韵文文学形式对双音节化的影响，是不容忽视的因素之一。"②叠音词的产生适应诗歌语言的特点。

二、联绵词

联绵词通常是由两个音节构成，从词义上来看，联绵词的上下两个音节表示的是一个单纯的意义，不能分开解释上下两字；从语音上来看，联绵词的上下两个音节在声母或者韵部方面有一定的联系。联绵词是汉语词汇中的一种特殊现象，从汉语词汇发展的历史来看，联绵词是汉语复音词中出现较早的单纯词，从造词法的角度来看，联绵词是汉语语音造词的产物。

从声韵关系的角度来分析西周的联绵词，我们首先要解决的就是联绵词上下两字语音联系的标准问题，也就是怎样的声韵联系才算作叠韵或者双声。通常音韵学上所说的双声指的是两字的声母相同，具体来说是声母的发音部位

---

① 徐朝华：《上古汉语词汇史》，商务印书馆2003年版，第316页。
② 朱广祁：《〈诗经〉双音词论稿》，河南人民出版社1985年版，第96页。

和发音方法相同；叠韵则是指两个字的韵部相同，具体来说就是主要元音和韵尾要相同。可以说，音韵学对双声和叠韵的界定是很严格的，王力在《汉语史稿》中有过这样的论述："构词法上的双声叠韵，比较等韵家（韵图的研究者）所谓双声叠韵，范围要广些。凡十分接近的声母（如心母和山母）和十分接近的韵母（如上古的脂部和微部）都可以认为双声叠韵。"[①]我们认为这个论述是十分精辟的，双声、叠韵是上古汉语语音造词的重要方法，联绵词多是通过约定俗成流传下来的，因此我们在判定联绵词声韵关系时不能十分严格地按照音韵学上的语音标准，而是应该采取比较宽泛的标准，只要其上下两字语音大体相似我们就判定它为联绵词。

基于以上的认识，我们把双声、叠韵的标准规定如下：

第一，双声的判定标准：联绵词上下两字的声母发音部位相同，我们就认为这个联绵词是双声联绵词。[②]

第二，叠韵的标准：联绵词上下两字的韵部相同或者相似，我们就认为这个联绵词是叠韵联绵词。韵部相同指的是联绵词上下两字的韵部完全相同，韵部相似指的是上下两字的韵部符合韵部间的对转或邻近韵部的旁转。[③]

明确了双声、叠韵的标准，我们再来看上古的声母以及韵部。对于上古的韵部，学者历来都有自己的分类，从顾炎武开始把古韵部分为十部，后来段玉裁又分为十七部，江有诰分为二十一部，黄侃分为二十八部等，对上古韵部的划分越来越细，越来越精密。本节判定声韵关系均采用王力所拟的上古三十韵部、三十二声母，如表3、表4：

① 王力：《汉语史稿》，中华书局2013年版，第46页。

② 朱广祁在《〈诗经〉双音词论稿》中阐述双声的标准："参照上古汉语的通假关系、声训、形声字谐声系统等所表现的语音联系来规定，即：以喉牙音、舌音、齿音、唇音各为一类，同类者得认为双声。"（第109页）本书标准从此观点。

③ 王力在《诗经韵读》的"通韵和合韵"一节中讲到不同韵部间押韵的情况有两种：一类是通韵，即指阴阳对转、阴入对转以及阳入对转；一类是合韵，即元音相同但不属于对转，或韵尾相同的情况。本节叠韵的标准多从此说。

表3　上古三十韵部

1. 之部	2. 职部	3. 蒸部
4. 幽部	5. 觉部	6. 冬部
7. 宵部	8. 药部	
9. 侯部	10. 屋部	11. 东部
12. 鱼部	13. 铎部	14. 阳部
15. 支部	16. 锡部	17. 耕部
18. 脂部	19. 质部	20. 真部
21. 微部	22. 物部	23. 文部
24. 歌部	25. 月部	26. 元部
	27. 缉部	28. 侵部
	29. 叶部	30. 谈部

表4　上古三十二声母

牙音	见	溪	群	疑		
舌音	端（知）	透（彻）	定（澄）	泥（娘）	余（喻四）	
	章（照三）	昌（穿三）	船（床三）		书（审三）	禅
唇音	帮（非）	滂（敷）	並（奉）	明（微）		
齿音	精	清	从		心	邪
	庄（照二）	初（穿二）	崇（床二）		山（审二）	
喉音	影	晓	匣（喻三）			
半舌				来		
半齿				日		

　　根据以上的标准，我们从声韵关系的角度把西周的联绵词分为三类，包括叠韵联绵词、双声联绵词、双声叠韵联绵词。

（一）叠韵联绵词

　　根据联绵词上下字韵部之间的联系，我们又把叠韵联绵词分为韵部相同的叠韵联绵词、对转叠韵的联绵词以及邻韵叠韵联绵词。

　　1. 韵部相同的叠韵联绵词

　　绸缪：紧密缠缚貌。《诗·豳风·鸱鸮》："迨天之未阴雨，彻彼桑土，绸缪牖户。"

"绸""缪"在上古同属于幽部，是幽部叠韵。[1]

朴₂樕：丛木、小树。《诗·召南·野有死麕》："林有朴樕，野有死鹿。"毛传："朴樕，小木也。"

"朴₂""樕"在上古同属于屋部，是屋部叠韵。

鞅掌：谓职事纷扰烦忙。《诗·小雅·北山》："或栖迟偃仰，或王事鞅掌。"

"鞅""掌"在上古同属于阳部，是阳部叠韵。

仓庚：亦作"仓鹒"。黄莺的别名。《诗·豳风·东山》："仓庚于飞，熠耀其羽。"

"仓""庚"在上古同属于阳部，是阳部叠韵。

猗₃傩[2]：柔美、盛美貌。《诗·桧风·隰有苌楚》："隰有苌楚，猗傩其枝。"

"猗""傩"上古同属于歌部，是歌部叠韵。

2. 韵部相近的叠韵联绵词

韵部相近的叠韵联绵词包括对转叠韵联绵词和邻韵叠韵联绵词两种。

（1）对转叠韵包括阴阳对转、阴入对转以及阳入对转。如：

苌楚：即羊桃。野生，开紫红花，实如小桃，可食。《诗·桧风·隰有苌楚》："隰有苌楚，猗傩其枝。"

"苌"上古属于阳部，"楚"上古属于鱼部，阳鱼对转。

脊令：亦作"脊鸰"。即鹡鸰。水鸟名。《诗·小雅·常棣》："脊令在原，兄弟急难。"

"脊"上古属于锡部，"令"上古属于耕部，锡耕对转。

（2）邻韵叠韵包括旁转、旁对转和通转。如：

窈窕：亦作"窈窱"。娴静貌；美好貌。《诗·周南·关雎》："窈窕淑

---

[1] 本节对《诗经》中用字的声韵情况主要查阅向熹的《〈诗经〉古今音手册》的古音部分，《诗经》以外用字的声韵情况查阅郭锡良的《汉字古音手册》。

[2] "猗₃"音ē。

女，君子好逑。"毛传："窈窕，幽闲也。"

"窈"上古属于幽部，"窕"上古属于宵部，幽宵旁转。

驺虞：传说中的义兽名。《诗·召南·驺虞》："彼茁者葭，壹发五豝，于嗟乎驺虞。"毛传："驺虞，义兽也。白虎，黑文，不食生物，有至信之德则应之。"

"驺"上古属于侯部，"虞"上古属于鱼部，侯鱼旁转。

滂沱：雨大貌。《诗·小雅·渐渐之石》："月离于毕，俾滂沱矣。"

"滂"上古属于阳部，"沱"上古属于歌部，阳歌通转。

殿屎：愁苦呻吟。《诗·大雅·板》："民之方殿屎，则莫我敢葵。"毛传："殿屎，呻吟也。"

"殿"上古属于文部，"屎"上古属于脂部，文脂旁对转。

靺鞈：蔽膝。《诗·小雅·瞻彼洛矣》："靺鞈有奭。"

"靺"上古属于微部，"鞈"上古属于缉部，微缉通转。

（二）双声联绵词

觤虺：动摇不安貌。《易·困》："困于葛藟，于觤虺。"

"觤"上古属于疑母，"虺"上古也属于疑母，声母相同。

次$_2$①且：犹豫不进貌。《易·夬》："臀无肤，其行次且。"孔颖达疏："次且，行不前进也。"

"次"上古属于精母，"且"上古也属于精母，声母相同。

参$_2$差：不齐貌。《诗·周南·关雎》："参差荇菜，左右流之。"

"参"上古属于初母，"差"上古也属于初母，声母相同。

霡霂：亦作"霢霂"。小雨。《诗·小雅·信南山》："益之以霡霂，既优既渥。"

"霡"上古属于明母，"霂"上古也属于明母，声母相同。

（三）双声叠韵联绵词

蔽芾：茂盛貌。《诗·召南·甘棠》："蔽芾甘棠，勿翦勿伐。"朱熹集

---

① "次$_2$"音zī。

传："蔽芾，盛貌。"一说，小貌。孔传："蔽芾，小貌。"

"蔽"上古属于帮母，月部；"芾"上古也属于帮母，月部。声母相同，韵部相同。

觱發①：风寒冷。《诗·豳风·七月》："一之日觱發，二之日栗烈，无衣无褐，何以卒岁。"毛传："觱發，风寒也。"

"觱"上古属于帮母，质部；"發"上古属于帮母月部。声母相同，质月旁转，韵部相似。

辗转：翻来覆去的样子。《诗·周南·关雎》："悠哉悠哉，辗转反侧。"

"辗"上古属于端母，元部；"转"上古也属于端母，元部。声母相同，韵部相同。

蟏蛸：亦作"蟰蛸"。蜘蛛的一种，脚很长。通称蟢子。《诗·豳风·东山》："伊威在室，蟏蛸在户。"

"蟏"上古属于心母，幽部；"蛸"上古属于山母，宵部。声母相近，幽宵旁转，韵部相似。

绵蛮：亦作"緜蛮"。《诗·小雅·绵蛮》："绵蛮黄鸟，止于丘阿。"毛传："小鸟貌。"

"绵"上古属于明母，元部；"蛮"上古也属于明母，元部。声母相同，韵部相同。

第三节　双音节新合成词（上）

叠音词和联绵词是利用语音关系而形成的复音词，它们是语音造词的重要方法。西周时期利用语音造词产生了很多新词，前一节中我们已经做了阐述，不过语音造词也具有一定的局限性，主要表现在能产性差、词义的包容性不强两个方面。通过音节之间的语音联系产生的新词是单纯词，意义简单笼统，而

---

① "發"今简化为"发"。

且词义的区别性也比较差，因此不能完全适应社会交际的需要。西周时期汉语语法的规则已经比较成熟，词序这一语法手段为创造新词提供了重要的手段。两个单音词依靠词序组合起来，构成了不同的语法关系，成为意义更加具体而丰富的词组，随着时间的流逝，词组逐渐凝固下来，并且在人们的头脑中形成了统一的概念，这个词组就逐渐固定为合成词，然而这个过程不是一蹴而就的，而是需要经历一段时间的。汉语合成词就是这样形成的，词汇的发展是从简单走向复杂，由此我们推断出合成词的产生应该是在单纯词产生之后的。

合成词是由两个或者两个以上词素组成。西周时期的合成词包括附加式合成词、重叠式合成词以及复合式合成词。本节只讨论双音节合成词中的附加式和重叠式，双音节复合词以及多音节合成词将在后面几节中分别讨论。

一、附加式合成词

（一）附加式合成词的类型

附加式合成词是由一个实词词素和一个附加成分共同构成的。附加成分包括前缀、后缀。西周时期前缀包括"有"，后缀包括"氏""然""如""若"以及"而"。

1. 有+×

（1）名词

有周：周代。有，词头。《诗·大雅·文王》："有周不显，帝命不时。"毛传："有周，周也。"

有夏：指中国。有，词头。《书·君奭》："惟文王尚克修和我有夏。"孔传："文王庶几能修政化，以和我所有诸夏。"

有邰：古国名。姜姓，炎帝之后。周代后稷母姜嫄，为有邰氏女。故址在今陕西省武功县西南。有，词头。《诗·大雅·生民》："诞后稷之穑，有相之道……实颖实栗，即有邰家室。"毛传："邰，姜嫄之国也。尧见天因邰而生后稷，故国后稷于邰。"

（2）动词

有司：古代设官分职，各有专司。《簋鼎》："以訊采厥有司。"

（《集成》2740）

有身：怀孕。《诗·大雅·大明》："大任有身，生此文王。"毛传："身，重也。"郑玄笺："重，谓怀孕也。"

2. ×+氏

"×+氏"这种结构包含两种形式：一是"氏"并非单纯的后缀，而具有一定的实际意义；二是"氏"已经完全虚化为后缀，没有实际含义。

"氏"最初指的是古代贵族表示贵族系统的称号，是家族的标志。家族产生于原始社会向阶级社会过渡时期，这一时期由于物质财富的积聚，人口大量增长，促使原来的氏族内部分化出很多派别，即家族，家族的称号就是"氏"。"氏"的名称有时是沿用以前的姓，有的则是由地名转化而来。[①]如：

伯氏：长兄。《诗·小雅·何人斯》："伯氏吹埙，仲氏吹篪。"

中氏：《叔妶簋》："眔中氏迈（万）年。"（《集成》4137）

君氏：《五年召伯虎簋》："以君氏令曰。"（《集成》4292）

尹氏：《瘐钟》："左（佐）尹氏。"（《集成》247）

公氏：《柯尊》："昔在尔考公氏。"（《集成》6014）

妊氏：《蛮鼎》："唯三月初吉，蛮来遘于妊氏。"（《集成》2765）

姜氏：《楷侯簋盖》："楷侯乍（作）姜氏宝䵼彝。"（《集成》4139）

媿氏：《毳盉》："毳乍（作）王（皇）母媿氏顤（沫）盉。"（《集成》9442）

娟氏：《叀鼎》："叀乍（作）微伯娟氏勺（庖）鼎。"（《集成》2490）

寢氏：《五年召伯虎簋》："余献寢氏以壶。"（《集成》4292）

京氏：《内公鬲》："芮（内）公乍（作）铸京氏妇叔姬媵鬲。"（《集成》711）

---

① 吴镇烽在《金文人名汇编》中谈到氏名大多数是由地名转化而来，地名多是诸侯的封国、卿大夫的封国。

嬴（嬴）氏：《嬴氏鼎》："嬴（嬴）氏乍（作）宝贞（鼎）。"（《集成》2027）

楚氏：《益公钟》："益公为楚氏龢钟。"（《集成》16）

"氏"完全虚化而没有实际含义，成为后缀，如：

侯氏：指诸侯个人。《诗·大雅·韩奕》："笾豆有且，侯氏燕胥。"

师氏：周代官名。掌辅导王室，教育贵族子弟以及朝仪得失之事。南北朝时北周亦曾置此官。《书·顾命》："师氏、虎臣、百尹、御事。"孔传："师氏，大夫官。"

3. ×+然

贲然：光彩貌。《诗·小雅·白驹》："皎皎白驹，贲然来思。"朱熹集传："贲然，光采之貌也。或以为来之疾也。"

烝然：众多貌。《诗·小雅·南有嘉鱼》："南有嘉鱼，烝然罩罩。"

居然：犹安然。形容平安，安稳。《诗·大雅·生民》："不康禋祀，居然生子。"

4. ×+如

焚如：谓火焰炽盛。亦指火灾或战事。《易·离》："突如其来如，焚如，死如，弃如。"

交如：交接貌。《易·大有》："六五，厥孚交如，威如，吉。"孔颖达疏："交，谓交接也。如，语辞也。"

屯如：困难貌。《易·屯》："六二，屯如邅如。"孔颖达疏："屯是屯难，如是语辞也。"

5. ×+若

纷若：盛多貌。《易·巽》："巽在床下，用史巫纷若，吉无咎。"孔颖达疏："纷若者，盛多之貌。"

沃若：驯顺貌。《诗·小雅·皇皇者华》："我马维骆，六辔沃若。"

6. ×+而

舒而：慢慢地。《诗·召南·野有死麕》：舒而脱脱兮，无感我帨兮，无使尨也吠。

"然""如""若"和"而"都是表示形容词的附加成分，它们数量比较少，多是出现在传世文献中，而金文中几乎没有使用。这说明这种形容词的后缀发展还不成熟，因此出现频率才会低，而且在形式上也不统一。它们通常在句子中作状语，有时也作谓语，但从不作定语。

（二）附加式合成词的特点

1.西周时期名词性的附加式合成词数量最多。

2.附加式合成词主要产生于西周早期，这也说明通过附加手段形成的合成词是语音造词向语法造词的过渡阶段，它也并不是能产的造词方式，因此到了西周中期以后数量就减少了。

二、重叠式合成词

重叠式指的是由两个相同音节重叠而形成的合成词。重叠式不同于我们前文所提到的叠音词，它们的不同之处在于：叠音词是单纯词，它是由一个词素构成的，词义与构成它们的单字在意义上没有联系；重叠式是合成词，它是由两个词素构成，两个词素重叠之后产生的语义与单字原义有联系但又不完全相同。

（一）重叠式合成词的概况

1.名词

师师：众官。《书·梓材》："我有师师。"

世世：累世；代代。《书·微子之命》："世世享德，万邦作式。"孔传："言微子累世享德。"

2.动词

处处：定居，安居。《诗·大雅·公刘》："京师之野，于时处处，于时庐旅。"郑玄笺："京地乃众民所宜居之野也，于是处其当处者，庐舍其宾旅。"朱熹集传："处处，居室也。"

宿宿：谓连住两夜。《诗·周颂·有客》："有客宿宿，有客信信。"《尔雅·释训》："有客宿宿，言再宿也。"

3.形容词

莘莘：草木茂盛貌。《诗经·大雅·卷阿》："梧桐生矣，于彼朝阳，莘奉萋萋，雍雍喈喈。"毛传："梧桐盛也。"

稷稷：禾穗成熟下垂貌。《诗·大雅·生民》："荏菽旆旆，禾役穟穟。"按，禾役，禾的行列。

坦坦：平坦；广阔。《易·履》："履道坦坦，幽人贞吉。"王弼注："故履道坦坦，无险厄也。"高亨注："坦坦，平也……足踏大路坦坦而平，比喻人进入平安之环境。"

芃芃：茂盛貌。《诗·大雅·棫朴》："芃芃棫朴，薪之槱之。"

幽幽：深远貌。《诗·小雅·斯干》："秩秩斯干，幽幽南山。"毛传："幽幽，深远也。"

4.副词

眈[①]眈：威视貌；注视貌。《易·颐》："虎视眈眈，其欲逐逐。"

翩翩：飞行轻快貌。《易·泰》："六四，翩翩，不富以其邻，不戒以孚。"程颐传："翩翩，疾飞之貌。"《诗·小雅·四牡》："翩翩者鵻，载飞载下，集于苞栩。"朱熹集传："翩翩，飞貌。"

徐徐：迟缓；缓慢。《易·困》："来徐徐，困于金车。"高亨注："徐徐，迟缓也。"

矍矍：惊惧四顾貌。《易·震》："震索索，视矍矍。"

惙惙：忧郁貌；忧伤貌。《诗·召南·草虫》："未见君子，忧心惙惙。"

（二）重叠式合成词的特点

1.西周时期以形容词性和副词性的重叠式合成词居多，重叠式主要作用就是描摹人或者事物的性质、状态以及动作，正是这样的语用决定了这一时期重叠式复合词以形容词、副词居多。

2.西周早期产生的重叠式合成词数量最多，这一点和前面我们所总结的附加式合成词的特点是一致的。重叠式也是语音造词向语法造词转化的过渡阶段，利用重叠方式造词能产性也比较差，一般出现在汉语发展的早期。

---

① "眈₂"音dān。

第四节　双音节新合成词（下）

双音节合成词除了前一节中我们谈到的附加式、重叠式以外，还包括复合式合成词。复合式合成词指的是由两个或两个以上具有独立意义的实词词素所构成的词。西周复合式新词包括：联合式复合词、偏正式复合词、动宾式复合词、动补式复合词以及主谓式复合词。这一时期复合词的语法结构已经十分完备，几乎包含了我们现在所有的结构类型，伍宗文称西周时期是汉语复音词"类型大备期"。[①]西周时期共产生双音节复合新词1263个，以下我们从语法构成和语义关系两个方面分类进行阐述。

一、联合式复合词

（一）联合式复合词的语法构成

联合式复合词是由两个地位平等的词素构成的。从词性上看，联合式复合词包括名词、动词、形容词等实词，还包括连词、代词、副词、语气词等虚词。

1. 名词

（1）名+名

坎窞：坑穴。喻险境。《易·习坎》："习坎，入于坎窞，凶。"孔颖达疏："既处坎底，上无应援，是习为险难之事无人应援，故入于坎窞而至凶也。"

股肱：大腿和胳膊。《书·酒诰》："嗣尔股肱。"

垣墉：墙。《书·梓材》："若作室家，既勤垣墉，惟其涂墍茨。"

秬鬯：古代以黑黍和郁金香草酿造的酒，用于祭祀降神及赏赐有功的诸侯。《书·洛诰》："伻来毖殷，乃命宁予以秬鬯二卣。"

腹心：肚腹与心脏，皆人体重要器官。亦比喻贤智策谋之臣。《诗·周南·兔罝》："肃肃兔罝，施于中林；赳赳武夫，公侯腹心。"郑玄笺："此

① 伍宗文：《先秦汉语复音词研究》，巴蜀书社2001年版，第324页。

置兔之人，行于攻伐，可用为策谋之臣，使之虑事，亦言贤也。"

宾客：客人的总称。《诗·小雅·吉日》："发彼小豝，殪此大兕，以御宾客，且以酌醴。"

邦家：国家。《诗·小雅·南山有台》："乐只君子，邦家之基。"郑玄笺："人君既得贤者，置之于位，又尊敬以礼乐，乐则能为国家之本。"

倗友：同师、同门及同道者之间，或共事的臣僚之间互相的一种尊称。《先兽鼎》："朝夕乡（飨）厥多倗友。"（《集成》2655）

外内：朝野上下，中央与地方。《蔡簋》："从司王家外内。"（《集成》4340）

鳏寡：配偶丧亡的老年男女。《毛公鼎》："乃敄（侮）鳏寡。"（《集成》2841）

（2）动+动

刍荛：割草打柴之人。《诗·大雅·板》："先民有言，询于刍荛。"

（3）数+数

九五：《易》卦爻位名。九，谓阳爻；五，第五爻，指卦象自下而上第五位。《易·乾》："九五，飞龙在天，利见大人。"孔颖达疏："言九五，阳气盛至于天，故云'飞龙在天'。此自然之象，犹若圣人有龙德、飞腾而居天位。"后因以"九五"指帝位。

九二：《易》卦爻位名。九，谓阳爻；二，第二爻，指卦象自下而上第二位。《易·乾》："九二，见龙在田，利见大人。《象》曰：'见龙在田'，德施普也。"孔颖达疏："此以人事言之，用龙德在田似圣人已出在世，道德恩施能普遍也。"后因以"九二"喻君德广被。

六五：《易》卦爻位名。六，谓阴爻；五，第五爻。六五指卦象自下而上的第五爻为阴爻。《易·明夷》："六五，箕子之明夷，利贞。"

初九：《易·乾》："初九：潜龙，勿用。《象》曰：'潜龙勿用'，阳在下也。"按《周易》每卦六爻。第一爻为阳爻者，视为"初九"（"九"，称"老阳"）。表明事物正处于发展变化的初级阶段。后因以"初九"谓尚未发迹之时。

从上面的用例中，我们可以发现，名词性联合式多是由名词性词素和名词性词素并列而成的，当然也出现一些特殊的情况，上面已经列举。这里值得一提的是，数词性词素和数词性词素组合而成的名词性复合词，只出现在《周易》的卦名中，数量比较少，具有一定的特殊性。

2. 动词

西周时期的动词性复合词都是由"动+动"这一结构组成的，如：

耕获：耕种与收获。《易·无妄》："不耕获，不菑畬，则利有攸往。"

号₂①咷：啼哭呼喊；放声大哭。《易·同人》："同人，先号咷而后笑。"

引养：长养；奉养。《书·梓材》："引养引恬。"孔颖达疏："能长养民，能安民。"

戕败：毁伤。《书·梓材》："肆亦见厥君事，戕败人宥。"孔传："察民以过误残败人者当宽宥之。"

执拘：拘捕；拘管。《书·酒诰》："群饮，汝勿佚，尽执拘以归于周，予其杀。"

濯溉：洗涤。《诗·大雅·泂酌》："泂酌彼行潦，挹彼注兹，可以濯溉。"毛传："溉，清也。"

监₂②观：观察；观览。监，通"鉴"。《诗·大雅·皇矣》："皇矣上帝，临下有赫。监观四方，求民之莫。"

征伐：讨伐，出兵攻打。《周公东征鼎》："唯周公于征伐东尸（夷）。"（《集成》2739）

奔走：奔忙、操劳。《大盂鼎》："享奔走，畏天畏（威）。"（《集成》2837）

孝友：对父母孝顺，对兄弟友爱。《史墙盘》："惟辟孝者（友）。"（《集成》10175）

---

① "号₂"音háo。

② "监₂"音jiàn。

怀授：给予。《瘭钟》："怀受（授）余尔髃福。"（《集成》246）

3.形容词

（1）形+形

忱恂：诚信。《书·立政》："迪知忱恂于九德之行。"孔传："禹之臣蹈知诚信于九德之行。"蔡沈集传："忱恂者，诚信而非轻信也。"

正直：公正无私；刚直坦率。《诗·小雅·小明》："靖共尔位，好是正直。"

惇大：敦厚宽大。《书·洛诰》："明作有功，惇大成裕。"孔传："厚大成宽容之德。"

敏谏：敏捷，聪敏。《大盂鼎》："敏谏罚讼，夙夕召（绍）我一人烝四方。"（《集成》2837）

恭仪：恭敬、威仪。《麦方尊》："用彝（恭）义（仪）宁侯。"（《集成》6015）

青幽：清净、优雅的品行。《史墙盘》："青幽高祖，在微霝（灵）处。"（《集成》10175）

逊纯：指虚心谦让的品德。《师訇鼎》："用乃孔德琭（逊）纯。"（《集成》2830）

渊哲：深沉而明智。《史墙盘》："渊哲康王。"（《集成》10175）

吉康：吉祥、康乐。《师奎父鼎》："用匄眉寿、黄耇、吉康。"（《集成》2813）

恭纯：恭敬。《善鼎》："秉德共（恭）屯（纯）。"（《集成》2820）

（2）数+数

再三：第二次第三次；一次又一次；一遍又一遍。《易·蒙》："初筮告，再三渎，渎则不告。"孔颖达疏："师若迟疑不定，或再或三，是亵渎，渎则不告。"

庶几：差不多；近似。《诗·小雅·頍弁》："既见君子，庶几说怿。"

二三：约数，不定数。表示较少的数目，犹言几。《大盂鼎》："若文王令二三正。"（《集成》2837）

除了名词、动词、形容词这样的实词以外，西周时期还出现了连词、语气词、代词、副词这样的联合式复合新词。

连+连=连，如：

丕则：连词。于是。《书·康诰》："丕则敏德，用康乃心，顾乃德。"

丕乃：连词。于是。《书·盘庚上》："汝克黜乃心，施实德于民，至于婚友，丕乃敢大言，汝有积德！"

虽则：虽然。《诗·周南·汝坟》："虽则如毁，父母孔迩。"

语气词+语气词=语气词，如：

于₂①嗟：叹词。表示赞叹。《诗·周南·麟之趾》："振振公子，于嗟麟兮！"毛传："于嗟，叹辞。"《诗·召南·驺虞》："彼茁者葭，壹发五豝，于嗟乎驺虞。"郑玄笺："于嗟者，美之也。"

雩若：语首助词。《小盂鼎》："雩若翌日乙酉。"（《集成》2839）

亦唯：语助词。《毛公旅方鼎》："毛公旅鼎亦唯簋。"（《集成》2724）

副词+副词=副词，如：

亦既：已经。《卯簋盖》："昔乃祖亦既令乃父。"（《集成》4327）

代词+代词=代词，如：

如何：怎样。《诗·豳风·伐柯》："伐柯如何？匪斧不克。"

厥若：代词，那样，那个。《书·立政》："我其克灼知厥若。"

朕吾：第一人称，我。《沈子它簋》："敢敃（擎）邵（昭）告朕吾考。"（《集成》4330）

（二）联合式复合词词素间的语义关系

陆俭明曾经说过："在语法研究中，应当注意到这样一个事实，即句子成分之间总是同时存在着两种不同性质的关系——语法结构关系和语义结构关系。我们所说的语法结构关系就是指主谓、述宾、述补、偏正、联合等结构关系；我们所说的语义结构关系是指诸如动作和动作者、动作和受动者、

---

① "于₂"音xū。

动作和工具、动作和处所、事物和性质、事物和质料以及事物之间的领属关系等。"①汉语中复合词词素的结合关系类似于句子成分之间的关系，也存在语法结构和语义结构。我们所讨论的西周时期复合词的语义结构关系是建立在语法结构关系基础之上的。

联合式复合词从词素的语义关系上可以分成三类：相同或相近关系、相类关系以及相反关系。

1. 相同或相近关系

相同或相近关系一般指的是一个或几个义位相同或相近，而不是所有的义位都相同。一个词的义位有中心变体和非中心变体，中心变体是经常使用的，在各个变体中处于中心的地位，"必须是两个词的某一义位的中心变体相同，这两个词才是同义词……一般来说，在古代字书中两个词如果能互训的，就是同义词"②。如：

灾眚：灾殃，祸患。《易·复》："上六，迷复，凶，有灾眚。"孔颖达疏："'有灾眚'者，暗于复道，必无福庆，唯有灾眚。"

号₂咷：啼哭呼喊；放声大哭。《易·同人》："同人，先号咷而后笑。"

殄戮：杀戮。《书·召诰》："其惟王勿以小民淫用非彝，亦敢殄戮用乂民，若有功。"曾运乾正读："殄戮用乂民者，犹言用刑杀治民也。"

殷商：朝代名。其始祖契封于商；汤有天下，遂号为商。后来屡次迁都，到盘庚迁殷地后，改为殷，亦称殷商。《诗·大雅·大明》："自彼殷商，来嫁于周。"

辟₂王：君王。《诗·大雅·棫朴》："济济辟王，左右趣之。"郑玄笺："辟，君也。君王谓文王也。"《诗·周颂·载见》："载见辟王，曰求厥章。"郑玄笺："诸侯始见君王，谓见成王也。"

监₂观：观察；观览。监，通"鉴"。《诗·大雅·皇矣》："皇矣上

---

① 陆俭明：《现代汉语句法论》，商务印书馆1993年版，第19页。

② 蒋绍愚：《古汉语词汇纲要》，商务印书馆2005年版，第99页。

帝，临下有赫。监观四方，求民之莫。"

刑罚：刑指肉刑、死刑；罚指以金钱赎罪。后泛指依照法律对违法者实行的强制处分。《书·吕刑》："刑罚世轻世重，惟齐非齐，有伦有要。"

黎民：民众，百姓。《书·秦誓》："以保我子孙黎民。"

奔走：奔忙、操劳。《大盂鼎》："享奔走，畏天畏（威）。"（《集成》2837）

宫室：房屋的通称。《伯梳簋》："伯梳乍（作）厥宫室宝簋。"（《集成》4073）

2. 相类关系

相类关系指的是双音节联合式复合词前后两个词素在语义上有一定联系，但意义不完全相同。

股肱：大腿和胳膊。《书·酒诰》："嗣尔股肱。"

秬鬯：古代以黑黍和郁金香草酿造的酒，用于祭祀降神及赏赐有功的诸侯。《书·洛诰》："伻来毖殷，乃命宁予以秬鬯二卣。"

重黎：重与黎，为羲和二氏之祖先。《书·吕刑》："乃命重黎，绝地天通，罔有降格。"孔传："重即羲，黎即和。尧命羲和世掌天地四时之官，使人神不扰，各得其序。"孔颖达疏："羲是重之子孙，和是黎之子孙，能不忘祖之旧业，故以重黎言之。"

杨柳：泛指柳树。《诗·小雅·鹿鸣》："昔我往矣，杨柳依依。"

居息：安居休息。《诗·小雅·北山》："或燕燕居息，或尽瘁事国。"

戚扬：古兵器。即斧钺。《诗·大雅·公刘》："弓矢斯张，干戈戚扬。"毛传："戚，斧也；扬，钺也。"

铚艾：收割。引申指收获。艾，通"乂"。《诗·周颂·臣工》："命我众人，庤乃钱镈，奄观铚艾。"毛传："铚，获也。"

国家：统治阶级实行阶级压迫和实施统治的组织。古代诸侯的封地称国，大夫的封地称家。也以国家为国的通称。《书·文侯之命》："侵戎，我国家纯。"

赐休：赏赐。《大保簋》："赐休余（集）土。"（《集成》4140）

鼓钟：乐官名。《大克鼎》："赐女（汝）史、小臣、霝（灵）龠（龢）鼓钟。"（《集成》2836）

3. 相反关系

联合式中前后两个词素意义相反在西周时期是比较少的。语义学认为，反义词意义并不是相反相对的而是同中有异的。从义素分析的角度来看，两个反义词中心义素和一部分限定义素都相同，只有一个义素不同，"或是互补，或是极性对立，或是反向"[①]。王力曾经把这种复音词称为"对立语"，"本来是意义相反的两个词；后来人们利用它们来表示一个单独的意义，就等于把两个词合成一个词看待了"[②]。如：

臣妾：古时对奴隶的称谓。男曰臣，女曰妾，后亦泛指统治者所役使的民众和藩属。《易·遯》："九三，系遯，有疾厉；畜臣妾吉。"

先后：辅导；辅助。《书·梓材》："王惟德用，和怿先后迷民。"

前后：用于空间，指事物的前边和后边。《书·冏命》："惟予一人无良，实赖左右前后有位之士，匡其不及。"

祖妣：男女祖先。《诗·周颂·丰年》："为酒为醴，烝畀祖妣。"孔颖达疏："为神所佑，致丰积如此。故以之为酒，以之为醴，而进与先祖先妣。"

陟降：升降，上下。《诗·大雅·文王》："文王陟降，在帝左右。"

朝夕：清早和傍晚。用以表达时间上的每时每刻，始终如一。《大盂鼎》："敏朝夕入谏（谏）。"（《集成》2837）

夙夜：朝夕，早晚，日日夜夜。《伯姜鼎》："用夙夜明（盟）享于邵伯日庚。"（《集成》2791）

农穑：农业的播种、收获事物，或反质农事。《史墙盘》："农嗇（穑）戉（越）替（历）。"（《集成》10175）

寿幼：老人和孩子。《禹鼎》："勿遗寿幼。"（《集成》2833）

① 蒋绍愚：《古汉语词汇纲要》，商务印书馆2005年版，第130页。

② 王力：《汉语语法纲要》，中华书局2015年版，第54页。

上下：统治机构的上层和下层。《毛公鼎》："虢许上下若否雩（于）四方。"（《集成》2841）

鳏寡：配偶丧亡的老年男女。《毛公鼎》："乃侮鳏寡。"（《集成》2841）

进退：前进与后退。《寅簋》："又（有）进退。"（《集成》4469）

（三）联合式复合词的特点

首先，从词性的角度来看，联合式复合词词性已经十分丰富，除了名词、动词、形容词这些基本词类以外还出现了比较丰富的虚词，如代词、副词以及连词等。词性的分布不均衡：名词最多，动词次之，再次是形容词，虚词最少。

其次，从词素与复合词词性关系的角度来看，联合式中的两个词素语义地位平等，词性也相同，词素的词性往往会影响到复合词整体的词性，一般情况下，词素的词性就是整个复合词的词性，当然也存在着特殊情况，如"刍荛""九二""庶几"等。

最后，从词素间的语义结构关系上来看，联合式复合词的语义结构比较单一，主要就是词素间意义相同或相近、相类以及相反三种。词素间的意义也比较集中，以前后词素相同或相近的联合式复合词数量最多，这也说明联合式复合词在最初就是通过同义或近义连用而形成的，把同义或近义的单音词组合成词组，经过反复使用而凝固成词，这也是符合人类的思维习惯的。

二、偏正式复合词：定中式

偏正式复合词也称"主从式"，即组成复合词的两个词素，以后面的一个词素作为主体，前面一个词素是用来修饰或限制前一个词素的，前后两个词素形成了"偏"和"正"的关系。偏正式复合词包括两大类：一类是定语和中心语组成的定中结构，一类是状语和中心语组成的状中结构。

（一）定中式复合词的语法构成

1. 名+名

东土：古代指陕以东某一地区或封国。《书·康诰》："乃寡兄勖，肆汝小子封，在兹东土。"

民彝：犹人伦。旧指人与人之间相处的伦理道德准则。《书·康诰》："天惟与我民彝大泯乱。"孔传："天与我民五常，使父义、母慈、兄友、弟恭、子孝，而废弃不行，是大灭乱天道。"

虎变：谓虎皮的花纹斑斓多彩。比喻因时制宜，革新创制，斐然可观。《易·革》："九五。大人虎变，未占有孚。《象》曰：大人虎变，其文炳也。"孔颖达疏："损益前王，创制立法，有文章之美，焕然可观，有似虎变，其文彪炳。"

兕觥：古代酒器。腹椭圆形或方形，圈足或四足，有流和鋬。盖一般呈带角兽头形。盛行于商代和西周前期。后亦泛指酒器。《诗·周南·卷耳》："我姑酌彼兕觥，维以不永伤。"毛传："兕觥，角爵也。"

邦宾：国家的宾客。《小盂鼎》："征（延）邦宾尊其旅服。"（《集成》2839）

僚人：僚友，僚属。《作册矢令簋》："用飨寮（僚）人。"（《集成》4300）

东宫：太子所居之宫，后用作太子代称。《效卣》："王雚（观）于尝公东宫。"（《集成》5433）

团宫：宗庙名。《召卣》："用乍（作）团宫旅彝。"（《集成》5416）

人鬲：西周时代一种处于社会底层的体力劳动者。《中甗》："厥人鬲廿夫。"（《集成》949）

西旅：即西序，大廷的西廊或西厢。《小盂鼎》："献西旅。"（《集成》2839）

2. 形+名

硕果：大的果实。亦喻重大利益。《易·剥》："上九：硕果不食，君子得舆，小人剥庐。"高亨注："喻货利在前而不取。"

旧人：谓年高德劭的旧臣。《书·盘庚上》："古我先王，亦惟图任旧人共政。"孔传："先王谋任久老成人共治其政。"

赤舄：古代天子、诸侯所穿的鞋。赤色，重底。《诗·豳风·狼跋》：

"公孙硕肤，赤舄几几。"毛传："赤舄，人君之盛屦也。"《诗·大雅·韩奕》："王锡韩侯，淑旂绥章，簟茀错衡，玄衮赤舄。"

嘉谷：古以粟（小米）为嘉谷，后为五谷的总称。《书·吕刑》："稷降播种，农殖嘉谷。"

大斗：酌酒的长柄勺。《诗·大雅·行苇》："酌以大斗，以祈黄耇。"毛传："大斗，长三尺也。"孔颖达疏："长三尺，谓其柄也……此盖从大器挹之以樽，用此勺耳。"

吉士：犹贤人。《书·立政》："继自今立政，其勿以憸人，其惟吉士，用劢相我国家。"

新邑：即洛邑，亦称成周。西周初年武王、成王为镇抚殷人、夷人，控制广大东部地区，选择成周这一战略要地，营建、扩建新的城邑。《臣卿鼎》："在新邑。"（《集成》2595）

良马：即骏马。《格伯簋》："格伯爰良马。"（《集成》4262）

3. 动+名

谗言：说坏话毁谤人。亦指坏话，挑拨离间的话。《书·盘庚下》："尔无共怒，协比谗言予一人。"孔传："汝勿共怒我，合比凶人而妄言。"

牧人：古代管理民事的地方官。《书·立政》："文王惟克厥宅心，乃克立兹常事司牧人，以克俊有德。"孔颖达疏："惟慎择在朝有司在外牧养民之夫。"

征夫：远行的人。《诗·小雅·皇皇者华》："駪駪征夫，每怀靡及。"毛传："征夫，行人也。"

武夫：有勇力的人。《诗·周南·兔罝》："赳赳武夫，公侯干城。"

鸣鸟：指凤凰。《书·君奭》："耇造德不降，我则鸣鸟不闻。"孙星衍注引马融曰："鸣鸟，谓凤皇也。"

射庐：古代宫廷内专用于天子行大射礼和练习射术的场所，即宫中大室前东西两序的庑廊。《十五年趞曹鼎》："龏（恭）王在周新宫，王射于射卢（庐）。"（《集成》2784）

书史：记事的史官。亦指掌文书等事的吏员。《格伯簋》："厥书史戠

武。”（《集成》4262）

走亚：官名。《献盂征盨》："走亚献盂征乍（作）盨。"（《集成》4421）

学宫：大学。指设在辟雍专门训练射术的学校。《静簋》："王令静司射学宫。"（《集成》4273）

行壶：军中用壶。《伯多壶》："□□伯多□行壶。"（《集成》9613）

4.数+名

八簋：簋为古代祭祀宴享时盛黍稷或食品用的圆口圈足器皿。周制，天子八簋。《诗·小雅·伐木》："於粲洒埽，陈馈八簋。"毛传："圆曰簋，天子八簋。"

四国：四方邻国。亦泛指四方，天下。《诗·大雅·崧高》："揉此万邦，闻于四国。"郑玄笺："四国，犹言四方也。"

百川：江河湖泽的总称。《诗·小雅·十月之交》："百川沸腾，山冢崒崩。"

两辞：诉讼双方的话。《书·吕刑》："民之乱，罔不中听狱之两辞。无或私家于狱之两辞。"曾运乾正读："两辞，两造之讼辞也。"

万寿：长寿。祝福之词。《诗·小雅·南山有台》："乐只君子，万寿无期。"

三寿：即上寿、中寿、下寿，泛指长寿。《冀仲觯》："匄三寿、懿德、万年。"（《集成》6511）

十世：即世世代代，形容时间长久。《献簋》："十世不諲（忘）。"（《集成》4205）

百工：泛指各种有一技之长的工匠。《矢令方彝》："眔百工。"（《集成》9901）

万年：祝祷之词。《遣卣》："其万年用乡（飨）各。"（《集成》631）

一肆：由一组钟鼓乐器组成的周代较低级的用乐编制，供王室日常用乐和大夫使用。《毁敦》："钖钟一歙（肆）五金。"（《集成》4311）

（二）定中式复合词词素间的语义关系

在前面定中式复合词的语法构成中，我们已经分析过，西周时期定中式结构的定语通常是由名词、形容词、动词等来充当的，在分析语义关系的时候，为了叙述有条理性，我们也从构成定语的词素的词性来划分出几类，并分别讨论。

1. 名+名

（1）质料+事物

笋[1]席：嫩竹青编成的席子。《书·顾命》："西夹南向，敷重笋席。"孔传："笋，箬竹。"孔颖达疏："《释草》云：'笋，竹萌。'孙炎曰：'竹初萌生谓之笋。'是笋为箬竹，取笋竹之皮以为席也。"陆德明释文："徐云：竹子竹（可）为席，于贫反。"

麻冕：亦作"麻絻"。麻布帽。古时一种礼服。《书·顾命》："王麻冕黼裳，由宾阶隮。"

底[3]席：用青蒲编成的席子。一说指竹席。《书·顾命》："西序东向，敷重底席。"陆德明释文引马融云："青蒲也。"孔颖达疏："王肃云：'底席，青蒲席也。'郑玄云：'底，致也，蒻纤致席也。'郑谓此底席亦竹席也。凡此重席，非有明文可据，各自以意说耳。"底，一本作"厎"。

角弓：以兽角为饰的硬弓。《诗·小雅·角弓》："骍骍角弓，翩其反矣。"朱熹集传："角弓，以角饰弓也。"

檀车：古代车子多用檀木为之，故称。常用以指役车，兵车。《诗·小雅·杕杜》："檀车幝幝，四牡痯痯。"郑玄笺："檀车，役车也。"

象弭：以象牙装饰末梢的弓。《诗·小雅·采薇》："四牡翼翼，象弭鱼服。"朱熹集传："象弭，以象骨饰弓弰也。"

虎幂：虎皮制的车幎。《毛公鼎》："虎冟（幂）熏里。"（《集成》2841）

苴幂：苎麻制的帐幕的顶盖。《守宫盘》："赐守宫丝束、莒（苴）䟆

---

① "笋[3]"音yún。

（幕）五、蘆（苴）罿（幕）二。"（《集成》10168）

毳布：即毛布制成的马衣。《守宫盘》："赐守宫丝束……马匹、毳爷（布）三。"（《集成》10168）

吕叔湘曾经说现代汉语词汇"双音化倾向"表现之一就是"非单字扩充的双音词，在组合之内也常常被压缩成一个字"[1]，像上面"笋₃席"不说成"笋竹席"，"象弭"不说成"象牙弭"，等等。这些都说明，西周时期这种"压缩"已经是汉语双音化的一个重要手段。

（2）领属者+所属者

邦伯：州牧。古代用以称一方诸侯之长。《书·召诰》："命庶殷侯甸男邦伯。"

天命：上天之意旨；由天主宰的命运。《书·盘庚上》："先王有服，恪谨天命。"

庙门：宗庙、寺庙的门。《书·顾命》："诸侯出庙门俟。"

海隅：亦作"海嵎"。海角；海边。常指僻远的地方。《书·君奭》："我咸成文王功于不怠，丕冒海隅出日，罔不率俾。"孔传："今我周家皆成文王功于不懈怠，则德教大覆冒海隅日所出之地，无不循化而使之。"

虎变：谓虎皮的花纹斑斓多彩。比喻因时制宜，革新创制，斐然可观。《易·革》："九五。大人虎变，未占有孚。《象》曰：大人虎变，其文炳也。"孔颖达疏："损益前王，创制立法，有文章之美，焕然可观，有似虎变，其文彪炳。"

公堂：古代君主的厅堂。《诗·豳风·七月》："跻彼公堂，称彼兕觥，万寿无疆。"朱熹集传："公堂，君之堂也。"

国步：国家的命运。步，时运。《诗·大雅·桑柔》："於乎有哀，国步斯频。"毛传："步，行；频，急也。"高亨注："国步，犹国运。"

王囿：周代王家的山苑林圃。《谏簋》："先王既命女（汝）缵司王囿。"（《集成》4285）

① 吕叔湘：《吕叔湘自选集》，上海教育出版社2019年版，第170页。

畯民：民之长。《史墙盘》："达殷畯民。"（《集成》10175）

邦兽：邦酋，专指周代边远方国或部族的首领。《师袁簋》："邦兽，曰冉。"（《集成》4314）

（3）职官+人

圻父：古官名。掌封畿内军事。《书·酒诰》："矧惟若畴圻父。"孔传："圻父，司马。"孔颖达疏："司马主圻封，故云圻父；父者，尊之辞。"

寺₂^①人：古代宫中的近侍小臣。多以阉人充任。《诗·小雅·巷伯》："寺人孟子，作为此诗。"

仆夫：驾驭车马之人。《诗·小雅·出车》："召彼仆夫，谓之载矣。"毛传："仆夫，御夫也。"

使人：传达王命的官员。《伯矩鼎》："用言（歆）王出入事（使）人。"（《集成》2456）

里人：官名。里宰。周代基层行政机构里的长官。《鬳簋》："命女（汝）司成周里人。"（《集成》4215）

（4）敬称+人

文人：古称先祖之有文德者。《书·文侯之命》："汝肇刑文武，用会绍乃辟，追孝于前文人。"孔传："使追孝于前文德之人。"

高后：指商汤。《书·盘庚中》："予念我先神后之劳尔先，予丕克羞尔，用怀尔然……高后丕乃崇降罪疾，曰：'曷虐朕民？'"孔传："汤必大重下罪疾于我。"孔颖达疏："殷之先世神明之君惟有汤耳。故知神后谓汤也。下高后、先后与此神后一也。神者言其通圣，高者言其德尊。"

丈人：古时对老人的尊称。《易·师》："贞，丈人，吉。"孔颖达疏："丈人，谓严庄尊重之人。"

皇宗：对宗族的专称。意为崇高、辉煌的宗室（宗族）。《作册矢令簋》："用尊事于皇宗。"（《集成》4300）

---

① "寺₂"音shì。

皇考：对先父的尊称。意为高尚伟大、永垂不朽的父亲。《师望鼎》：
"不（丕）显皇考究公。"（《集成》2812）

（5）方位+人或事物

东土：古代指陕以东某一地区或封国。《书·康诰》："乃寡兄勖，肆汝
小子封，在兹东土。"

南亩：谓农田。南坡向阳，利于农作物生长，古人田土多向南开辟，故
称。《诗·小雅·大田》："俶载南亩，播厥百谷。"

南国：泛指南方各方国。《禹鼎》："亦唯噩（鄂）侯驭方率南淮尸
（夷）、东夷，广伐南或（国）、东或（国）。"（《集成》2833）

西旅：即西序，大廷的西廊或西厢。《小盂鼎》："献西旅。"（《集
成》2839）

东廷：宫室东边宽敞的空地。《散氏盘》："矢王于豆新宫东廷。"
（《集成》10176）

（6）处所+事物

瀍：水名。源出河南洛阳西北，东南流经旧县城东入洛水。《书·洛
诰》："我乃卜涧水东、瀍水西，惟洛食。"

梁山：山名。在今陕西省韩城市境。《诗·大雅·韩奕》："奕奕梁山，
维禹甸之。"郑玄笺："梁山，今左冯翊夏阳西北。"

滮池：古水名，也叫冰池、圣水泉，在今陕西西安市西北。《诗·小
雅·白华》："滮池北流，浸彼稻田。"

玄水：古水名。《同簋》："厥逆（朔）至于玄水。"（《集成》4271）

楚荆：楚国别称。《史墙盘》："广觱楚荆。"（《集成》10175）

（7）情状+事物

兕觥：古代酒器。腹椭圆形或方形，圈足或四足，有流和鋬。盖一般呈
带角兽头形。盛行于商代和西周前期。后亦泛指酒器。《诗·周南·卷耳》：
"我姑酌彼兕觥，维以不永伤。"毛传："兕觥，角爵也。"

耇寿：年高德劭者。亦泛指老寿之人。《书·文侯之命》："即我御事，
罔或耇寿，俊在厥服，予则罔克。"孔传："即我治事之臣，无有耇宿寿考俊

德在其服位，我则材劣无能之致。"

台_①背：指老人。台，通"鲐"。《诗·大雅·行苇》："黄耇台背，以引以翼。"朱熹集传："台，鲐也。六老则背有鲐文。"

鋚旂：配有鋚铃的旗帜飘带。《走马休盘》："王乎（呼）乍（作）册尹册赐休玄衣……緣（鋚）旂。"（《集成》10170）

雕戈：有镂纹的青铜戈。《麦方尊》："侯赐玄雕戈。"（《集成》6015）

（8）地名+处所

华宫：宫殿名。《大矢始鼎》："王在华宫。"（《集成》2792）

穌宫：宫殿名。《大矢始鼎》："王在穌宫。"（《集成》2792）

成宫：宫名。《智壶盖》："王各于成宫。"（《集成》9728）

剌宫：周厉王的宗庙。《克钟》："王在周康剌宫。"（《集成》204）

昭宫：在周王宗庙康公内按昭穆次序排列的先公先祖。《颂鼎》："王在周康邵（昭）宫。"（《集成》2827）

（9）用途+事物

戎车：兵车。《书·牧誓》："武王戎车三百两，虎贲三百人。"

燕私：古代祭祀后的同族亲属私宴。《诗·小雅·楚茨》："诸父兄弟，备言燕私。"毛传："燕而尽其私恩。"郑玄笺："祭祀毕，归宾客豆俎，同姓则留与之燕，所以尊宾客、亲骨肉也。"

钩援：即钩梯。《诗·大雅·皇矣》："以尔钩援，与尔临冲，以伐崇墉。"毛传："钩，钩梯也，所以钩引上城者。"孔颖达疏："钩援一物，正谓梯也。以梯倚城，相钩引而上，援即引。"

兔罝：捕兔的网。《诗·周南·兔罝》："肃肃兔罝，椓之丁丁。"毛传："兔罝，兔罟也。"

图室：即太室。周王祖庙的中央大室。《焦山鼎》："王各于周庙，灰（贿）于图室。"（《集成》2814）

---

① "台₂"音tái。

（10）次序+人

伯兄：长兄。《书·吕刑》："伯父、伯兄、仲叔、季弟、幼子、童孙，皆听朕言，庶有格命。"

先人：祖先。《书·多士》："惟尔知惟殷先人，有册有典。"

上宗：周制春官之长大宗伯的别称。《书·顾命》："太保承介圭，上宗奉同瑁，由阼阶隮。"孔颖达疏引郑玄曰："上宗犹太宗，变其文者，宗伯之长，大宗伯一人，与小宗伯二人，凡三人，使其上二人也。"

高祖：曾祖父的父亲。《惘劫尊》："用乍（作）吾高祖宝尊彝。"（《集成》5977）

亚祖：次一辈的祖先。《亚且辛觯盖》："亚祖辛卯。"（《集成》6371）

（11）时间+事物

春酒：冬酿春熟之酒；亦称春酿秋冬始熟之酒。《诗·豳风·七月》："为此春酒，以介眉寿。"

蚕月：蚕忙时期。《诗·豳风·七月》："蚕月条桑，取彼斧斨，以伐远扬，猗彼女桑。"高亨注："蚕月，即夏历三月，养蚕的月份，所以叫蚕月。"

烝祀：指冬季祭祀宗庙。《大盂鼎》："有髭（紫）烝祀。"（《集成》2837）

（12）种+属

荇菜：一种多年生水草。《诗·周南·关雎》："参差荇菜，左右流之。"

葛藟：植物名。又称"千岁藟"。落叶木质藤本。叶广卵形，夏季开花，圆锥花序，果实黑色，可入药。《诗·周南·樛木》："南有樛木，葛藟累之。"

阜螽：蝗的幼虫。《诗·召南·草虫》："喓喓草虫，趯趯阜螽。"毛传："阜螽，蠜也。"陆德明释文："李巡云：蝗子也。"

灌木：丛生之木。《诗·周南·葛覃》："黄鸟于飞，集于灌木。"毛传："灌木，藂木也。"

麀鹿：牝鹿。《诗·大雅·灵台》："王在灵囿，麀鹿攸伏。"

牂羊：母羊。《诗·小雅·苕之华》："牂羊坟首，三星在罶。"毛传："牂羊，牝羊也。"

（13）性状+人

爪士：卫士；禁卫军将士。《诗·小雅·祈父》："祈父！予王之爪士。"

僚人：僚友，僚属。《作册夨令簋》："用奠察（僚）人。"（《集成》4300）

虎臣：周王的侍卫官。《师酉簋》："啻（嫡）官邑人、虎臣、西门尸（夷）。"（《集成》4288）

士女：未婚成年男女。《师袁簋》："毆俘士女、羊牛。"（《集成》4314）

（14）活动范围+少数民族

秦夷：指居住在西部秦地一带的夷人。《訇簋》："先虎臣后庸：西门尸（夷）、秦尸（夷）、京尸（夷）、鼻尸（夷）。"（《集成》4321）

淮夷：指淮河流域一带的少数民族。西周时曾多次与其他族联合抗周。《禹鼎》："亦唯噩（鄂）侯驭方率南淮尸（夷）、东尸（夷）。"（《集成》2833）

东夷：周代东方落后部族总称。《宧鼎》："唯王伐东尸（夷）。"（《集成》2740）

（15）封地+敬称

毕公：名高，文王庶子，封于毕。《书·康王之诰》："毕公率东方诸侯入应门右。"

申伯：申侯。《诗·大雅·崧高》："申伯之功，召伯是营。"

毛公：西周文王子，名叔郑。成王时为三公之一的司空。毛，为其所封之采邑名。《书·顾命》："成王将崩……乃同召太保奭、芮伯、彤伯、毕公、卫侯、毛公。"孙星衍疏："毕、毛、卫，皆文王子也。"

（16）特殊身份+人

仇民：前朝的遗民。《书·召诰》："予小臣敢以王之仇民百君子。"

献民：犹贤民。原指周灭商后，商遗民中之臣服于周者。《书·洛诰》："孺子来相宅，其大惇典殷献民。"孔传："〔少子〕行典常于殷贤人。"孔颖达疏："周受于殷，故继之，于殷人有贤性，故称贤人。"周秉钧易解："献民，贤民，与顽民相对，指服从周化者。"

（17）事物+数量

丝束：一束丝。《守宫盘》："赐守宫丝束……马匹、毳爷（布）三。"（《集成》10168）

（18）事物+材料

中绢：大衣内由麻布制成的中衣。《师酉簋》："中绢（裞）、攸（鋚）勒。"（《集成》4288）

（19）方式+行为

敦祀：厚祀。《瘨钟》："用追孝、盩（敦）祀。"（《集成》247）

2. 形+名

（1）性质+事物

徽言：美言，善言。《书·立政》："予旦已受人之徽言，咸告孺子王矣。"孔传："叹所受贤圣说禹汤之美言，皆以告稚子王矣。"

吉士：犹贤人。《书·立政》："继自今立政，其勿以憸人，其惟吉士，用劢相我国家。"

鼗鼓：大鼓。《书·顾命》："胤之舞衣，大贝、鼗鼓在西房。"

嘉谷：古以粟（小米）为嘉谷，后为五谷的总称。《书·吕刑》："稷降播种，农殖嘉谷。"

硕果：大的果实。亦喻重大利益。《易·剥》："上九：硕果不食，君子得舆，小人剥庐。"高亨注："喻货利在前而不取。"

圣人：指品德最高尚、智慧最高超的人。《易·乾》："圣人作而万物睹。"

樛木：枝向下弯曲的树。《诗·周南·樛木》："南有樛木，葛藟累之。"郑玄笺："木下曲曰樛。"

毚兔：狡兔，大兔。《诗·小雅·巧言》："跃跃毚兔。"毛传："毚兔，狡兔也。"

省车：高级、优质车辆。《九年卫鼎》："矩取省车。"（《集成》2831）

戎功：指巨大功绩。《虢季子白盘》："壮武于戎工（功）。"（《集成》10173）

（2）颜色+事物

彤弓：朱漆弓。古代天子用以赐有功的诸侯或大臣使专征伐。《书·文侯之命》："用赉尔秬鬯一卣，彤弓一，彤矢百。"孔传："诸侯有大功，赐弓矢，然后专征伐。彤弓以讲德习射，藏示子孙。"。

卢矢：黑色箭。《书·文侯之命》："卢弓一，卢矢百。"

綦弁：古代的一种青黑色鹿皮冠。《书·顾命》："四人綦弁，执戈上刃。"孔传："綦文鹿子皮弁。"孔颖达疏："郑玄云：'青黑曰綦。'王肃云：'綦，赤黑色。'孔以为'綦文鹿子皮弁。'各以意言，无正文也。"

黄离：日旁之云彩。因其受日光照射，色多赤黄，故称。《易·离》："六二：黄离，元吉。"

赤舃：古代天子、诸侯所穿的鞋。赤色，重底。《诗·豳风·狼跋》："公孙硕肤，赤舃几几。"毛传："赤舃，人君之盛屦也。"《诗·大雅·韩奕》："王锡韩侯，淑旂绥章，簟茀错衡，玄衮赤舃。"

青蝇：苍蝇。蝇色黑，故称。《诗·小雅·青蝇》："营营青蝇，止于樊。岂弟君子，无信谗言。营营青蝇，止于棘。谗人罔极，交乱四国。"

玄衣：一种赤黑色的丝衣。《颂鼎》："赐女（汝）玄衣黹屯（纯）。"（《集成》2827）

熏里：绛红色车盖里子。《毛公鼎》："虎冟（幂）熏里。"（《集成》2841）

朱旂：赤色旗帜。《毛公鼎》："朱旂二铃。"（《集成》2841）

幽黄（衡）：黑色的玉衡。《伊簋》："赐女（汝）赤芾、幽黄

（衡）。"（《集成》4287）

（3）职官+人

大₃人：周代占梦之官。《诗·小雅·斯干》："大人占之。"

宏父：古官名。即司空。《书·酒诰》："若保宏父，定辟。"孔传："宏，大也。宏父，司空。"

准人：古代狱官，掌管司法刑狱的官。《书·立政》："王左右常伯、常任、准人、缀衣、虎贲。"孔传："准人平法，谓士官。"孔颖达疏："准，训平也；平法之人谓士官也。士，察也；察狱之官用法必当均平，故谓狱官为准人。"

（4）用途+事物

大牲：供祭祀用的牛。《易·萃》："用大牲吉，利有攸往，顺天命也。"李鼎祚集解引郑玄曰："大牲，牛也。"

缀衣：帐幄。古君王临终所用。《书·顾命》："兹既受命还，出缀衣于庭，越翼日乙丑，王崩。"孔传："缀衣，幄帐。"

大池：西周都城镐京的护城河。《遹簋》："乎渔于大池。"（《集成》4207）

（5）时间+事物

古训：古代流传下来的典籍或可以作为准绳的话。《诗·大雅·烝民》："古训是式，威仪是力。"郑玄笺："故训，先王之遗典也。"

湿田：新开发的田地。《散氏盘》："我既付散氏湿田。"（《集成》10176）

新邑：即洛邑，亦称成周。成周，西周初年武王、成王为镇抚殷人、夷人，控制广大东部地区，选择成周这一战略要地，营建、扩建新的城邑。《臣卿鼎》："在新邑。"（《集成》2595）

（6）数词+事物

多士：古指众多的贤士。也指百官。《书·多方》："猷告尔有方多士，暨殷多士。"《诗·大雅·文王》："济济多士，文王以宁。"

多方：泛指众邦国。《书·多方》："王若曰：猷，告尔四国多方。"

（7）形状+事物

项筐：斜口的筐，前低后高，簸箕之类。《诗·周南·卷耳》："采采卷耳，不盈顷筐。"

卷耳：菊科植物，又称"苍耳"或"枲耳"。《诗·周南·卷耳》："采采卷耳，不盈顷筐。嗟我怀人，置彼周行。"毛传："卷耳，苓耳也。"朱熹集传："卷耳，枲耳。叶如鼠耳，丛生如盘。"

（8）程度+事物

大渐：谓病危。《书·顾命》："王曰：呜呼！疾大渐，惟几。"

大田：沃土。《诗·小雅·大田》："大田多稼。既种既戒，既备乃事。"郑玄笺："大田，谓地肥美可垦耕，多为稼，可以授民者也。"

（9）事物+颜色

穹苍：亦作"穹仓"。苍天。《诗·大雅·桑柔》："靡有旅力，以念穹苍。"孔颖达疏："穹苍，苍天，《释天》云。李巡曰：'古时人质仰视天形，穹隆而高，色苍苍然，故曰穹苍。'是也。"

（10）职业+人

农人：指务农的人。《诗·小雅·甫田》："我取其陈，食我农人。"

3.动+名

（1）动作+施事

鸣鸠：即斑鸠。《诗·小雅·小宛》："宛彼鸣鸠，翰飞戾天。"

保介：指古时立于车右，披甲执兵，担任侍卫的勇士。《诗·周颂·臣工》："嗟嗟保介，维莫之春，亦又何求，如何新畬。"郑玄笺："保介，车右也……介，甲也。车右勇力之士，被甲执兵也。"

征夫：远行的人。《诗·小雅·皇皇者华》："駪駪征夫，每怀靡及。"毛传："征夫，行人也。"

（2）用途+事物

谗言：说坏话毁谤人。亦指坏话，挑拨离间的话。《书·盘庚下》："尔无共怒，协比谗言予一人。"孔传："汝勿共怒我，合比凶人而妄言。"

誓言：誓师时所说的话。《书·汤誓》："尔不从誓言，予则孥戮汝，罔有攸赦。"孔传："不用命。"

（3）方式+事物

飨酒：隆重的酒宴。《遹簋》："王乡（飨）酒。"（《集成》4207）

（4）动作+受事

流言：没有根据的话。多指背后议论、诬蔑或挑拨的话。《诗·大雅·荡》："流言以对，寇攘式内。"

县鼓：古代庙堂用的大鼓。《诗·周颂·有瞽》："应田县鼓，鞉磬柷圉。"

（5）动作+处所

射庐：古代宫廷内专用于天子行大射礼和练习射术的场所，即宫中大室前东西两序的庑廊。《师汤父鼎》："王在周新宫，在射庐。"（《集成》2780）

学宫：大学。指设在辟雍专门训练射术的学校。《静簋》："王令静司射学宫。"（《集成》4273）

（6）原因+事物

康功：平整道路之事。《书·无逸》："文王卑服，即康功田功。"周秉钧易解引章炳麟曰："康……《释宫》云：五达谓之康……康功者，谓平易道路之事。"

（7）动作+职务

书史：记事的史官。亦指掌文书等事的吏员。《格伯簋》："厥书史戥武。"（《集成》4262）

（8）次序+时间

来岁：第二年，明年。《曶鼎》："来岁弗赏（偿）。"（《集成》2838）

4.数+名

（1）实数+事物

六师：周天子所统六军之师。《书·康王之诰》："张皇六师，无坏我高祖寡命。"

二心：异心；不忠实。《书·康王之诰》："则亦有熊黑之士，不二心之臣，保乂王家。"

三事：即司徒、司空、司马三职。《小盂鼎》："三事□□入服酉（酒）。"（《集成》2839）

（2）虚数+事物

百辟：诸侯。《书·洛诰》："汝其敬识百辟享，亦识其有不享。"

万年：祝祷之词。犹万岁；长寿。《诗·大雅·江汉》："虎拜稽首，天子万年。"郑玄笺："拜稽首者，受王命策书也。臣受恩无可以报谢者，称言使君寿考而已。"

十世：即世世代代，形容时间长久。《献簋》："十世不諅（忘）。"（《集成》4205）

（三）定中式复合词的特点

1. 从语法构成上来看，定中式复合词里依靠名词词素作修饰而组成的新词数量最多，其次是形容词词素作修饰组成的新词，再次是动词性词素，最后是数词性词素。这说明"名+名"在汉语复音化的初期是一种十分能产的造词方式。

2. 从词素的语义关系上来看，偏词素表示性质、质料、领属、职官这四个方面所占的比重比较大。之所以会出现这种情况，我们粗浅认为有两个原因：其一，受到社会性质和社会生产关系的影响。西周处于奴隶社会的繁盛时期，国家各种政治体系十分完备，等级制度也很森严，这样就使社会的多数产品被奴隶主贵族所占有，反映在词汇的发展上就是新生的定中式复合词在偏词素的语义上强调社会等级、产品的所有权。其二，这是人类思维规律的体现。偏词素从性质、质料的角度来修饰中心词素可以突出该事物区别于其他事物的本质特征，性质、质料是与中心语词素关系最为密切的，这也是符合人类思维规律的。

三、偏正式复合词：状中式

（一）偏正式复合词的语法构成

1. 形+动

灼见：犹洞察，看清楚。《书·立政》："灼见三有俊心。"孔传："〔文武〕灼然见三有贤俊之心。"

敷闻：犹布闻。使名声远扬。《书·文侯之命》："昭升于上，敷闻在下。"曾运乾正读："敷，布也。闻，声闻也。"

大憝：极为人所怨恶。《书·康诰》："元恶大憝，矧惟不孝不友。"孔传："大恶之人犹为人所大恶。"后用以称极奸恶的人，首恶之人。

广伐：大规模进攻，讨伐。《禹鼎》："广伐南或（国）。"（《集成》2833）

令终：善终。《善夫山鼎》："用祈眉寿、绰绾、永令（命）、霝（令）冬（终）。"（《集成》2825）

丕巩：极大地巩固、拥护。《毛公鼎》："不（丕）巩先王配命。"（《集成》2841）

2. 名+动

窥观：从狭缝中看。谓所见狭小。《易·观》："窥观，利女贞。"王弼注："所见者狭，故曰窥观。"

朋从：同类相从。《易·咸》："憧憧往来，朋从尔思。"

童观：幼稚而浅陋的观察。《易·观》："初六。童观。小人无咎，君子吝。"孔颖达疏："无所鉴见，唯如童稚之子而观之。"

南征：南行。《易·升》："元亨。用见大人，勿恤，南征，吉。"

日逓（扬）：日益光大。《史颂鼎》："日逓（扬）天子景令（命）。"（《集成》2787）

3. 副词+动

未济：《易》卦名。六十四卦之一。离上坎下。《易·未济》："未济，亨。小狐汔济，濡其尾，无攸利。"《易·未济》："《象》曰：火在水上，未济，君子以慎辨物居方。"高亨注："火炎在上，水浸在下，水未能灭火，是救火之功未成。"

既济：《易》卦名。离下坎上。《易·既济》："既济，亨，小利贞，初吉终乱。"孔颖达疏："济者，济渡之名，既者，皆尽之称。万事皆济，故以既济为名。"

尽瘁：竭尽心力，不辞劳苦。《诗·小雅·北山》："或燕燕居息，或尽瘁事国。"毛传："尽力劳病，以从国事。"

不刺：意即不受毁坏，免受劫难。《作册益卣》："遗祜石（祏）宗不刺。"（《集成》5427）

亡尤：无忧，无灾祸。《麦方尊》："亡述（尤）。"（《集成》6015）

4. 动+动

佾射：古代一种射礼，指群臣与天子一起习射。《令鼎》："有司眔师氏、小子卿（佾）射。"（《集成》2803）

用享：金文习语。祭祀祖先之用。《雍伯原鼎》："其万年永用享。"（《集成》2559）

5. 形+形

休善：即美善。《员方鼎》："王令员执犬，休善。"（《集成》2695）

孔吉：大吉、大善。《伯公父簠》："其金孔吉。"（《集成》4628）

6. 副词+形

亡慜：古成语。意即无所痛惜怜悯。《兮甲盘》："休亡敃（慜）。"（《集成》10174）

不敏：愚笨、鲁钝，不敏感。《柯尊》："顺我不敏。"（《集成》6014）

7. 数词+动

三驱：古王者田猎之制。谓田猎时须让开一面，三面驱赶，以示好生之德。《易·比》："九五，显比，王用三驱。"孔颖达疏："褚氏诸儒皆以为三面著人驱禽。必知三面者，禽唯有背己、向己、趣己，故左右及于后，皆有驱之。"一说，田猎一年以三次为度。陆德明释文引马融云："三驱者，一曰乾豆，二曰宾客，三曰君庖。"

（二）偏正式复合词词素间的语义关系

1. 形+动

（1）性状+动作

祗服：敬谨奉行。《书·康诰》：“子弗祗服厥父事，大伤厥考心。”

昭事：勤勉地服侍。昭，通“劭”。《诗·大雅·大明》：“昭事上帝，聿怀多福。”高亨注：“昭，借为劭。《说文》：‘劭，勉也。’此句言文王勤勉侍奉上帝。”一说，光明正大地服事。

康祐：指受上天保佑。《士父钟》：“唯康右（祐）、屯（纯）鲁。”（《集成》145）

暴虐：凶恶残暴地对待。《寅簋》：“勿事（使）暴虐从（纵）狱。”（《集成》4469）

（2）程度+动作

大憝：极为人所怨恶。《书·康诰》：“元恶大憝，矧惟不孝不友。”孔传：“大恶之人犹为人所大恶。”后用以称极奸恶的人，首恶之人。

灼见：犹洞察，看清楚。《书·立政》：“灼见三有俊心。”孔传：“〔文武〕灼然见三有贤俊之心。”

孔嘉：孔嘉，甚为赞美、褒奖。《虢季子白盘》：“王孔加（嘉）子白义。”（《集成》10173）

2. 名+动

（1）名物情况+动作

朋从：同类相从。《易·咸》：“憧憧往来，朋从尔思。”

天作：犹天造，天生。谓自然形成。《诗·周颂·天作》：“天作高山，大王荒之。”毛传：“作，生；荒，大也。天生万物于高山，大王行道能安天之所作也。”

友事：共事，在一起供职。《矢令方彝》：“爽（尚）詟（左）右于乃寮以乃友事。”（《集成》9901）

（2）位置+动作

内讧：集团内部由于争权夺利等原因而发生的冲突或战争。《诗·大雅·召旻》："天降罪罟，蟊贼内讧。"

家食：赋闲，不食公家俸禄。《易·大畜》："大畜，利贞，不家食，吉，利涉大川。"孔颖达疏："'不家食吉'者，已有大畜之资，当使养顺贤人，不使贤人在家自食，如此乃吉也。"

南行：南方之行。《史墙盘》："唯窦（煥）南行。"（《集成》10175）

（3）方式+动作

馈祀：以酒食祭鬼神。《书·酒诰》："尔尚克羞馈祀。"孔传："能考中德，则汝庶几能进馈祀于祖考矣。"

臣服：以臣礼服从君命。《书·康王之诰》："今予一二伯父，尚胥暨顾，绥尔先公之臣服于先王。"

辟事：侍奉。专指臣下服侍、辅佐天子。《㝬方鼎》："唯厥事（使）乃子㝬万年辟事天子。"（《集成》2824）

（4）身份+动作

仆庸：即附庸。指西周时期分封的小国国君。《五年召伯虎簋》："余老止公，仆墉（庸）土田多谏。"（《集成》4292）

朕命：国王和诸侯对自己命令的称呼。《大克鼎》："昔余既令女（汝）出内（入）朕令（命）。"（《集成》2836）

（5）动作+对象

谋人：为人谋划。《书·盘庚下》："朕不肩好货，敢恭先生，鞠人谋人之保居，叙钦。"孔传："人之穷困，能谋安其居者，则我式序而敬之。"

天牧：为天牧民者。指掌管政事的统治者。《书·吕刑》："王曰：'嗟！四方司政典狱，非尔惟作天牧。'"孔传："主政典狱，谓诸侯也。非汝惟为天牧民乎？"

（6）时间+动作

日逪（扬）：日益光大。《史颂鼎》："日逪（扬）天子景令（命）。"（《集成》2787）

（7）对象+动作

自牧：自我修养。《易·谦》："谦谦君子，卑以自牧。"孔颖达疏：

"恒以谦卑自养其德也。"

3. 副+动

（1）程度+动作

服念：反复考虑。《书·康诰》："要囚，服念五六日，至于旬时。"蔡沈集传："服念，服膺而念之。"

湛₃^①乐：过度逸乐。《诗·小雅·北山》："或湛乐饮酒，或惨惨畏咎。"

尽瘁：竭尽心力，不辞劳苦。《诗·小雅·北山》："或燕燕居息，或尽瘁事国。"毛传："尽力劳病，以从国事。"

（2）否定+动作

亡尤：无忧，无灾祸。《麦方尊》："亡述（尤）。"（《集成》6015）

不禄：不再食禄，即死亡之意。《作册益卣》："不录（禄）嗌子。"（《集成》5427）

弗忘：不能忘记。《尹姞鬲》："休天君弗諲（忘）穆公。"（《集成》754）

4. 动+动

这一类的前后词素的语义关系表示为"方式+动作"，如：

佫射：古代一种射礼，指群臣与天子一起习射。《令鼎》："有司眔师氏、小子卿（佫）射。"（《集成》2803）

5. 形+形

这一类的前后词素的语义关系表示为"性状+性状"，如：

通录：金文习语。指的是福禄齐全，官运亨通。《颂鼎》："用追孝祈匂……通录（禄）、永令（命）。"（《集成》2827）

休善：美善。《员方鼎》："王令员执犬，休善。"（《集成》2695）

6. 副+形

这一类的前后词素的语义关系表示为"否定+性状"，如：

亡识：即无识，没有见识。这里指不知天命。《㖪尊》："尔有唯

---

① "湛₃"音dān。

（虽）小子亡（无）戠（识）。"（《集成》6014）

不敏：愚笨、鲁钝，不敏感。《柯尊》："顺我不每（敏）。"（《集成》6014）

7. 数+动

这一类的前后词素的语义关系表示为"数量+动作"，如：

三驱：古王者田猎之制。谓田猎时须让开一面，三面驱赶，以示好生之德。《易·比》："九五，显比，王用三驱。"孔颖达疏："褚氏诸儒皆以为三面著人驱禽。必知三面者，禽唯有背己、向己、趣己，故左右及于后，皆有驱之。"一说，田猎一年以三次为度。陆德明释文引马融云："三驱者，一曰乾豆，二曰宾客，三曰君庖。"

三接：谓三度接见。语本《易·晋》："晋，康侯用锡马蕃庶，昼日三接。"孔颖达疏："昼日三接者，言非惟蒙赐蕃多，又被亲宠频数，一昼之间，三度接见也。"后多以"三接"为恩宠优奖之典。

再拜：拜了又拜，表示恭敬。古代的一种礼节。《书·康王之诰》："皆再拜稽首。"

（三）状中式复合词的特点

1. 从语法构成上来看，以形容词性词素和动词性词素、名词性词素和动词性词素组合而成的状中式复合词数量最多，占到总数的70%以上。

2. 从词素间的语义关系来看，"名+动"这一类语义关系类型最丰富。偏词素表示状态、程度的语义最多。

四、动宾式复合词

动宾式复合词也称"支配式复合词"，指的是构成复合词的两个词素里前一个词素表示动作，后一个词素表示动作所涉及或支配的对象，前后两个词素是支配与被支配的关系。

（一）动宾式复合词的语法构成

1. 动+名

即位：就位。古谓走入中庭左右两侧规定的位置。《书·顾命》："卿士邦君，麻冕蚁裳，入即位。"孔颖达疏："入即位者，郑玄云卿西面，诸侯北面。"孙星衍疏："经言入即位，不言升阶，知皆陪位于中庭也。"

作乱：制造叛乱；暴乱。《书·吕刑》："蚩尤惟始作乱。"

执事：从事工作；主管其事。《诗·大雅·绵》："自西徂东，周爰执事。"

充耳：古代贵族冠冕两旁以丝悬玉或象牙，下垂至耳，用以塞耳避听。《诗·小雅·都人士》："彼都人士，充耳琇实。"

牵牛：即河鼓。星座名。俗称牛郎星。亦指牛郎织女神话传说故事中的人物。《诗·小雅·大东》："睆彼牵牛，不以服箱。"毛传："河鼓谓之牵牛。"

遒犬：猎犬。《诗·小雅·巧言》："跃跃毚兔，遒犬获之。"郑玄笺："遒犬，犬之驯者，谓田犬也。"

秉德：修正品德。《善鼎》："秉德共（恭）屯（纯）。"（《集成》2820）

入门：金文习语。指受册封时进入宫廷的仪式。《走马休盘》："益公右（佑）走（趣）马休，入门。"（《集成》10170）

正堳：划定、勘定田地的疆界。《散氏盘》："正眉（堳）矢舍（捨）散田。"（《集成》10176）

司宫（居）：官名。专门管理宅居的官员。《扬簋》："眔司宫（居）、眔司㠯、眔司寇、眔司工（空）事。"（《集成》4294）

2. 介+名

以西：《散氏盘》："还以西一奉（封）。"（《集成》10176）

以东：《散氏盘》："道以东一奉（封）。"（《集成》10176）

以南：《散氏盘》："降以南，奉（封）于同道。"（《集成》10176）

（二）动宾式复合词词素间的语义关系

1. 动作+对象

采菽：谓采摘豆叶。《诗·小雅·采菽》："采菽采菽，筐之筥之。"

朝$_2$①宗：诸侯朝见天子。春见为朝，夏见为宗。借指百川汇聚大海。《诗·小雅·沔水》："沔彼流水，朝宗于海。"

括囊：结扎袋口。亦喻缄口不言。《易·坤》："括囊，无咎无誉。"孔颖达疏："括，结也；囊，所以贮物，以譬心藏知也。闭其知而不用，故曰括囊。"

舍宇：修筑宫室、房屋。《史墙盘》："武王则令周公舍（捨）圙（宇）于周。"（《集成》10175）

司宁（居）：官名。专门管理宅居的官员。《扬簋》："眔司宁（居）、眔司匀、眔司寇、眔司工（空）事。"（《集成》4294）

2. 动作+主体

拜手：亦称"拜首"。古代男子跪拜礼的一种。跪后两手相拱，俯头至手。《书·洛诰》："拜手稽首休享。"

充耳：古代贵族冠冕两旁以丝悬玉或象牙，下垂至耳，用以塞耳避听。《诗·小雅·都人士》："彼都人士，充耳琇实。"

3. 主体+动作

井甃：修井。《易·井》："井甃无咎。"孔颖达疏引《子夏传》："甃，亦治也。以砖垒井，修井之坏，谓之为甃。"

朋来：犹吉庆。语出《易·复》："朋来无咎。"

4. 动作+处所

即位：就位。古谓走入中庭左右两侧规定的位置。《书·顾命》："卿士邦君，麻冕蚁裳，入即位。"孔颖达疏："入即位者，郑玄云卿西面，诸侯北面。"孙星衍疏："经言入即位，不言升阶，知皆陪位于中庭也。"

即市：指就市、上市。货物运至市场销售。《兮甲盘》："厥贮（贾），毋不即市。"（《集成》10174）

5. 否定动词+事物

匪躬：谓忠心耿耿，不顾自身。《易·蹇》："王臣蹇蹇，匪躬之故。"

---

① "朝$_2$"音cháo。

孔颖达疏："尽忠于君，匪以私身之故而不往济君，故曰：匪躬之故。"

6. 动作+结果

成功：成就功业或事业。《书·吕刑》："三后成功，惟殷于民。"

7. 介词+方位

以东：《散氏盘》："道以东一奉（封）。"（《集成》10176）

以南：《散氏盘》："降以南，奉（封）于同道。"（《集成》10176）

（三）动宾式复合词的特点

1. 从语法构成的角度来看，以动词性词素和名词性词素所构成的动宾式新复合词数量最多。

2. 从词素间语义关系来看，"动+名"的语义结构关系最复杂，"动作+对象"这一语义关系的数量最多，之所以会出现这样的情况，主要是因为动宾式复合词是由动宾结构短语凝固而成的，动宾短语中宾语部分压缩后就成为表示动作所关涉的对象的成分。

五、动补式复合词

动补式复合词也称述补式复合词，是由一个动词性词素和一个对其进行补充的词素构成。先秦时期是否存在动补式复合词，学者争议比较大：周迟明认为动补式复合词在殷代就已经出现；余健萍和杨建国都认为述补式结构在先秦就已萌芽；王力认为"使成式产生于汉代，逐渐扩展于南北朝，普遍应用于唐代"[①]；太田辰夫认为使成复合动词至迟是在唐代产生的。以上我们列举了学者们关于动补式复合词何时产生的观点，大家认为的动补式复音词的产生时间差距很大，这种分歧产生的主要原因在于对述补式复音词的界定标准的认知不一致。动补式复合词即使在现代汉语中数量也是不多的，周荐曾对《现代汉语词典》中的复音词进行统计，动补式占0.93%。我们认为，动补式复合词产生于西周时期，从我们搜集的语料来看，西周时期产生的动补式复合词有2个。从词素前后的语义关系上看，可以分成两类：

---

① 王力：《汉语史稿》，中华书局2013年版，第391页。

1. 动作+结果

在此类中，"结果"代表由动作所造成的结果。如：

扑灭：扑打消灭。《书·盘庚上》："若火之燎于原，不可向迩，其犹可扑灭。"

2. 动作+状态

此类中，"状态"指的是动作所达到或造成的状态。如：

震动：震惊，惊动。《书·盘庚下》："尔谓朕曷震动万民以迁。"

六、主谓式复合词

主谓式复合词也称陈述式复合词，指的是构成复合词的两个词素里前一个词素表示某种事物，后一个词素表示这种事物的动作、行为或者性状，这两个词素是陈述与被陈述的关系。

从词素前后的语义关系上看，可以分成四类：

1. 人或事物+动作

天休：天赐福佑。《书·汤诰》："凡我造邦，无从匪彝，无即慆淫，各守尔典，以承天休。"

神保：对先祖神灵的美称。犹皇尸。《诗·小雅·楚茨》："先祖是皇，神保是飨。"朱熹集传："神保，盖尸之嘉号。《楚辞》所谓灵保，亦以巫降神之称也。"尸，代神灵受祭祀的人。

官司：某官职掌管某事。《扬簋》："官司量田佃。"（《集成》4294）

2. 受动者+动作

"受动者"指的是动作所说明的事物，"动作"指的是说明事物的动作。如：

屋漏：古代室内西北隅施设小帐，安藏神主，为人所不见的地方称作"屋漏"。《诗·大雅·抑》："相在尔室，尚不愧于屋漏。"毛传："西北隅谓之屋漏。"郑玄笺："屋，小帐也；漏，隐也。"后即用以泛指屋之深暗处。

3. 地点+动作

"地点"是说明该动作发生的地点，"动作"是在这一地点发生的动作。如：

洛食：原指周公营东都，先卜地，洛得吉兆。引申为定都。《书·洛诰》："我乃卜涧水东、瀍水西，惟洛食；我又卜瀍水东，亦惟洛食。"

4.事物+性质

崧高：山大而高。《诗·大雅·崧高》："崧高维岳，骏极于天。"毛传："崧，高貌。山大而高曰崧。"

明发：黎明；平明。《诗·小雅·小宛》："明发不寐，有怀二人。"朱熹集传："明发，谓将旦而光明开发也。二人，父母也。"

西周时期的复合词基本已经具备了现代汉语中存在的各种构词方式，而且这一时期的复合词的构词也实现了全面的发展，语义结构也变得复杂起来，逐步走向成熟和完善。从以上的分析里，我们可以得出一些结论：

第一，西周时期产生最多的是定中式新复合词，占新复合词总数的50%以上，其次是联合式新复合词，占到接近30%。可见，偏正式在西周时期是一种十分能产的一种造词方式。其实在甲骨文中也出现了同样的情况，郭锡良曾经指出甲骨文中的复音结构"几乎全是偏正结构"。[1]董秀芳也曾指出复合词产生之初"偏正式双音词多于并列式双音词"。[2]西周时期的偏正式复合词较前代有了更大的发展，偏词素从语法上不仅有名词性词素，还出现了形容词性词素、动词性词素以及数词性词素。从语义关系上来看，偏正式复合词前后词素语义关系更加丰富，仅"名+名"这一类词素间的语义关系就达20种之多。"偏正式构词法在两三千年的汉语词汇发展史上始终起着主导作用。"[3]

第二，西周时期其他结构的复合词产生的数量比较少，尤其是主谓式和动补式。汉语复合词多是由词组凝固而成的，汉语的典型句式就是"主谓宾"句，其中主语和谓语是句子中最核心的部分，因此这两个成分的独立性也就很强，这种组合要"从句法层面转到构词层面"就很难了，"动宾式的构成成份

---

① 郭锡良：《先秦汉语构词法的发展》，载《汉语史论集》（增订本），商务印书馆2005年版，第144页。

② 董秀芳：《词汇化：汉语双音词的衍生和发展》，商务印书馆2011年版，第103页。

③ 沈怀兴：《汉语偏正式构词探微》，《中国语文》1998年第3期。

通常在句子中分别充当谓语和宾语，二者的组合也处在句子的主干上，凝固成词自然需要一个较长的过程"。[①]而相比之下，并列式和偏正式词的构成成分一般都处于一个句法成分之中，这也就为这两种结构凝固成复合词提供了便利的条件。也就是说，距离句子主干成分越近的短语，其凝固成复合词的时间也就越晚，构词的能力也就越差。主谓式复合词尽管数量较少，但较殷商时期也取得了数量上的重大突破。

第三，西周各个时期产生新复合词的数量也是不平衡的。西周早期产生复合词数量最多，接近占到整个西周时期的50%，其次是西周晚期，最少的是西周中期。新的王朝在建立之初，无论是从政治、经济还是社会生活都会较前代发生变化，而针对这些变化就一定要有新的词汇对其进行描述，因此西周早期出现的新复合词比较多也就不难理解了。

第五节　多音节新合成词

西周时期除了出现大量的双音词，还出现了少量的多音节词，包括三音节新词、四音节新词。

一、三音节新词

西周时期出现的三音节新词内部一般都有两个层次，我们以第一层次的语法结构作为标准，把三音节新词分为偏正式、联合式以及动宾式三类，具体情况如下：

（一）偏正式

1. 偏+正（联合式）

师尚父：齐太公吕望的尊称。《诗·大雅·文王》："维师尚父，时维鹰扬。"毛传："师，大师也。尚父，可尚可父。"郑玄笺："尚父，吕望也，尊称焉。"

---

① 　伍宗文：《先秦汉语复音词研究》，巴蜀书社2001年版，第286页。

2. 偏（定中式）+正

百夫长：旧时统率百人的小头目。《书·牧誓》："千夫长，百夫长。"孔传："师帅卒帅。"孔颖达疏："百人为卒，卒长皆上士。"

百执事：犹百官。《书·盘庚下》："邦伯、师长、百执事之人，尚皆隐哉。"

3. 偏+正（定中式）

前文人：前代有文德的人。《书·文侯之命》："汝肇刑文武，用会绍乃辟，追孝于前文人。"孔传："追孝于前文德之人。"

4. 偏（状中式）+正

既生霸：月相名词。指夏历初八上弦月这一天。《宪鼎》："唯九月既生霸辛酉。"（《集成》2749）

既死霸：月相名词。指夏历二十三日下弦月这一天。《御史竞簋》："唯六月既死霸壬申。"（《集成》4134）

5. 偏+正（状中式）

不廷方：指背离周天子，不来王庭朝觐的方国。《毛公鼎》："衔（率）襄（怀）不廷方。"（《集成》2841）

不憖遗：不愿留。《诗·小雅·十月之交》："不憖遗一老，俾守我王。"后用作对大臣逝世表示哀悼之辞。

（二）联合式

直方大：平直、端方、正大。《易·坤》："六二，直方大，不习无不利。《象》曰：六二之动，直以方也。不习无不利，地道光也。"

（三）动宾式

1. 动词+宾语（联合式）

裹餱粮：谓携带熟食干粮，以备出征或远行。语出《诗·大雅·公刘》："乃裹餱粮，于橐于囊。"朱熹集传："餱，食。粮，糒也。"

2. 动词+宾语（偏正式）

履虎尾：踩踏虎尾。喻身蹈危境。《易·履》："履虎尾，不咥人，亨。"王弼注："履虎尾者，言其危也。"

二、四音节新词

西周时期四音节新词数量也是比较少的，主要是重叠词。现将这一时期四音节新词列出：

雍雍喈喈：鸟和鸣声。《诗·大雅·卷阿》："凤凰鸣矣，于彼高冈；梧桐生矣，于彼朝阳。萋萋萋萋，雍雍喈喈。"毛传："梧桐盛也，凤凰鸣也。"

跄跄济济：形容步趋有节，多而整齐貌。《诗·大雅·公刘》："跄跄济济，俾筵俾几。"

济₃①济跄跄：庄敬貌；敬慎貌。《诗·小雅·楚茨》："济济跄跄，絜尔牛羊。"毛传："济济跄跄，言有容也。"郑玄笺："言威仪敬慎也。"

赫赫炎炎：热盛貌。《诗·大雅·云汉》："旱既太甚，则不可沮，赫赫炎炎，云我无所。"

鎗鎗鏓鏓：钟声铿锵响亮貌。《沇其钟》："鎗鎗鏓鏓。"（《集成》187—188）

孙孙子子：《师艅鼎》："孙孙子子宝用。"（《集成》2723）

穆穆翼翼：威严而恭敬貌。《沇其钟》："丕显皇祖考，穆穆翼翼。"（《集成》187—188）

锗锗镶镶：钟声。《沇其钟》："锗锗镶镶。"（《集成》187—188）

彙彙鼓鼓：形容钟声洪亮。《猷钟》："彙彙鼓鼓。"（《集成》260）

鼓鼓彙彙：形容钟声洪亮。《沇其钟》："鼓鼓彙彙。"（《集成》187—188）

本章主要阐述了西周复音新词的发展概况。语言中需要新词，大量单音节词同音现象的出现影响人们的交际，单音词的变化毕竟是有限的，因此为了解决单音节词的局限，汉语就逐渐出现了复音词。从以上几节我们对西周复音词

---

① "济₃"音qí。

的阐述中，我们产生以下的思考：首先，西周时期复音词的产生速度与单音词产生速度趋于接近。前一章我们统计了产生于西周的单音节新词数量，这个数据的统计主要来自两个语料库：一是《汉语大词典》中所涉及的最早产生于西周文献中的单音节新词语料库；一是从《殷周金文集成》中明确断定为西周的青铜器铭文中所整理出的单音节新词语料库。这一章中我们整理出的西周复音词，数据来源和单音节新词是一样的。从我们所建立的封闭语料库来看，单音节新词的数量是少于复音词的。然而，我们并不能就此得出结论认为西周复音词的产生要快于单音词，因为我们所建的语料库毕竟没有涵盖所有的西周文献，因此我们只能说西周时期复音词的产生速度与单音词产生速度是趋于接近的。出现这种现象的原因我们认为有两点：一是从结构上来看，从殷商到西周积累了大量可以构成复音词的词素。张亚初在《殷周金文集成引得》的序言中这样写道："经过对《集成》所录铭文资料反复审核和逐一清理之后，我们归纳出金文单字总数4972个字。"[1]张再兴的《西周金文文字系统论》从金文字量的角度谈到，金文字量总数是5834个，其中殷商时期是1486个，西周时期是2837个，殷商和西周时期的金文总字数占金文字数总量的74.1%。[2]从上面引用的数据来看，到了西周时期仅金文单字大概就已经有4000个，这还不包括文献中的单字，巨大而丰富的单字数量为其转变成词素提供了支持。二是西周时期词素构成复合词的组合规则已经完备。除了偏正式、联合式、动宾式的组合方式以外，还出现了动补式、主谓式的组合方式，完备的组合方式也为词素组合成复音词提供了可能。

其次，西周时期汉语复音化倾向加剧。汉语复音化倾向从甲骨文就已经开始了，周荐曾经在赵诚的《甲骨文简明词典》中统计发现单音词占77%，也就是说在甲骨文中就已经出现20%左右的复音词了。甲骨文中的复音词从内容上看多是人名、地名等专有名词，基本上没有出现普通词汇。西周时期较前代汉语复音化倾向加剧了，主要表现在三个方面：第一，复音新词的数量大大增加

---

① 张亚初编著：《殷周金文集成引得》，中华书局2001年版，序言第3页。

② 张再兴：《西周金文文字系统论》，华东师范大学出版社2004年版，第2页。

了。第二，复音词的构词方式更加丰富了。这一时期不仅复合式构词方式继续发展，而且还出现了派生式构词方式。西周时期偏正式、联合式仍然是最主要的构词方式，动宾式继续发展，此外还产生了主谓式、动补式的构词方式。派生式构词主要形成的是附加式和重叠式。第三，复音词的语义突破了专有词汇的限制，已经涉及社会生活的方方面面，词素间的语义关系更加复杂。

再次，西周时期出现了一批构词能力比较强的词素。从词素的来源上看，这类语素多是由基本词汇演化而来。从词素的词性上看包括名词性词素、形容词性词素以及数词性词素，其中名词性词素的数量最多，比如"×+官""×+人"等。从词素的语义上看，这类词素多包含多种语义，以"×+人"为例，词素"人"可以表示职官，如：

私人：古时称公卿、大夫或王室的家臣。《诗·大雅·崧高》："王命传御，迁其私人。"毛传："私人，家臣也。"

寺₂人：古代宫中的近侍小臣。多以阉人充任。《诗·小雅·巷伯》："寺人孟子，作为此诗。"

里人：官名。即里宰。周代基层行政机构里的长官。《齬簋》："命女（汝）司成周里人。"（《集成》4215）

正人：官名。《寏簋》："雪邦人、正人、师氏人。"（《集成》4469）

词素"人"还可以表示普通意义的人，如：

原人：原邑地区的人。《散氏盘》："原人虞芳。"（《集成》10176）

献人：才能出众的人。《善夫山鼎》："令女（汝）官司歓（饮）献人于晃。"（《集成》2825）

甫人：男子美称。《穌甫人盘》："穌甫人乍（作）侄妃襄滕（滕）般（盘）。"（《集成》10080）

最后，西周时期的复音词在词形上具有不稳定性。词形的不稳定性主要指的是构成复音词的词素结合松散，原因是复音词与词组的界限还不是十分明显，比如有的复音词中的单字由同义或者近义的字来代替：

朝夕：清早和傍晚。用以表达时间上的每时每刻，始终如一。《大盂鼎》："敏朝夕入谏（谏）。"（《集成》2837）

夙夜：早晚。《伯姜鼎》："用夙夜明（盟）享于邵伯日庚。"（《集成》2791）

夙夕：早晚，日夜。《雁公鼎》："奄以乃弟用夙夕黼享。"（《集成》2553）

"朝夕""夙夜""夙夕"这三个词都是指"早晚，日夜"的意思，但是却使用了不同的词形，而后世"朝夕""夙夜"还普遍使用，而"夙夕"使用的已经比较少了，我们在《汉语大词典》中找到了这样的书证：

《孔氏谈苑·宋郑公为国惜体》："陛下所问，皆臣等夙夕谋谟之事。"

《野获编补遗·畿辅·元夕放灯》："仰惟祖宗创建守成之艰，夙夕兢惕，一遵成宪，以抚天下。"

还有的复音词前后两个词素颠倒顺序，构成同素逆序词，如：

夹绍：夹辅，在君王左右辅佐政事。《禹鼎》："克夹召（绍）先王莫四方。"（《集成》2833）

绍夹：夹辅，在君王左右辅佐政事。《大盂鼎》："乃召（绍）夹死（尸）司戎。"（《集成》2837）

第五章　西周新熟语

一个时代词汇的面貌不仅包括对词的描写，还应该包括对语的描写。"所谓词汇就是语言里的词和词的等价物（如固定词组）的总和。"① "某种语言的词汇，就是指该语言里全部词和词的等价物——熟语的总汇。"② "语言学一般所说的词汇，不仅包括词儿，也包括由词构成的、性质作用相当一个词的语言单位，叫'语'，我们叫'固定结构'。"③前几章我们主要讨论的是西周时期词发展的情况，其实这一时期"语"的情况也是丰富多彩的，特别是熟语。因此这一章我们主要讨论西周时期熟语的发展情况，这一时期的熟语包括成语和谚语。

第一节　新成语

汉语的成语是经过汉族人民语言实践千锤百炼而形成的，具有十分惊人的表达力和感染力。成语不仅给语言交际带来了方便，同时也为汉语增添了无限的活力，充分显示出汉族人民在语言生活中的巨大创造力。

---

① 张永言：《词汇学简论》，华中工学院出版社1982年版，第1页。

② 武占坤：《词汇》，上海教育出版社1983年版，第1页。

③ 符淮青：《现代汉语词汇》，北京大学出版社1985年版，第5页。

一、关于成语的界定

成语的界定是一个非常复杂而又十分重要的问题，我们要研究成语，就要首先搞清楚什么是成语。以下笔者辑录了一些学者对成语概念界定的论述。

黄伯荣、廖序东主编的《现代汉语》："成语是一种相沿习用具有书面语色彩的固定短语。"①

胡裕树主编的《现代汉语》："成语是一种固定词组，同惯用语的性质相近，常常作为完整的意义单位来运用，而比惯用语更为稳固。"②

马国凡在《成语》中指出："成语是人们习用的、具有历史性和民族性的定型词组；汉语成语以单音节构成成分为主，基本形式为四音节。"③

《现代汉语词典》（第七版）将"成语"定义为"人们长期以来习用的、简洁精辟的定型词组或短句"。

以上几家的观点大致将成语的范围限定为两种：一是认为成语是固定词组，一种是认为成语是定型短句。我们认为把成语归入固定词组更合理一些，原因有三：首先，成语是熟语的一种，而熟语恰恰就是固定词组，成语是熟语的下位概念，所以成语也就应该是固定词组；其次，成语在语言中的功能多相当于词；最后，从社会心理的角度来说，多数人还是认为成语是词组而非短句。综上所述，成语是固定词组。

成语作为固定词组又具备一些词组所不具备的性质，主要表现在：从形式上看，成语大多数是由四个字组成的；从结构上看，成语的结构十分稳定。一般词组就是词与词按照某种语法逻辑的自由组合，而成语却有极强的稳定性，主要表现为成语的构成成分固定，词序也是固定的。从意义上看，成语具有整体性，它不是构成成分意义的简单相加，而是在构成成分意义的基础上进一步概括出整体意义。

---

① 黄伯荣、廖序东主编：《现代汉语》（上册），高等教育出版社2002年版，第317页。

② 胡裕树主编：《现代汉语》（重订本），上海教育出版社2011年版，第259页。

③ 马国凡：《成语》，内蒙古人民出版社1997年版，第83页。

综上所述，我们对成语的定义是：成语是意义凝固的固定词组，它的基本形式是四字格，属于熟语的一种。

二、成语的构成方式

西周时期产生的一些成语仍在现代汉语中广泛使用，特别是在传世文献《诗经》中产生的成语。黄景湖指出，《诗经》中的成语从结构上分为原型结构和非原型结构。原型结构是指"后人引用《诗经》的成语时保留了它的语言结构的原貌，摘词摘句沿用，不作任何改动"，非原型结构是指"后人在发掘、引用《诗经》的成语时，对它的语言结构作了些改动"。[1]本书基于这一观点，将西周时期成语结构分为两种：一种是从西周文献语句中直接照搬四个字，并赋予其深刻的含义，我们称其为"原型结构"成语；另一种是从文献语句中有选择地截取，并赋予其深刻的含义，我们称其为"非原型结构"成语。西周"原型结构"成语要比"非原型结构"成语古老，非原型机构成语的四字格形式是在后来慢慢使用中才被逐渐固定下来的，因此，本书将西周成语分为原型结构与非原型结构两类，但"非原型结构"成语不纳入西周新成语范围内。

（一）原型结构

不速之客：没有邀请而自己来的客人。《易·需》："有不速之客三人来，敬之终吉。"孔颖达疏："速，召也。不须召唤之客有三人自来。"

不稂不莠：本谓田中没有野草。后以喻不成材或没出息。《诗·小雅·大田》："既坚既好，不稂不莠。"朱熹集传："稂，童粱；莠，似苗。皆害苗之草也。"

本支百世：谓子孙昌盛，百代不衰。《诗·大雅·文王》："文王孙子，本支百世。"毛传："本，本宗也。支，支子也。"

疢如疾首：烦热得如患有头痛之疾。比喻忧伤到极点。《诗·小雅·小

① 黄景湖：《〈诗经〉成语的语法结构分析》，《厦门大学学报》（哲学社会科学版）1985年第3期。

弇》："我心忧伤，惄焉如捣。假寐永叹，维忧用老。心之忧矣，疢如疾首。"

高山仰止：谓崇敬仰慕。语出《诗·小雅·车舝》："高山仰止，景行行止。"

钩膺镂钖：古代与金路相配的马匹盛饰。《诗·大雅·韩奕》："玄衮赤舄，钩膺镂钖。"毛传："镂钖，有金镂其钖也。"马瑞辰通释："钖，《说文》作鍚，云'马头饰也'。今作钖者，鍚之省。人眉上谓之扬，马眉上之饰亦曰钖，其义一也。"

虎视眈眈：形容像猛虎一样凶狠地注视着。《易·颐》："虎视眈眈，其欲逐逐，无咎。"

君子好逑：原指君子的佳偶。逑，通"仇"。仇，配偶。语本《诗·周南·关雎》："窈窕淑女，君子好逑。"

赳赳武夫：雄壮勇武的军人。《诗·周南·兔罝》："赳赳武夫，公侯好仇。"

教猱升木：《诗·小雅·角弓》："毋教猱升木，如涂涂附。"毛传："猱，猿属；涂，泥；附，著也。"郑玄笺："猱之性善登木，若教使，其为之必也。"后用以比喻教唆坏人为恶。

（二）非原型结构

非原型结构成语较原型结构成语要复杂一些，具体可以分为如下几类：

1. 增减或者变更原来语句的字词

操斧伐柯：谓手执斧头要砍制斧柄，长短只要照手中旧的斧柄就行了，比喻取鉴前人。《诗·豳风·伐柯》："伐柯伐柯，其则不远。"孔颖达疏："执柯以伐柯，比而视之，旧柯短则如其短，旧柯长则如其长，其法不在远也。"

风雨飘摇：原指树上的鸟窝在风雨中摇撼。后比喻动荡不安，很不稳定。《诗·豳风·鸱鸮》："予室翘翘，风雨所漂摇。"

必恭必敬：一定以恭敬的态度来爱重。后亦形容十分端庄和有礼貌。《诗·小雅·小弁》："维桑与梓，必恭敬止，靡瞻匪父，靡依匪母。"

2. 将文献的语句紧缩，分拆离合

鸠占鹊巢：谓鸠性拙，不善营巢，而居鹊所成之巢。后多比喻安享其成或强占他人之所居。《诗·召南·鹊巢》："维鹊有巢，维鸠居之。"

鸢飞鱼跃：鹰在天空飞翔，鱼在水面腾跃。喻指万物各得其所。《诗·大雅·旱麓》："鸢飞戾天，鱼跃于渊。"

耳提面命：谓教诲殷切，要求严格。《诗·大雅·抑》："匪面命之，言提其耳。"孔颖达疏："非但对面命语之，我又亲提撕其耳，庶其志而不忘。"

投桃报李：比喻相互赠答，礼尚往来。《诗·大雅·抑》："投我以桃，报之以李。"

3. 意义重组

父母恩勤：谓父母养育子女的慈爱和辛勤。《诗·豳风·鸱鸮》："恩斯勤斯，鬻子之闵斯。"

南箕北斗：箕与斗都是星宿名，一个象簸箕，一个象古代盛酒的斗，当它们一同出现在南方时，箕在南，斗在北。后用"南箕北斗"比喻有名无实。《诗·小雅·大东》："维南有箕，不可以簸扬；维北有斗，不可以把酒浆。"

三、成语的语法结构

成语的结构关系是多种多样的。苏新春指出："结构方面，成语包含有现代汉语几乎所有的结构类型，呈现出结构的多样化。"[①]汉语语法的结构关系很多在西周时期的成语中已经可以看到了。成语的语法结构具有层次性，一般是以两层结构为主，我们以第一层为标准为其分类：

（一）联合结构

1. 定中结构+定中结构

钩膺镂锡：古代与金路相配的马匹盛饰。《诗·大雅·韩奕》："玄衮赤

---

① 李如龙、苏新春编：《词汇学理论与实践》，商务印书馆2001年版，第351页。

舄，钩膺镂钖。"毛传："镂钖，有金镂其钖也。"

2. 状中结构+状中结构

俾昼作夜：把白昼当作夜晚。指不分昼夜地寻欢作乐。《诗·大雅·荡》："式号式呼，俾昼作夜。"

3. 主谓结构+主谓结构

夙兴夜寐：早起晚睡。形容勤劳。《诗·小雅·小宛》："夙兴夜寐，毋忝尔所生。"

4. 动宾结构+动宾结构

开国承家：谓建立邦国，继承封邑。《易·师》："大君有命，开国承家。"孔颖达疏："若其功大，使之开国为诸侯；若其功小，使之承家为卿大夫。"

无声无臭：没有声音，没有气味。常形容天道、神意幽微玄妙，难以直觉感知。《诗·大雅·文王》："上天之载，无声无臭。"郑玄笺："天之道难知也，耳不闻声音，鼻不闻香臭。"

（二）偏正结构

1. 定中结构

（1）偏正结构+之+名词

不速之客：没有邀请而自己来的客人。《易·需》："有不速之客三人来，敬之终吉。"孔颖达疏："速，召也。不须召唤之客有三人自来。"

十朋之龟：谓用以占吉凶、决疑难的十类龟。古人视为大宝。《易·损》："十朋之龟，弗克违。"王弼注："朋，党也。龟者，决疑之物也。"孔颖达疏："朋、党也者，马、郑皆案《尔雅》云：十朋之龟者，一曰神龟，二曰灵龟，三曰摄龟，四曰宝龟，五曰文龟，六曰筮龟，七曰山龟，八曰泽龟，九曰水龟，十曰火龟。"

他山之石：本谓别国的贤才也可用为本国的辅佐，正如别的山上的石头也可为砺石，用来琢磨玉器。后因以"他山之石"喻指能帮助自己改正错误缺点或提供借鉴的外力。《诗·小雅·鹤鸣》："它山之石，可以为错。"毛传："错，石也，可以琢玉。举贤用滞，则可以治国。"郑玄笺："它山喻异国。"又："它山之石，可以攻玉。"毛传："攻，错也。"

（2）重叠+偏正结构

赳赳武夫：雄壮勇武的军人。《诗·周南·兔罝》："赳赳武夫，公侯好仇。"

绵绵瓜瓞：意谓周朝开国的历史如瓜瓞般岁岁相继不绝，至太王迁岐地，才奠定了王业。后用来祝颂子孙繁衍昌盛。《诗·大雅·绵》："绵绵瓜瓞，民之初生，自土沮漆。"

（3）联绵词+偏正结构

窈窕淑女：形容美丽而又有德行的女子。《诗·周南·关雎》："窈窕淑女，君子好逑。"

2.状中结构

突如其来：突然来到或发生。《易·离》："突如其来如，焚如，死如，弃如。"孔颖达疏："突然而至，忽然而来。"

天作之合：称颂婚姻美满之词。《诗·大雅·大明》："文王初载，天作之合。"毛传："合，配也。"

绰绰有裕：形容很宽裕。亦作"绰绰有余"。《诗·小雅·角弓》："此令兄弟，绰绰有裕。"

不可救药：病重到没有药可以医治，比喻事态已严重到无法挽救。《诗·大雅·板》："多将熇熇，不可救药。"孔颖达疏："多行惨酷毒害之恶，熇熇然使恶加于民，不可救止而药治之。"

靡有孑遗：本谓没任何一个人能逃脱旱灾的侵害。《诗·大雅·云汉》："旱既太甚，则不可推。兢兢业业，如霆如雷。周余黎民，靡有孑遗。"郑玄笺："周之众民多有死亡者矣。今其余无有孑遗者，言又饿病也。"

（三）主谓结构

井渫不食：亦作"井渫莫食"。谓井虽浚治，洁净清澈，但不被饮用。比喻洁身自持，而不为人所知。语出《易·井》："井渫不食，为我心恻。"王弼注："渫，不停污之谓也。"孔颖达疏："井渫而不见食，犹人修己全洁而不见用。"

小心翼翼：恭敬谨慎。《诗·大雅·大明》："维此文王，小心翼翼。昭事上帝，聿怀多福。"郑玄笺："小心翼翼，恭慎貌。"

虎视眈眈：形容像猛虎一样凶狠地注视着。《易·颐》："虎视眈眈，其欲逐逐，无咎。"

昊天罔极：谓父母尊长养育恩德深广，欲报而无可报答。《诗·小雅·蓼莪》："欲报之德，昊天罔极。"

巧言如簧：谓花言巧语，悦耳动听，有如笙中之簧。《诗·小雅·巧言》："巧言如簧，颜之厚矣。"孔颖达疏："巧为言语，结构虚辞，速相待合，如笙中之簧，声相应和。"

夙夜匪懈：形容日夜辛劳，勤奋不懈。《诗·大雅·烝民》："既明且哲，以保其身，夙夜匪解，以事一人。"

（四）动宾结构

不丧匕鬯：《易·震》："震惊百里，不丧匕鬯。"孙星衍集解引郑玄曰："雷发声，闻于百里，古者诸侯之象。诸侯之教令，能警戒其国内，则守其宗庙社稷，为之祭主，不亡匕与鬯也。"匕、鬯，古代祭祀宗庙用物，借指宗庙祭祀。后以"不丧匕鬯"形容军纪严明，百姓安堵，不废宗庙祭祀。

如履薄冰：比喻戒惧敬慎的心理。《诗·小雅·小旻》："战战兢兢，如临深渊，如履薄冰。"毛传："恐陷也。"

率由旧章：完全依循旧规办事。《诗·大雅·假乐》："不愆不忘，率由旧章。"

遵养时晦：谓顺应时势积蓄力量以待时机。《诗·周颂·酌》："於铄王师，遵养时晦。"朱熹集传："此亦颂武王之诗，言其初有於铄之师而不用，退自循养，与时皆晦。"

投畀豺虎：谓将坏人投饲豺虎。表示深恶痛绝。《诗·小雅·巷伯》："取彼谮人，投畀豺虎。"

（五）动补结构

询于刍荛：与樵夫商议事情，意谓不耻下问。《诗·大雅·板》："先民有言，询于刍荛。"郑玄笺："古之贤者有言：有疑事当与薪采者谋之。"孔颖达疏："言询于刍荛，谓谋于取刍取荛之人。"

生我劬劳：谓父母生养我们子女非常辛劳。《诗·小雅·蓼莪》："哀哀父母，生我劬劳。"

（六）连谓结构

履霜坚冰：《易·坤》："初六，履霜坚冰至。《象》曰：履霜坚冰，阴始凝也；驯致其道，至坚冰也。"后以"履霜坚冰"比喻事态逐渐发展，将有严重后果。

握粟出卜：《诗·小雅·小宛》："握粟出卜，是何能谷。"郑玄笺："但持粟行卜，求其胜负。"后用以指祈求神明护佑，去凶赐吉。

（七）兼语结构

教猱升木：《诗·小雅·角弓》："毋教猱升木，如涂涂附。"毛传："猱，猿属；涂，泥；附，著也。"郑玄笺："猱之性善登木，若教使，其为之必也。"后用以比喻教唆坏人为恶。

四、成语语义的结构①

我们所说的成语的语义结构主要讨论的是成语字面义和成语深层含义之间的关系。成语的字面意义和深层含义之间的关系有三种：一种是字面意义与深层意义相符；一种是既有字面意义，也有深层含义；一种是成语只使用深层意义，字面意义不起作用。

1.字面意义就是整个成语的深层含义

夙兴夜寐：早起晚睡。形容勤劳。《诗·小雅·小宛》："夙兴夜寐，毋忝尔所生。"

无声无臭：没有声音，没有气味。常形容天道、神意幽微玄妙，难以直觉感知。《诗·大雅·文王》："上天之载，无声无臭。"郑笺："天之道难知也，耳不闻声音，鼻不闻香臭。"

---

① 温端政在《汉语语汇学》中把成语的语义结构分成"字面意义和实际意义""基本意义和色彩意义"两个层面。参见温端政：《汉语语汇学》，商务印书馆2005年版，第318—322页。本节分类多从温先生的分类，但是仅谈成语字面意义和深层含义之间的关系。

开国承家：谓建立邦国，继承封邑。《易·师》："大君有命，开国承家。"孔颖达疏："若其功大，使之开国为诸侯；若其功小，使之承家为卿大夫。"

2.成语的实际意义既有字面意义也有深层含义

巧言如簧：谓花言巧语，悦耳动听，有如笙中之簧。《诗·小雅·巧言》："巧言如簧，颜之厚矣。"孔颖达疏："巧为言语，结构虚辞，速相待合，如笙中之簧，声相应和。"

万寿无疆：千秋万世，永远生存。祝福、祝愿之语。旧时常用以祝颂帝王。《诗·豳风·七月》："称彼兕觥，万寿无疆。"

3.成语的实际意义与字面意义无关，而是具有深层含义

不可救药：病重到没有药可以医治，比喻事态已严重到无法挽救。《诗·大雅·板》："多将熇熇，不可救药。"孔颖达疏："多行惨酷毒害之恶，熇熇然使恶加于民，不可救止而药治之。"

若涉渊水：比喻处境艰险。《书·大诰》："予惟小子，若涉渊水，予惟往求朕攸济。"

高高在上：谓所处极高。指上苍、天帝或人君。《诗·周颂·敬之》："敬之敬之，天维显思，命不易哉！无曰高高在上，陟降厥士，日监在兹。"

第二节　新谚语

一、谚语的含义

谚语也是熟语的重要组成部分，也是使用频率很高的一种语汇。谚语有广义和狭义之分，广义的谚语就是指俗语，《辞源》把谚语解释为"长期流传下来文词固定的常言"。广义的谚语范围比较宽泛，不仅包括谚语，还包括惯用语、歇后语等。最早提出狭义谚语的是郭绍虞，他在《谚语研究》中指出狭义谚语所要具备的四个要素："（一）是一社会上所流行，可公然用于谈话

的。（二）根据实际的经验，即受当时风俗的影响的。（三）体裁主于典雅，即用美的言词以表现的。（四）规定人的行为的标准，即使人可以照着奉行的。"①简单概括，郭绍虞为谚语所下的定义即：谚语是人实践经验的结果，用比较优美的词语来表现，在日常谈话中可以公开使用，并且规定人的行为。尽管这个定义还有一些不妥之处，但是它奠定了狭义谚语概念的基础，后来对谚语的研究都是在此基础上增补扩充的。下面摘录两个比较典型的狭义谚语的概念：

武占坤、马国凡指出："谚语是通俗简练、生动活泼的韵语或短句，它经常以口语的形式，在人民中间广泛地沿用和流传，是人民群众表现实际生活经验或感受的一种'现成话'。"②

王勤指出，谚语"是人民群众生活斗争的经验总结，是具有传授经验和教训劝诫功能，流传于人民群众口头中的现成话"③。

广义的谚语包含的范围太广泛，不适合作为研究的对象，本书的研究以狭义谚语作为标准。结合以上几家的观点，我们为谚语下一个定义：谚语是由劳动人民创造的、结构上相对固定的、具有鲜明口语特征的、在人民群众中广泛流传的、具备一定知识性的俗语。

二、西周谚语的类型

我们搜集来的西周谚语数量比较少，全部是复合型谚语。复合型谚语指的是由两个或者几个单句依靠语序或者借助关联词连缀而成的谚语。西周时期的谚语都是依靠语序连接而成的，前后分句有两种关系：对偶关系和顶针关系。

1. 对偶关系

对偶关系指的是谚语前后两个分句字数相等，词义、词性相近，有时候还押韵。如：

---

① 郭绍虞：《谚语的研究》，载《照隅室古典文学论集》（上编），上海古籍出版社1983年版，第3页。

② 武占坤、马国凡：《谚语》（修订本），内蒙古人民出版社1983年版，第3页。

③ 王勤：《谚语歇后语概论》，湖南人民出版社1980年版，第8页。

靡不有初，鲜克有终：谓做事无不有个好的开端，但很少有坚持到底的。《诗·大雅·荡》："天生烝民，其命匪谌，靡不有初，鲜克有终。"

2. 顶针关系

顶针关系指的是用前一分句的末尾做后一分句的开头，递接而下。如：

一而再，再而三：《书·多方》："至于再，至于三。"后以此谓三番两次或多次。

这一章我们主要论述了西周时期新熟语的发展，包括成语和谚语两个部分。

成语是意义凝固的固定词组，它的基本形式是四字格。从成语的构成方式上看，成语又可以分为原型结构、非原型结构两种。成语的结构关系是多种多样的，西周时期的成语中已经可以见到很多汉语语法的结构关系了。成语的语法结构具有层次性，一般是以两层结构为主，我们以第一层为标准又可以把这一时期的成语结构分为：联合结构、偏正结构、主谓结构、动宾结构、动补结构、连谓结构以及兼语结构。联合结构数量最多，占到西周成语总数的29.09%。联合结构关系成语数量占优势是符合周人造词的思维习惯的，这和联合式复合词数量居多的道理是一样的。成语是由短语凝固而成的固定词组，同义或者近义连用是符合汉语词汇复音化初期的实际情况的。成语不仅从语法结构上分层次，而且在语义上也是分层次的。成语有字面意义和实际意义，西周时期的成语字面意义与实际意义之间的关系有三种：一种是字面意义与实际意义相符；一种是既有字面意义，也有深层含义；一种是不包含字面意义，整个成语中只包含深层意义。其中字面意义与实际意义相符这类情况最多，占到这一时期成语总数的一半以上，这从一个侧面也说明成语在形成之初含义多是字面意思，深层的含义是伴随成语的不断使用逐步产生的。

谚语是由劳动人民创造的、结构上相对固定的、具有鲜明口语特征的、在人民群众中广泛流传的、具备一定知识性的俗语。西周时期的谚语仅出现了2例，数量很少。西周时期的谚语都是依靠语序连接而成的复合型谚语，谚语的前后分句有两种关系：对偶关系和顶针关系。

第六章　西周消亡词

词汇是语言要素中最活跃的要素，也是最能反映社会发展的部分。我们思考一个时代词汇发展的状况，展现一个时期词汇的面貌，就要看有多少新质要素的增加，有多少旧质要素的消亡，即产生了多少新词，同时又有多少词消亡。在汉语词汇的历史中，新词的产生和旧词的消亡是同样重要的两种发展模式。所谓旧词的消亡就是某些词语退出了人们交际使用的范围，不再被人们所使用。本章我们将阐述西周消亡词，主要从西周消亡词的义域、西周消亡词的消亡原因两个方面展开。

第一节　西周消亡词的义域

根据西周语料库，我们发现：西周消亡词主要集中在一般词汇与专门词汇中，专门词汇居多。从义域的角度，我们把西周消亡词分为四类：与政治有关的消亡词，与军事有关的消亡词，与农业生产有关的消亡词，与社会文化有关的消亡词。

一、与政治有关的消亡词

与政治有关的消亡词主要包括西周祭祀、职官、少数民族和方国的名称等。这部分消亡词多数是专门词汇，而且很多词既产生于西周时期，同时也消亡于西周时期。

（一）关于西周祭祀的消亡词

王牢：周王朝圈养祭祀所用牛羊的场所。《貉子卣》："王牢于麻（陆）。"（《集成》5409）

康宫：西周王室的宗庙。《扬簋》："王在周康宫。"（《集成》4294）

瓒璋：以璋为柄的酌鬯酒的裸器。《卯簋》："赐汝瓒璋四。"（《集成》4327）

剌宫：周厉王的宗庙。《克钟》："王在周康剌宫。"（《集成》204）

（二）关于西周职官的消亡词

携仆：古代帝王的近臣。《书·立政》："左右携仆，百司庶府。"孔传："左右携持器物之仆。"

上宗：周制春官之长大宗伯的别称。《书·顾命》："太保承介圭，上宗奉同瑁，由阼阶隮。"孔颖达疏引郑玄曰："上宗犹太宗，变其文者，宗伯之长，大宗伯一人，与小宗伯二人，凡三人，使其上二人也。"

准人：古代狱官，掌管司法刑狱的官。《书·立政》："王左右常伯、常任、准人、缀衣、虎贲。"

大₃祝：官名。即太祝。《大祝禽方鼎》："大（太）祝禽鼎。"（《集成》1937）

虎臣：周王的侍卫官。《师酉簋》："啻（嫡）官邑人、虎臣、西门尸（夷）。"（《集成》4288）

（三）关于少数民族和方国名称的消亡词

召₂[①]：古邑名。周初召公奭的采邑。在今陕西岐山县西南。周东迁后，别受采邑，在今山西垣曲县东。《诗·召南·甘棠序》："甘棠，美召伯也。"汉郑玄笺："召伯，姬姓，名奭，食采于召。"

秦夷：指居住在西部秦地一带的夷人。《訇簋》："先虎臣后庸：西门尸（夷）、秦尸（夷）、京尸（夷）、夒尸（夷）。"（《集成》4321）

夒夷：夷人。《訇簋》："先虎臣后庸：西门尸（夷）、秦尸（夷）、京

---

① "召₂"音shào。

尸（夷）、彔尸（夷）。"（《集成》4321）

蛮方：南方古族的泛称。《虢季子白盘》："用政（征）繎（蛮）方。"
（《集成》10173）

（四）关于西周人名的消亡词

甲：西周人名，即兮甲。《兮甲盘》："兮甲从王。"（《集成》
10174）

央：西周人名。《央作宝簋》："央乍（作）宝簋。"（《集成》3370）

册：西周人名。《册作父癸鼎》："册乍（作）父癸宝尊彝。"（《集
成》2259）

生：西周人名，即小子生。《小子生尊》："小子生赐金、郁邑。"
（《集成》6001）

令：西周人名。《作册夨令簋》："乍（作）册夨令尊宜于王姜。"
（《集成》4300）

用：西周人名。《用作宝彝簋》："口口口口，用乍（作）宝彝。"
（《集成》3414）

立：西周人名。《立爵》："立乍（作）宝尊彝。"（《集成》9031）

它：西周人名，即沈子它。《沈子它簋盖》："沈子肇敼狙贮廪。"
（《集成》4330）

加：西周人名。《加作父戊爵》："加乍（作）父戊。"（《集成》
8924）

又母：西周人名。《宁母方鼎》："宁母又母剢。"（《集成》2107）

有姒：西周人名，匽侯旨的母亲或夫人。《匽侯旨鼎》："用乍（作）又
（有）始（姒）宝尊彝。"（《集成》2628）

士上：西周人名。《士上尊》："王令士上眔史寅寰（殷）于成周。"
（《集成》5999）

大中：西周人名。《大中作父丁卣》："大中乍（作）父丁尊。"（《集
成》5212）

大公：西周人名，太公。《姬寏母豆》："姬寏母乍（作）大公……静公

豆。"（《集成》4693）

大史：西周人名。《大史氒》："大（太）史乍（作）尊彝。"（《集成》9809）

大伯：西周人名，季老或的父亲。《季老或盉》："季老或乍（作）文考大伯宝尊彝。"（《集成》9444）

上父：西周人名，攸的长辈。《攸作上父爵》："攸乍（作）上父宝尊彝。"（《集成》9076）

二、与军事有关的消亡词

（一）关于军事征战的消亡词

牧师：即殷八师，指西周驻扎在牧野的军队。《小臣谜簋》："复归在牧师。"（《集成》4239）

干$_2$吾：金文用语。捍御。郭沫若《师克盨铭考释》："《毛公鼎》《师訇簋》均有'干吾王身'语，干吾者敌敌也，捍御也。"

（二）关于兵器的消亡词

锐$_2$[①]：古兵器之一。矛属。《书·顾命》："一人冕，执锐，立于侧阶。"孔颖达疏引郑玄曰："锐，矛属。凡此七兵，或施矜，或著柄。周礼戈长六尺，其余未闻长短之数。"

三、与农业生产有关的消亡词

（一）关于农作物的消亡词

荏菽：大豆。《诗·大雅·生民》："荏菽旆旆，禾役穟穟。"毛传："荏菽，戎菽也。"郑玄笺："戎菽，大豆也。"

（二）关于农活的消亡词

赵$_2$[②]：锄地铲草。《诗·周颂·良耜》："其镈斯赵，以薅荼蓼。"

---

① "锐$_2$"音duì。

② "赵$_2$"音diào。

毛传："赵，刺也。"孔颖达疏："赵是用镈之事，镈是锄类，故赵为刺地也。"

能迩：谓能安抚邻国而与之和睦相处。《诗·大雅·民劳》："柔远能迩，以定我王。"

四、与社会文化有关的消亡词

（一）关于食物的消亡词

冀：酒美。《诗·小雅·伐木》："伐木许许，酾酒有冀。"

胏：带骨的肉脯。《易·噬嗑》："噬乾胏，得金矢，利艰贞吉。"

（二）关于植物名称的消亡词

梼：木名。苦楸。又名鼠梓。《诗·小雅·南山有台》："南山有枸，北山有梼。"毛传："梼，鼠梓。"

莪：植物名。即莪蒿。《诗·小雅·菁菁者莪》："菁菁者莪，在彼中阿。"

（三）关于情感的消亡词

懠：愤怒。《诗·大雅·板》："天之方懠，无为夸毗。"毛传："懠，怒也。"

（四）关于人的疾病的消亡词

痕：困病。《诗·小雅·白华》："之子之远，俾我痕兮。"毛传："痕，病也。"郑玄笺："王之远外我，欲使我困病。"《诗·小雅无将大车》："无思百忧，祇自痕兮。"孔颖达疏："无思百众小事之忧，若思此忧，适自病害于己。"

（五）关于动物名称的消亡词

豜：三岁的猪。亦泛指大猪，兽。《诗·豳风·七月》："言私其豵，献豜于公。"毛传："豕一岁曰豵，三岁曰豜。"

犉：身长七尺的牛。泛指大牛。《诗·小雅·无羊》："谁谓尔无牛，九十其犉。"毛传："黄牛黑唇曰犉。"马瑞辰通释："《尔雅》又云'牛七尺为犉'，《诗》义当取此，极言肥大者之多尔。下章明言三十为物，若云黄牛黑唇者有九十，则与'三十维物'句不合。"

（六）关于声音的消亡词

雍雍喈喈：鸟和鸣声。《诗·大雅·卷阿》："凤凰鸣矣，于彼高冈；梧桐生矣，于彼朝阳。菶菶萋萋，雍雍喈喈。"毛传："梧桐盛也，凤凰鸣也。"

鎗鎗鏓鏓：钟声铿锵响亮貌。《沴其钟》："鎗鎗鏓鏓。"（《集成》187—188）

第二节　西周消亡词的消亡原因

词汇是语言要素中最活跃的要素，这是本书一再强调的观点，同时也通过很多例证验证了这一点。上文我们比较系统地分析了西周消亡词的义域，发现西周消亡义域分布在西周的政治、经济以及人们的日常生活之中。由于我们所做的断代史词汇语料库具有局限性，我们未能完全统计出西周消亡词的数量，但我们估计，消亡词的数量不会很少。本节我们主要讨论西周词汇消亡的原因。我们认为主要有两个方面的原因：社会变化引起了词汇的消亡；词汇系统演变引起了词汇的消亡。

（一）事物概念变化引起了词汇的消亡

从武王伐纣王灭殷，定都镐京成立西周，到西周最后一个国君周幽王被犬戎和申侯等杀死而亡国，西周王朝经历了大约三百年的历史。如此漫长的时间里，一些体现本朝代特征的事物不存在了或者发生变化，这些都会导致词汇系统发生变化，引起词汇的消亡。这部分词主要体现在西周一些专有名词上，特别是表示祭祀、人名、方国名称以及少数民族名称的一些词汇上。

每个时代都会有一些特有的社会现象，它们也属于历史时代特有的产物，但是由于受历史的局限比较大，当时代发生变革的时候，这些特有的社会现象也会随之发生改变或者消失，用来表示它们的词汇也逐渐消亡。

（二）语言内部因素引起词汇的消亡

社会现象毕竟只是现实世界的一部分，表示一个时期内事物或概念的词语也只是词汇中的一种类型。有时候词语的意义没有发生改变，而表达这个意义的词语的形体却发生了变化，或者是被同义词语代替，或者是改用了别的表达方式。这些都是语言自身机制的发展而导致的词汇的消亡。

上古文献很多是以口耳相传的形式一代代传递下来的，在传抄的过程中难免会出现错字。每一个通假情况的出现只是个别的语用现象，没有一定的语用基础，因此这些都是很容易消失的词汇。

腓：通"庇"。庇荫。《诗·小雅·采薇》："君子所依，小人所腓。"郑玄笺："腓，当作芘。此言戎车者，将率之所依乘，戎役之所芘倚。"孔颖达疏："言戎卒之所庇倚，谓依荫也。"

雍：池沼。《诗·周颂·振鹭》："振鹭于飞，于彼西雍。"毛传："雍，泽也。"

阿：通"婀"。柔美貌。《诗·小雅·隰桑》："隰桑有阿，其叶有难。"毛传："阿然，美貌。"

肇：通"兆"。祭坛；神位。泛指郊祀上天之处。《诗经·大雅·生民》："恒之秬秠，是获是亩，恒之糜芑，是任是负，以归肇祀。"郑玄笺："肇，郊之神位也。"孔颖达疏："肇，郊之神位，言神位之兆。"

芮：通"汭"。水涯；水曲岸凹入处。《诗·大雅·公刘》："止旅乃密，芮鞫之即。"毛传："芮，水厓也。"

西周处于中国历史的早期，社会发展的程度还相对较低，词汇的总数量也很有限，所以词语消亡的数量相对较少。但是，语言总是在保证表达功能最优状态的前提下维持着自身的平衡，社会的发展让新词不断产生来满足交际的需要，也有一些与社会发展相脱离的词语逐渐退出了人们使用的范围，这两种词汇的发展模式在每个共时平面内都是同时存在的。

西周消亡词，就是在西周这一时期和殷商时期的文献中一直存在和被使用，到了这一时期之后的文献中没有再出现的词语。只要从存世文献中确实已无据可考的词语，我们就认定它已经消亡。这是我们研究消亡词所遵从的依据和原则。按照西周消亡词的标准，我们探讨了西周消亡词的义域，主要包括与政治有关的消亡词、与军事有关的消亡词、与农业生产有关的消亡词、与社会文化有关的消亡词四类。

　　与新词产生的原因一样，旧词消亡的原因也可以从社会发展的外因和语言自身发展的内因两方面去研究。外因主要是随着社会的发展，一些事物或概念消失导致词语的消亡；内因主要是语言自身的整合机制，虽然有的事物和概念没有消失，但是表达这一事物或概念的词语却改变了，或更换了表达方式。

第七章　西周承古词

　　王力在《汉语史稿》里说："在三千多年的汉语发展过程中，到底逐渐积累了的是一些什么新质要素，逐渐衰亡了的是一些什么旧质要素？能答复这个问题，就是研究了汉语的历史。"[①]语言不仅是人类交流的工具，同时还肩负着传递文化内涵的任务。符号体系在语言中扮演着重要的角色，它们记录了人们的生活环境和思考方式，而语言则成为这些符号的具体表达形式。语言和思维之间紧密相连，人们思考和表达的方式也受到语言的制约。因此，通过研究语言，我们可以了解一个民族的思维方式。西周词汇处于上古汉语发展的前端，连接着甲骨文词汇与春秋词汇。从出土的甲骨文资料中我们可以得知，甲骨文已经具备比较完备的词汇系统，而基于语言经济原则，西周词汇中除了新产生的词以外还存在一部分从甲骨文中继承而来的词形与词义，即本章所要讨论的西周承古词与承古义。

第一节　西周承古词的界定与基本类型

　　殷商时代的语言主要体现在甲骨文和部分青铜铭文中。受到生产力的限制，西周的人们无法解决自然界中的许多问题，所以只能依靠占卜来处理一些重要的事情。因此，在那个时代，占卜非常盛行，无论大小的事情都要进行占

---

① 王力：《汉语史稿》，中华书局2013年版，第1页。

卜。尽管龟甲兽骨主要是商王掩埋之物，是记录"宫廷占卜语言"的方式，但它所记录的事情涵盖了社会生活的许多方面，从政治、战争到田猎、农业以及日常生活等。西周时期的语言更接近汉语的原始面貌，这一时期的词汇比殷商时期的词汇更规范，但仍有一部分词汇是从殷商时期继承而来的，主要是从甲骨文词汇里继承而来，这部分词汇我们称其为承古词。

一、西周承古词的界定

现代汉语"承古词"指的是假如一个词的任何一个义项的最后一个用例是现代汉语的，那么说明这个义项沿用到现代汉语，这个词也就沿用到现代汉语。我们就不能说这个词消亡了，只能说它是现代汉语中的"承古词"。[①]我们可以以此来界定西周承古词。本章探讨的承古词主要指的是从商代继承而来的词。这种继承关系可以有两种理解：一是一个词在甲骨卜辞中的义项完全保留到西周时期，词义没有发生任何改变；二是一个词在甲骨卜辞中某一个义项在西周词汇语料库中仍然沿用，则我们判定它是西周承古词。我们对西周承古词的判定主要采用的方法是：利用徐中舒的《甲骨文字典》[②]与我们西周词汇语料库进行比对，如果一个词出现在西周词汇语料库中，且符合以上西周承古词含义的两条标准，我们就判定其为西周承古词，比如：

翌日，丁亥，王其又祢于文武帝正王受又。（《合集》36168）[③]

"文"在甲骨文中是表示美的含义，常用于王名之前来表示对王的美称。"文"字在西周仍然沿用，如：

《伯鲜鼎》："用享考于文祖。"（《集成》2663）

《师艅鼎》："其乍（作）厥文考宝贞（鼎）。"（《集成》2723）

"文"在殷商甲骨文中有赞美之义，西周金文中"文"仍延续这一含义，

---

① 杨端志：《〈汉语大词典〉对汉语词汇发展演变史的价值与研究方法——〈汉语大词典〉词汇发展演变史研究条例》，载《汉语史论集》，齐鲁书社2008年版，第294—299页。

② 为了确保研究的准确性，我们仅采用《甲骨文字典》作为封闭的语料比对，虽不能涵盖承古词全貌，但确是我们未来的研究方向。

③ 此标注均出自徐中舒《甲骨文字典》，以下涉及甲骨文用例均同此。

而且词形也没变化，据此，我们称这样的词为西周承古词。再如：

乙卯卜，即贞，王宾报乙祭亡凸（《合集》22692）

丁未贞，祕岁重祭彗（《合集》34615）

"祭"在殷商甲骨文中表示祭祀的名称，甲骨文中祭不从示，示是后加的义符。甲骨文中的祭字形是"以手持，即肉"，或者以数量不等圆点代表血点之形，会祭祀之意。祭是殷商时代五种祭祀系统中一种祀典的专名。"祭"在西周金文中仍然沿用，如：

《史喜鼎》："史喜乍（作）朕文考翟祭。"（《集成》2473）

二、西周承古词的基本类型

我们讨论西周承古词的基本类型主要从两个方面来考虑：一方面，从语法的角度来看，西周承古词在词汇功能上承担哪些角色；另一方面，从音节的构成角度来看，西周承古词又具有哪些结构。只有搞清楚这两个问题，我们才能全面展现西周承古词的类型面貌。

（一）西周承古词的语法类型

西周承古词的语法类型主要是从词的功能方面进行分类，这一时期的承古词主要有名词、动词、形容词等实词，也出现了虚词。

1.名词

甲骨文中关于"女"的词汇在某种程度上带有历史发展进程的痕迹，它们中某些词汇既是某些母系社会的见证词，又是父系社会的沿用词汇。

戊辰卜，又报匕己一女，匕庚一女。（《合集》32176）

♀在甲骨文中被隶定为"匕"，借用作"妣"，表示对各代祖母的统称，即对自己、父辈乃至再上几辈的祖母的通称。西周时期人们沿用该词，如：

《叔尸钟》：用享于其皇祖、皇妣、皇母、皇考。（《集成》272）

2.动词

甲骨文"食"作𩙿、𩚊或𩚕，象食器之形，用作动词时，表示"吃"的意思，如：

月一正日食麦。（《合集》24440）

食来。（《合集》914）

西周时期，"食"仍有"吃"的意思，如：

《上曾大子鼎》：多用旨食。（《集成》2750）

3.形容词

"延"在甲骨文中表示"延长""持续"的意义，如：

辛亥卜，贞：延雨。（《合集》39216）

王曰雨惟其不延。（《合集》13260）

此外，该词还用于表示疾痛或灾祸的延续，如：

有疾目不延。（《合集》13260）

西周金文中该词仍然沿用，如：

《蔡侯纽钟》：延（诞）中厥德。（《集成》210）

4.虚词

卜辞中出现的虚词据不完全统计大概有七十几个。虚词的数量与后世相比较是比较匮乏的。但西周时期常用的虚词，如"不""勿""非""亦""其"等在甲骨文中都已经出现了，而且作为虚词的用法也与现在基本相同。虚词承古词体现了语言的继承关系，说明虚词也是一类用法相对固定的词类。

（二）西周承古词的音节类型

1.单音承古词

单音承古词指的是由一个音节构成的词，单音节词是西周词汇的主要部分，也是西周承古词最重要的组成部分，数量也是比较多的。西周单音承古词有表示自然现象的，比如日、月、星、云、雨等，这些单音节词多出现在占卜祭祀之中，也属于基本词汇范畴。如：

辛巳贞，日哉其告于父丁。（《合集》33698）

癸酉贞，日月有食惟若。（《合集》33694）

旬壬申夕，月有食。（《合集》11482）

之夕月有食。（《合集》11483）

有新大星并火。（《合集》11503）

今夕其星在亯。（《合集》40205）

贞：兹云其雨。（《合集》13386）

己丑卜，今夕大雨。（《合集》27219）

戊辰卜，雨自今三日庚雨小。（《合集》19772）

2.双音节承古词

双音节承古词指的是由两个音节构成的合成词。双音节承古词可以分为双音节复合承古词与附加式承古词。

（1）双音节复合承古词

双音节复合承古词是双音节承古词的主要组成部分。双音节复合承古词又可以分为联合式、偏正式、动宾式三类。联合式是由两个意义相同、相近、相关或相反的词根并列组合而成的。两个词素之间是平等并列的关系，在甲骨卜辞与西周金文中都有一些表示时间、方位的双音节词。

以表示时间的词为例，在甲骨卜辞中表示时间的词有"甲子""乙丑""丙寅""丁卯""戊辰"等，这些词在西周金文、传世文献中都是沿用的。

甲骨卜辞中有表示方位的双音节词，如"东西""西南""西北""北西""北东"，这些词在西周金文中也是沿用的，甚至沿用到现代汉语之中。

偏正式"翌日"中，"翌"是表示未来的时间，经常指第二天。甲骨卜辞中有：

丁未卜，翌日雨，小采雨，东。（《合集》21013）

西周金文中有：

《小盂鼎》：雫若翌日乙酉。（《集成》2839）

动宾式"作册"最初之意为制作、治理典册。《书·多士》："惟殷先人有册有典。"后将从事这一工作的职官称为"作册"。"作册"在西周金文、西周传世文献中都有使用，如：

《十三癀壶》：王乎乍（作）册尹册赐癀。（《集成》9723）

王命周公后，作册逸诰。（《书·洛诰》）

命作册度。（《书·顾命》）

康王命作册毕，分居里。（《书·毕命》）

（2）附加式承古词

甲骨卜辞中"多"常附加于一些表示职官、身份类的词根前，与词根一起组成表示集合概念某类人。岛邦男据卜辞推测，认为："'亚'官即将帅之职，亚与'旅'并称为'亚旅'、'侯亚侯旅'；旅即军旅，亚又与'多马'并称。"① "多亚"是一个集合名词，是多个亚官之总称。甲骨卜辞与西周金文的用例如下：

庚辰卜，令多亚弜犬。（《合集》5677）

《逦簋》：王舍（饮）多亚。（《集成》3975）

第二节　西周承古词的义域

通过研究我们发现，西周时期承古词的语义类型是十分丰富的，基本涵盖了社会生活的方方面面。我们将这些承古词大致分为五类：与政治有关的承古词，与军事有关的承古词，与自然有关的承古词，与时间有关的承古词，与农业生产有关的承古词。

一、与政治有关的承古词

1.祭祀方面的承古词

恩格斯说："一切宗教都不过是支配着人们日常生活的外部力量在人们头脑中的幻想的反映。"②恩格斯的话说明，宗教的发展与一个社会所处的历史阶段密切相关。商代社会是我国文明初期的发展阶段，生产力水平还比较低下，很多自然现象人们还无法解释，而且又经常受到自然灾害的侵犯，面对未知的世界，他们只能求助于想象中的神或祖先的力量，因此"殷人尊神，率民以事神"。到了西周时期，尽管生产力有了一定的发展，但祭祀活动仍然占据着国家社会生活的核心地位。

---

① 岛邦男：《殷墟卜辞研究》，上海古籍出版社2006年版，第914页。

② 恩格斯：《反杜林论》，载《马克思恩格斯文集》（第9卷），人民出版社2009年版，第333页。

丙辰卜真王育卜丙，荐无尤。（《合集》35554）

己未卜真王育雍己，荐无尤。（《合集》35624）

己丑卜真王育祖己，荐无尤。（《合集》35872）

商朝统治者通过各种祭祀活动表达对祖先神灵的崇敬之情。"荐"字，解释为以动物头为祭品进行的祭祀，体现了商朝人希望祖先神灵也能享用到人间的各种东西，以此来求得祖先神灵护佑的心理。西周时期还保留着这种用动物头敬奉神灵的祭祀，如：

《墙侯因脊敦》：者（诸）侯夤荐吉金（《集成》4649）

在祭祀活动中，祭祀者除了要求祭品丰富多样外，在祭祀用具即祭具方面也是非常讲究，什么种类的祭品使用什么样的祭具在殷商时期的祭祀活动中都有严格的界定。如：

己未卜，真王宾品亡尤。（《合集》38716）

丁酉卜，祝真其品后在兹。（《合集》23713）

徐中舒在《甲骨文字典》中解释"品"字从口，表示容器或礼器，三个"口"组成的"品"字象盘中装满许多祭品祭拜神灵，因此引申出"比较多"的意思。殷商的祭祀对象分为直系先王和旁系先王，祭品也是分等级的，在西周仍然沿用，如：

《尹姞鬲》：赐玉五品、马四匹。（《集成》754）

《鲜盘》：裸玉三品。（《集成》10166）

殷商时期的祭祀活动往往都具有很强的目的性，有的祭祀是为了表达对祖先神灵的崇拜之情，而有的则是为了祈雨消灾。不同目的的祭祀活动所采用的用牲法也不同，而这些在用牲法用字中都有所反映，如：

匚于丁燎卅牛。（《合集》1945）

王宾上甲燎五牛。（《合集》22631）

辛巳卜王上甲燎十犬。（《合集》19812）

己丑卜燎夕雨。（《合集》33915）

《说文》："燎，柴祭天也。"柴祭于天是在野外进行的，本是为了使升腾的烟气为天所知道，以此保佑世人，后来逐渐转变为在室内举行。卜辞中已经出现了附加"∩"，到西周金文中仍沿用该词，而且也附加"∩"：

《叔尸镈》：㝅乃敁寮。（《集成》285）

祭祀活动是一系列祭祀仪式的集合体。在诸多的祭祀仪式中，歌舞是祭祀活动中一项必不可少的内容。祭祀者通过歌舞表现对祖先神灵的敬畏之情。歌舞的类型和规模在一定程度上表现了祭祀的规模，所以，祭祀歌舞在殷商祭祀研究中占有极其重要的地位。如：

辛亥卜，出贞，其鼓肜告于唐九牛一月。（《合集》22749）

叀五鼓上帝若王…又…。（《合集》30388）

祭祀最能反映古人的生活和思维方式，因此，西周沿用殷商时期的词汇中很大一部分是表示祭祀的词汇。

2.职官方面的承古词

职官制度是国家政治结构的基本形式之一，职官是古代国家政治结构的基本构成。商周时代都是由奴隶主建立起国家，实行的是世官世禄制，奴隶主贵族世世代代控制了从中央到地方的各级政权。[1] 卜辞、西周金文、传世文献中关于职官的词很多，由于商周两代在政治制度上具有一定延续性，因此关于职官的词在西周文献中保留很多。如：

侯来告马。（《合集》20072）

从苍侯虎伐免方受有又。（《合集》3305）

贞勿追侯虎从。（《合集》10080）

卜辞中讲到的"侯"多指的是商朝各地的地方长官，即后来的诸侯之"侯"。西周时期，周王分封各国国君为诸侯，因此，"侯"表示诸侯的含义自西周就保留了下来。西周时期"侯"的职责更加细化，在其统辖区域内，世代掌握军政大权，但按礼要服从王命，定期向帝王朝贡述职，并有出军赋和服役的义务。

再如"臣"，从其甲骨文字形来看，像竖目形，郭沫若解释道：以一目代

---

[1]　连秀丽：《西周官制研究的典范之作——评张亚初、刘雨的〈西周金文官制研究〉》，《学术评论》2019年第6期。

表一人，人首下俯时则横目形为竖目形，故以竖目形像屈服之臣仆、奴隶。[①]卜辞中臣多表示协助君主管理国家的各级官员，在商代，臣是一种较高级别的官员，有时候和侯、伯的地位相近。如：

臣汕。（《合集》707）

臣舌。（《合集》19092）

贞叀小臣令众黍一月。（《合集》12）

卜辞中"臣"多与私名相连。小臣在卜辞中是经常出现的，虽然冠以"小"，但并非官职低。在商代，有的小臣地位仅次于王，近乎于后代的大臣之义。西周时期也保留了这个含义，如：

《大盂鼎》：赐尸（夷）司王臣十又三伯。（《集成》2837）

臣弑其君。（《易·坤》）

《小臣单觯》：小臣单贝十朋，用乍(作)宝尊彝。（《集成》6512）

西周是接续商朝的王朝，建立初期职官制度与商朝还是多有相似之处，因此承古词中表示职官的这一类词语也是比较多的。

3.社会等级方面的承古词

商周都是典型的奴隶制国家，因此商周时期出现很多记录社会等级的词语。商朝除了有商王、侯、伯、职官以及商王室之外，还有平民、奴隶以及战俘。由于西周仍然是奴隶制国家，因此关于社会等级的词语很多都保存下来，比如"俘（孚）"：

用🦅孚。（《合集》2413）

俘，甲骨文从爪从又，表示"俘获"的意思，本义用作动词，后来又引申为凡是被俘获的人都称为"俘"。西周时期，"俘"作动词与名词时都有使用情况。如：

《师同鼎》：俘车马五乘。（《集成》2779）

《敔簋》：夺俘人四百。（《集成》4323）

---

① 郭沫若：《甲骨文字研究》，载《郭沫若全集·考古编》（第1卷），人民出版社1982年版，第70页。

再如"执"，在卜辞中象"用刑具禁锢住人的手腕"，表示"捕执"的含义，作动词，后来引申为表示祭祀时使用的人牲，如：

执其用自中宗祖乙。（《合集》26991）

这句卜辞指的是"用执作为人牲祭祀中宗祖乙"，这样的词义在西周时期也有所保留，如：

铺敦淮渍，仍执丑虏。（《诗·大雅·常武》）

由于商朝与西周都是奴隶制国家，因此西周从商朝继承了一些政治方面的词汇，当然除了保存其原有含义之外，到了西周后期有些词也出现了词义的丰富与拓展。表示政治方面的含义的承古词是语言沉积的一种体现，同时也是语言经济原则的一种表现。

二、军事方面的承古词

从甲骨卜辞来看，商代军队组织是相对简单的，军队可以分为：师、旅、戍、族、射。其中"师""戍""族""射"主要指的是直属中央的军队。"师""旅"近似于后代的野战部队，"戍"近似于后代戍卫部队，"射"则是指射箭部队，属于特殊的部队。"族"一般指属于不同系统的部队，卜辞中有"王族"，直属于商王室，有"子族"，直属于子姓宗室。由此可见，尽管商代军队组织比较简单，但对后世影响很大，周代对于商代的军事组织，因此商代一些表示军队建制、军事活动的词在西周仍有沿用。如：

《多友鼎》：复夺京师之俘。（《集成》2835）

《毛公鼎》：以乃族干（捍）。（《集成》2841）

三、与自然有关的承古词

表示天象等自然环境的词也是承古词的重要组成部分，甚至有很多这一类词的含义一直保留到现代汉语中。一方面，如前文所述，这是语言的沉积；另一方面，这一现象的出现是因为中华文明是世界上唯一未曾中断的文明。甲骨文中"日"象太阳之形，表示太阳，是它的本义。卜辞中经常用"日"来表示太阳神，如：

畐日。（《合集》35482）

这里指的是对太阳神进行禘祭，在商代，人们不仅在一般意义上进行祭日，而且对太阳的某些现象也会进行祭祀。比如：

又出日。（《合集》34163）

这里指的是在太阳出来之前进行侑祀，而且这一祭祀活动在《尚书》中也是有记载的，如：

寅宾出日。（《书·尧典》）

四、与时间有关的承古词

殷商时代有"殷历"，而后世历法沿袭了夏历、殷历的准则，殷历中涉及纪月、纪年，因此甲骨文中有"月"，如：

丙辰卜，宾贞于生八月饮。（《合集4070》）

西周时期仍沿用殷历，因此，"月"仍表示时间，是继承商代而来的承古词。

五、与农业生产有关的承古词

从生物的演化与人类农耕业的发展来说，我们相信在殷商时期动物、植物的种类已经很多了，但是这些词在甲骨卜辞中数量却不多。因为甲骨卜辞主要是用来占卜吉凶，因此包含的词汇只是殷商时期的一部分，不足以展示殷商词汇的全貌。但是，我们在甲骨卜辞中还是发现一些与农业生活相关的动物、植物的名称，并且这些词有的甚至沿用到现代汉语之中。

"禾"，甲骨文中的字形象禾苗之形，指一切谷类，含义更接近"农作物""庄稼"。甲骨卜辞的作用是占卜祭祀，因此"禾"在甲骨卜辞中也有祈求神明保佑庄稼生长得好的含义。如：

禾于示壬。（《合集》33314）

禾于河。（《合集》33273）

"禾"在西周传世文献、西周金文中仍有沿用，如：

十月纳禾稼。（《诗·豳风·七月》）

《曶鼎》：寇曶禾十秭。（《集成》2838）

"麦"在甲骨卜辞中主要指的是大麦，而小麦主要由"禾"来表示。如：

告麦。（《合集》9620）

这里指的是各地的大麦成熟后向官府报告。从甲骨卜辞里我们看到两个词并不互用，因此殷商时期两个词还是有明确分工的。

周代是中国礼乐制度发展的黄金时期，也是礼乐制度由盛转衰的重要历史时期。这一时期的礼乐制度的兴衰与西周政治制度和经济发展紧密相关。西周继承了殷商时期的一些政治制度、文化传统等，这也反映在语言的发展上，特别是词汇的发展。词汇是语言要素中最活跃的要素，也是最能深切感知社会变化的语言要素。本章从西周承古词的界定入手，从承古词的语法功能、音节数量角度呈现了西周承古词的基本类型，同时又从语义功能的角度进行了系统的分析。总的来说我们认为，西周承古词具有如下特点：

一是从语法功能的角度来看，西周承古词词性比较丰富，包括名词、动词、形容词、代词，以及表示时间等的虚词。西周承古词以名词居多。

二是从音节数量的角度来看，西周承古词包括单音节承古词和复音承古词，单音节承古词数量明显多于复音承古词，这也是符合汉语词汇发展规律的。

三是从语义的角度看，西周承古词的语义主要包括政治方面、自然方面、时间方面、农业生产方面。西周承古词基本涵盖了生活的方方面面，但主要继承的是殷商时期的基本词汇。

第八章　西周词义的发展

　　一个时代词义的发展包括新词义的产生，即新义位的产生，也包括词义的消亡，即旧义位的消亡。创造新词是反映词汇变化不可缺少的手段，然而词汇系统内不可能无限制地产生新词，这对交际和系统本身来说也是难以实现的。因此，利用旧词赋予新义就成了产生新词的另一种方式。西周时期不仅出现了大量的新词，同时也出现了大量的新义位，还有一些词义消亡。西周词义的发展主要从两个角度展开：一是新产生的词义，即新义位；二是词义的消亡，即消亡义。

第一节　西周新义位

　　词汇所反映的内容是与现实世界相对应的。现实世界所出现的新事物、新概念，可以通过原有的词汇产生新的义位来表达，一些旧事物、旧现象或旧概念也可以用原有词语的新义位来表达，这两种情况都导致了汉语词汇新义位的产生。

一、西周新义位的基本概况

（一）新义位反映新事物、新概念

某一时期产生的新事物、新概念必然会促使一批新词产生，但是如果无限

制地产生新的词形，就违背了语言经济的原则。因此，人们利用原有词形，使其产生新的义位，从而表示现实生活中新出现的事物、新产生的概念。

1. 与政治有关的新义位

政治方面产生的新义位主要反映在国家名称、祭祀名称以及其他与政治有关的事物上，比如：

盥　本义是洗手，以手承水冲洗。后产生新义位表示祭祀的名称，即灌祭，酌酒浇地降神。《易·观》："盥而不荐，有孚颙若。"李鼎祚集解引马融曰："盥者，进爵灌地，以降神也。"

挚　本义指的是握持。西周时也为诸侯国名，在今河南省汝南县东南。夏奚仲之后，即薛。《诗·大雅·大明》："挚仲氏任，自彼殷商，来嫁于周。"毛传："挚国任姓之中女也。"王先谦集疏："《传》以'中女'释仲氏者，《燕燕》'仲氏任只'，《传》：'仲，戴妫字。'然则'仲'为大任字矣。"

追　本义是追逐、追赶。西周时也为国名，我国西北方少数民族所建。《诗·大雅·韩奕》："以先祖受命，因时百蛮，王锡韩侯，其追其貊，奄受北国，因以其伯。"毛传："追、貊，戎狄国也。"孔颖达疏："上言百蛮，下言追貊，则知追貊即百蛮。"

伯　本义是长兄，兄弟中年最长者。后产生新义位表示祭祀的名称，祭祀马神。《诗·小雅·吉日》："吉日维戊，既伯既祷。"毛传："伯，马祖也。重物慎微，将用马力，必先为之祷其祖。"朱熹集传："伯，马祖也。谓天驷房星之神也。"

师　本义是民众、徒众。《诗·大雅·文王》："殷之未丧师，克配上帝。"西周产生新的义位表示官名，太师的省称，周代辅佐国君的官员。《书·召奭》："召公为保，周公为师，相成王左右。"

问　本义是询问、诘问。后产生新义位表示聘问，古代诸侯之间通问修好。《诗·大雅·绵》："肆不殄厥愠，亦不陨厥问。"郑玄笺："小聘曰问。"高亨注："问，聘问。"

宝　本义是玉石、玉器的总称。后产生新义位指印信符玺。古代天子诸侯以圭璧为符信，泛称宝。秦始以帝后的印为玺，唐改称宝。《诗·大雅·崧高》："锡尔介圭，以为尔宝。"

宗人　本义是同族之人。后也为官名，掌宗庙、谱牒、祭祀等。《书·顾命》："上宗曰飨，太保受同，降，盥以异同，秉璋以酢，授宗人同，拜，王答拜。"孔传："宗人，小宗伯。"

农夫　本义指务农的人。《诗·豳风·七月》："嗟我农夫，我稼既同，上入执宫功。"后引申为古代田官名。《诗·周颂·噫嘻》："率时农夫，播厥百谷。"郑玄笺："又能率是主田之吏农夫，使民耕田而种百谷也。"《诗·豳风·七月》"田畯至喜"唐孔颖达疏："《释言》云：'畯，农夫也。'孙炎曰：'农夫，田官也。'"

卿士　本义指卿、大夫。后用以泛指官吏。《书·牧誓》："是信是使，是以为大夫卿士。"孙星衍疏："大夫卿士不云卿大夫士，盖以此士，卿之属也。"后也指周王朝的执政者，总管王朝的政事。《诗·小雅·十月之交》："皇父卿士，番维司徒。"朱熹集注："卿士，六卿之外，更为都官，以总六官之事也。"

2.与自然界有关的新义位

自然界方面产生的新义位主要是表示动植物的名称、某些自然现象的名称等，如：

贼　本义是指败坏、毁坏。后又出现新义位指一种专食苗节的害虫。《诗·小雅·大田》："去其螟螣，及其蟊贼。"毛传："食根曰蟊，食节曰贼。"陆玑疏："贼，似桃李中蠹虫，亦头身长而细耳。"

芑　本义是指粟的一种。茎白色，又名白粱粟。《诗·大雅·生民》："诞降嘉种，维秬维秠，维穈维芑。"后又出现新的义位表示一种蔬菜。《诗·小雅·采芑》："薄言采芑，于彼新田。"陆玑疏："芑，菜，似苦菜也。茎青白色，摘其叶，白汁出，肥可生食，亦可蒸为茹。"

台　本义是指高而上平的方形建筑物，供观察眺望用。后又出现新的义位表示一种草的名称，即莎草，又称夫须，可制成蓑笠。《诗·小雅·南山有台》："南山有台，北山有莱。"毛传："台，夫须也。"

陟　本义是指由低处向高处走，与"降"相对。《诗·周南·卷耳》："陟彼崔嵬，我马虺隤。"后又出现新的义位表示祭祀山岳。《诗·周颂·般》："陟其高山，嶞山乔岳，允犹翕河。"郑玄笺："则登其高山而祭之。"马瑞辰通释："《觐礼》'祭山丘陵升'，《礼器》'因名山升中于天'，是升为祭山之名。"

眚　本义是指眼睛生翳。后又出现新的义位表示日月食，亦指灾异、妖祥。《易·讼》："九二，不克讼，归而逋，其邑人三百户，无眚。"

箕　本义是簸箕，扬米去糠的器具。后又出现新的义位表示星宿，二十八宿之一。《诗·小雅·巷伯》："哆兮侈兮，成是南箕。"毛传："南箕，箕星也。"郑玄笺："箕星哆然，踵狭而舌广。"孔颖达疏："二十八宿有箕星，无南箕。故云南箕即箕星也。箕四星：二为踵，二为舌。"

三五　本义指十五天。后也指参宿和昴宿。《诗·召南·小星》："嘒彼小星，三五在东。"王引之《经义述闻·毛诗上》："三五，举其数也；参昴，著其名也。"旧说以"三五"指心宿和柳宿（咮）。毛传："三，心；五，咮。四时更见。"

宵行　本义指夜间出行。《周礼·秋官·司寤氏》："司寤氏掌夜时，以星分夜，以诏夜士夜禁。御晨行者，禁宵行者、夜游者。"后引申为虫名，即萤，俗称萤火虫。《诗·豳风·东山》："町疃鹿场，熠耀宵行。"

启明　本义指开明、通达事理。《书·尧典》："放齐曰：'胤子朱，启明。'"孔传："启，开也。"孔颖达疏："其人心志开达，性识明悟。"后也为星名。《诗·小雅·大东》："东有启明，西有长庚。"毛传："日旦出，谓明星为启明；日既入，谓明星为长庚。"

初吉　本义指初时吉利。《易·既济》："初吉终乱。《象》曰……'初吉'，柔得中也。"高亨注："封辞云'初吉'者，因臣下在初时得正中之道，故吉也。"后又指朔日，即阴历初一日。《诗·小雅·小明》："二月初吉，载离寒暑。"毛传："初吉，朔日也。"一说自朔日至上弦（初八日）为"初吉"。

3.与日常生活有关的新义位

表示日常生活的新义位主要包括人们所使用的生活用品的名称、计量单位、时间以及称谓等，如：

枞　本为木名，树干高数丈，可作建筑材料。后产生新的义位表示崇牙，即古代悬挂钟磬架子上端所刻锯齿。《诗·大雅·灵台》："虡业维枞，贲鼓维镛。"毛传："枞，崇牙。"孔颖达疏："其悬钟磬之处，又以彩色为大牙，其状隆然，谓之崇牙。言崇牙之状枞枞然。"

应₂①　本义指的是受、接受。新义位为乐器名，即小鼓。《诗·周颂·有瞽》："应田县鼓，鞉磬柷圉。"毛传："应，小鞞也；田，大鼓也。"

瓦　本义指的是古代陶制器物的总称。后产生新义位表示古代泥土烧制的纺锤。《诗·小雅·斯干》："乃生女子……载弄之瓦。"毛传："瓦，纺砖也。"马瑞辰通释："古之撚线者，以专为锤。"

朋　本义是指朋友、弟子、志同道合的人。《易·坤》："西南得朋，东北丧朋。"后产生新义位表示贝币的单位。《诗·小雅·菁菁者莪》："既见君子，锡我百朋。"郑玄笺："古者货贝，五贝为朋。"或谓二贝为一朋。

甲　本义是指植物某些部分的外层，如种皮、花萼、果实外壳等。《易·解》："雷雨作而百果草木皆甲坼。"后产生新义位指一旬的第一日。《易·蛊》："先甲三日，后甲三日。"孔颖达疏："甲，为十日之首。"高亨注："每月三旬。每旬十日，以甲、乙、丙、丁、戊、己、庚、辛、壬、癸十字记之。"

（二）新义位反映旧事物、旧概念

旧事物、旧概念是指在西周时期已经存在的事物和概念。这些事物本身已经存在词的形式，或者有的还没有词的形式。新义位反映旧事物、旧概念指的就是利用某些词语的新产生的义位来表示西周时期已经存在的事物和概念。如：

匹　本义指相配、相比、相当。后指志同道合的人、伴侣、配偶。

---

① "应₂"音yìng。

《诗·大雅·假乐》："无怨无恶，率由群匹。"郑玄笺："循用群臣之贤者，其行能匹耦己之心。"孔颖达疏："其行能匹耦己之心者，谓举事允当，与己志合也。"

髦　本义指马颈上的长毛。后指选拔。《诗·大雅·思齐》："誉髦斯士。"清王引之《经义述闻·尔雅中》"髦，选也"："选士亦谓之髦。'誉髦斯士'是也。'誉髦斯士'，选斯士也。"

讯　本义指询问。后指被俘的敌囚。《诗·小雅·出车》："执讯获丑，薄言还归。"朱熹集传："讯，其魁首当讯问者也。"

屏　本义指照壁，对着门的小墙。后指屏障之物。《诗·小雅·桑扈》："君子乐胥，万邦之屏。"毛传："屏，蔽也。"郑玄笺："王者之德，乐贤智在位，则能为天下蔽捍四表患难矣。"

蘽棘　本义指丛生的荆棘。后指古代拘留犯人之地。《易·坎》："系用徽纆，置于丛棘。"孔颖达疏："丛棘谓囚执之处，以棘丛而禁之也。"

鹡鸰　本指鸟。后以"鹡鸰"（脊令）比喻兄弟。《诗·小雅·常棣》："脊令在原，兄弟急难。"

兄弟　本义指的是哥哥和弟弟。《诗·小雅·常棣》："凡今之人，莫如兄弟。"郑玄笺："人之恩亲，无如兄弟之最厚。"后引申为对亲戚的统称。《诗·小雅·伐木》："笾豆有践，兄弟无远。"郑玄笺："兄弟，父之党，母之党。"

寝庙　本义指古代宗庙的正殿称庙，后殿称寝，合称寝庙。《诗·小雅·巧言》："奕奕寝庙，君子作之。"后指住宅和宗庙，有时亦泛指住宅。《诗·大雅·崧高》："有俶其城，寝庙既成。"孔颖达疏："寝，人所处，庙神亦有寝，但此宜总据人神，不应独言庙事，故以为人寝也。"

二、新义位产生的途径

（一）词义引申

"词义的发展有几种方式，引申是其中最能产的方式，它是基于联想而产生的一种词义变化。"^① "词义从一点（本义）出发，沿着它的特点所决定的方向，按照各民族的习惯，不断产生新义或派生新词，从而构成有系统的义列。"^②

1. 引申的方式

西周时期词义的引申主要有以下几种：

（1）相似引申

相似引申指的是以事物的形状、状态、功能、性质等的相似为基础而产生的引申，这种引申主要反映人们对事物之间特征相似性的认识，如：

屏　本义指的是照壁，即对着门的小墙。《荀子·大略》："天子外屏，诸侯内屏。外屏，不欲见外也；内屏，不欲见内也。"根据相似的特点，西周时期产生新义表示屏障之物。《诗·小雅·桑扈》："君子乐胥，万邦之屏。"毛传："屏，蔽也。"郑玄笺："王者之德，乐贤智在位，则能为天下蔽捍四表患难矣。"

问　本义指询问、诘问。《书·吕刑》："皇帝清问下民。"根据相似的特点，西周时期引申为聘问，即表示古代诸侯之间通问修好。《诗·大雅·绵》："肆不殄厥愠，亦不陨厥问。"郑玄笺："小聘曰问。"高亨注："问，聘问。"

相似引申的情况，在西周时期是很多的。用来进行类比的词，多是语言中基本词汇的常用意义，因此这种产生的义位大多数在词性上与原来的义位保持一致，意义上指称的范围扩大了，词义由具体变得抽象了。

（2）相关引申

相关引申指的是以事物之间的相关性作为基础而产生的引申。人们对事物的认知并不是单一的，因此就会在相互联系的前提下对事物进行归类。两种事物或者现象之间存在着密切的联系，这种联系在人们的意识中因为经常出现而已经固定下来，因此也就出现用一个事物或现象去指称另一个现象或者事物的

---

① 江傲霜：《六朝笔记小说词汇研究》，中央民族大学出版社2008年版，第48页。
② 陆宗达、王宁：《训诂方法论》，中国社会科学出版社1983年版，第140页。

用法。如：

翼　本义指的是鸟类或昆虫的翅膀。《易·明夷》："明夷于飞，垂其翼。"根据相关的特点引申为覆蔽、遮护。《诗·大雅·生民》："诞置之寒冰，鸟覆翼之。"

陨　本义指的是坠落。《易·姤》："有陨自天。"高亨注："陨，坠也，灭也。"根据相关的特点引申为失去、丧失。《诗·大雅·绵》："肆不殄厥愠，亦不陨厥问。"马瑞辰通释："孟子曰：'文王事昆夷。'又曰：'肆不殄厥愠，又不陨厥问，文王也。'赵注：'言文王不殄绝畎夷之愠怒，亦不能陨失文王之善声问也。'"

上　本义指的是位置在高处。《诗·周颂·敬之》："无曰高高在上，陟降厥士，日监在兹。"根据相关引申的特点又引申为上位、社会的最高层。《书·吕刑》："穆穆在上，明明在下。"孔颖达疏："言尧躬行敬敬之道在于上位，三后之徒躬秉明德，明君道在于下。"还引申为上天、天帝。《书·西伯戡黎》："呜呼，乃罪多参在上。"孔传："言汝罪恶众多，参列于上天。"

相关引申的情况，在西周时期也是比较多见的。相关引申多是因为人们从整体上把握所反映的对象所引起的联想而产生的。相关引申产生的多是词性不同的词。

（3）理性引申

理性引申指的是以汉民族共同的理性认识作为基础，通过事物之间的联系从而产生的引申。这种引申反映事物在观念上或者运动变化中的相关性，因此，导致两个概念（比如时空、因果、动静、施受等）内发生引申的情况。

①时空引申

时空引申指的是一个义位从表示时间领域转移到表示空间领域或者从表示时间领域转移到表示空间领域。在先秦时期，时间和空间的联系是十分紧密的。如：

上　本义指的是位置在高处，表示空间领域。《诗·周颂·敬之》："无曰高高在上，陟降厥士，日监在兹。"引申为时间或次序在前，表示时间领域。《书·微子》："我祖底遂陈于上。"孔传："言汤致遂其功，陈列于上世。"

②通感引申

通感引申指的是在人不同的感官之间所产生的一种引申，它将人类不同认知领域的意义联结在一起。"人类感官的这种通感的作用构成了人们认知事物又一生理和心理基础，这一过程反映在语言的创造和运用中，产生了被称为通感隐喻（synaesthetic metaphors）的语言现象。"[①]如：

苦　本义指的是苦菜。《诗·唐风·采苓》："采苦采苦，首阳之下。"毛传："苦，苦菜也。"孔颖达疏引陆玑曰："苦菜生山田及泽中，得霜恬脆而美，所谓堇荼如饴。"这本来是一个表示味觉方面的词，后来引申为痛苦、困苦，由表示味觉转移到表示心理活动。《书·盘庚中》："尔惟自鞠自苦。"

相[②]₂　本义指的是看、观察。《书·无逸》："相小人，厥父母勤劳稼穑，厥子乃不知稼穑之艰难。"孔传："视小人不孝者，其父母躬勤艰难，而子不知其劳。"这是表示视觉的一个词，后来引申为辅助、佑助，由表示视觉转移到表示人的动作。《书·盘庚下》："予其懋简相尔，念敬我众。"孔传："简，大；相，助也。勉大助汝。"

③泛指引申

泛指引申指的是由于人们对客观事物的认识范围扩大而产生的引申。

涉　本义指的是徒步渡水。《诗·郑风·褰裳》："子惠思我，褰裳涉溱。"西周时期泛指渡水。《书·盘庚中》："盘庚作，惟涉河以民迁。乃话民之弗率。"

脍　本义指的是细切的鱼肉。《论语·乡党》："食不厌精，脍不厌细。"西周时期泛指切割。《诗·小雅·六月》："饮食诸友，炰鳖脍鲤。"

核　本义指果实中心保护果仁的硬壳。《礼记·曲礼上》："赐果于君

---

① 赵艳芳编著：《认知语言学概论》，上海外语教育出版社2001年版，第43页。

② "相₂"音xiàng。

前，其有核者怀其核。"西周时期指有核的果品。《诗·小雅·宾之初筵》："笾豆有楚，殽核维旅。"孔颖达疏："笾实有桃梅之属，故称核也。"

④ 特指引申

特指引申指的是由于人们对客观事物认知范围缩小而产生的引申。

瓒　本义指的是质地不纯的玉。《周礼·考工记·玉人》："天子用全，上公用龙，侯用瓒，伯用将。"后特指祭祀用的玉制酒勺。《书·文侯之命》："平王锡晋文侯秬鬯圭瓒。"孔传："以圭为杓柄，谓之圭瓒。"

2.引申的结果

词义引申的结果有词义扩大、词义缩小以及词义转变。

（1）词义扩大

词义的扩大指的是词义所指的对象范围的扩大，引申义位与原有的义位相比较，扩大式引申所产生的中心义素不变，限定义素减少，所表示的概念的外延扩大。如：

兄弟　本义指的是哥哥和弟弟。《诗·小雅·常棣》："凡今之人，莫如兄弟。"郑玄笺："人之恩亲，无如兄弟之最厚。"引申为对亲戚的统称。《诗·小雅·伐木》："笾豆有践，兄弟无远。"郑玄笺："兄弟，父之党，母之党。"

曾孙　本义指孙子的儿子。《左传·昭公七年》："余将命而子苟与孔烝鉏之曾孙圉相元。"引申为对曾孙以下的统称。《诗·周颂·维天之命》："骏惠我文王，曾孙笃之。"郑玄笺："曾，犹重也。自孙之子而下，事先祖皆称曾孙。"

四方　本义指东南西北四个方向。《礼记·射义》："男子生，桑弧蓬矢六，以射天地四方。"引申为天下、各处。《易·姤》："后以施命诰四方。"

君子　本义是对统治者和贵族男子的通称。常与"小人"或"野人"对举。《诗·魏风·伐檀》："彼君子兮，不素餐兮！"引申为泛指才德出众的人。《易·乾》："九三，君子终日乾乾。"

服马　古代一车四马，当中夹辕二马称"服马"。《释名·释车》："游环在服马背上，骖马之外。"引申为驾车之马。《诗·郑风·叔于田》："叔适野，巷无服马。"郑玄笺："服马，犹乘马。"

（2）词义缩小

词义的缩小指的是词义所指的对象范围的缩小，引申的义位与原义位相比较，缩小式引申所产生的中心义素不变，限定义素增加了，所表示的概念的外延缩小。如：

小子　本义指平民百姓。《书·酒诰》："文王诰教小子，有正有事，无彝酒。"孔传："小子，民之子孙也。正官治事，下群吏教之，皆无常饮酒。"引申为学生、晚辈。《诗·大雅·思齐》："肆成人有德，小子有造。"郑玄笺："成人谓大夫士也，小子其弟子也。"

吉士　犹贤人。《书·立政》："继自今立政，其勿以憸人，其惟吉士，用劢相我国家。"引申为男子之美称。《诗·召南·野有死麕》："有女怀春，吉士诱之。"

中国　上古时代，我国华夏族建国于黄河流域一带，以为居天下之中，故称中国，而把周围其他地区称为四方。后泛指中原地区。《诗·小雅·六月序》："《小雅》尽废，则四夷交侵，中国微矣。"引申为京师。《诗·大雅·民劳》："惠此中国，以绥四方。"毛传："中国，京师也。"

邦人　本义指国人、百姓。《书·金縢》："二公命邦人，凡大木所偃，尽起而筑之。"引申为诸侯。《诗·小雅·沔水》："嗟我兄弟，邦人诸友。"毛传："邦人诸友，谓诸侯也。"

（3）词义转变

无论是词义的扩大还是词义的缩小都是在一个词的某个意义范围内的变化，然而词义的转变则指的是词义由某个范围转移到另一个范围。转移是指保留某一个义位的限定义素，而其他的义素特别是中心义素产生变化而引起词义变化，使这个义位由一个语义场转入另一个语义场。

宵行　本义指夜间出行。《周礼·秋官·司寤氏》："司寤氏掌夜时，以星分夜，以诏夜士夜禁。御晨行者，禁宵行者、夜游者。"引申为虫名，即萤，俗称萤火虫。《诗·豳风·东山》："町畽鹿场，熠耀宵行。"

燔炙　本义指烧与烤，亦泛指烹煮。《战国策·魏策二》："齐桓公夜半不嗛，易牙乃煎熬燔炙，和调五味而进之。"引申为烤肉，亦泛指佳肴。《诗·大雅·凫鹥》："旨酒欣欣，燔炙芬芬。"

琴瑟　乐器，指琴、瑟的一种。《书·益稷》："戛击鸣球，搏拊琴瑟以咏，祖考来格。"引申为弹奏琴瑟。《诗·周南·关雎》："窈窕淑女，琴瑟友之。"

稼穑　本义指耕种和收获，泛指农业劳动。《书·无逸》："厥父母勤劳稼穑，厥子乃不知稼穑之艰难。"引申为农作物、庄稼。《诗·大雅·桑柔》："降此蟊贼，稼穑卒痒。"朱熹集传："又降此蟊贼，则我之稼穑又病，而不得以代食矣。"

饮食　本义指吃喝。《书·酒诰》："尔乃饮食醉饱。"引申为饮料和食品。《诗·小雅·楚茨》："苾芬孝祀，神嗜饮食。"郑玄笺："苾苾芬芬有馨香矣，女之以孝敬享祀也，神乃歆尝女之饮食。"

词义发生扩大或者缩小以后，新义代替了旧义，也就是说随着新义的产生，旧义也就慢慢淡出了交际的舞台。而转移则不同于扩大或者缩小，词义的转移除了新义产生、旧义消亡以外，还存在一种情况就是新义产生后旧义仍旧使用。

（二）修辞手段

王力曾经说过："词义的变迁，和修辞学的关系是很密切的。在许多情况下，由于修辞手段的经常运用，引起了词义的变迁。"[①]修辞手段是语言中所使用的一种临时用法，当这种临时的用法固定以后就产生了新的义位，这种义位是原义位通过修辞这种手段而产生的。

罔　本义指的是绳索交叉编结而成的渔猎用具。渔网和法律具有相似的性质，因此西周时期又引申为"法网"。《诗·大雅·瞻卬》："天之降罔，维其优矣。"

蓼　本义是一种植物的名称，味辛，可以作调味用。《诗·周颂·良

---

①　王力：《汉语史稿》，中华书局2013年版，第547页。

耜》：“以薅荼蓼。”毛传：“蓼，水草也。”因为这种植物有一种很刺激的味道，所以后来西周时期又引申表示辛苦的含义。《诗·周颂·小毖》：“未堪家多难，予又集于蓼。”毛传：“我又集于蓼，言辛苦也。”

玷　本义指玉的斑点、瑕疵。《诗·大雅·抑》：“白圭之玷，尚可磨也。”人的缺点和玉的瑕疵具有一定的相似性，因此后来又引申表示人的缺点。《诗·大雅·召旻》：“皋皋訿訿，曾不知其玷。”

金玉　本义指黄金与珠玉，是珍宝的通称。《左传·襄公五年》：“无藏金玉，无重器备。”引申义比喻珍贵和美好。《诗·小雅·白驹》：“毋金玉尔音，而有遐心。”

照临　本义指照射到。《左传·昭公二十八年》：“照临四方曰明。”引申为从上面照察，比喻察理。《诗·小雅·小明》：“明明上天，照临下土。”郑玄笺：“照临下土，喻王者当察理天下之事也。”

贝锦　本义指像贝的文采一样美丽的织锦。引申义比喻诬陷他人、罗织成罪的谗言。《诗·小雅·巷伯》：“萋兮斐兮，成是贝锦。”朱熹集传：“言因萋斐之形，而文致之以成贝锦，以比谗人者因人之小过而饰成大罪也。”

（三）虚化

虚化是指实词的词汇意义逐渐消失，最后变成表示语法关系的虚词。虚化也是产生新义的一个重要途径。“虚化可以是词义的由实变虚，也可以是语义功能的由实变虚。”[1]

允　本义指的是信实、诚信。《书·顾命》：“命汝作纳言，夙夜出纳朕命，惟允。”孔传：“纳言，喉舌之官，听下言纳于上，受上言宣于下，必以信。”后虚化为语气助词。《诗·周颂·时迈》：“允王保之。”王引之《经传释词》卷一：“允王保之，言王保之也。允，语词耳。”

孔　本义是洞孔、窟窿，后虚化为副词，表示甚、很。《诗·周南·汝坟》：“虽则如毁，父母孔迩。”毛传：“孔，甚。”

---

① 徐时仪：《论词组结构功能的虚化》，《复旦学报》（社会科学版）1998年第5期。

第二节　西周消亡义

一个时期词义的发展不仅体现在词的新义位上，也体现在一些词的消亡意义上，我们称其为消亡义。消亡义既是断代词汇研究的重要方面，也是展现一个时代词汇面貌的重要途径。

一、西周消亡义的基本结构

从音节的角度来看，西周消亡义分为单音词的消亡义和复音词的消亡义。

（一）单音词消亡义

单音词的消亡义主要集中在传世文献《易》中，为卦象的名称，如：

益：《易》卦名。六十四卦之一。《易·益》："益，利有攸往。"孔颖达疏："益者，增足之名，损上益下，故谓之益。"

九：《周易》以阳爻为九。《易·乾》："初九，潜龙勿用。"孔颖达疏："阳爻称九，阴爻称六。"

革：《易》六十四卦名之一。即离下兑上。《易·革》："《象》曰：泽中有火，革。"孔颖达疏："革者，火在泽中，二性相违，必相改变，故为革象也。"

颐：《易》卦名。六十四卦之一。《易·颐》："《象》曰：山下有雷，颐。"

损：六十四卦之一，兑下艮上。《易·损》："《象》曰：'山下有泽，损。'"王弼注："山下有泽，损之象也。"孔颖达疏："泽在山下，泽卑山高，似泽之自损以崇山之象也。"

困：卦名。六十四卦之一。坎下兑上。《易·困》："《象》曰：泽无水，困。"

萃：卦名。六十四卦之一，坤下兑上。《易·萃》："萃，亨。"孔颖达疏："萃，卦名也。"

兑：《易》卦名。八卦之一，又六十四卦之一。象征沼泽。《易·兑》："《兑》，亨、利、贞。"孔颖达疏："以《兑》是象泽之卦，故以兑为名。"

坤：《易》卦名。（1）八卦之一。卦形为☷。象征地。（2）六十四卦之一。坤下坤上。《易·坤》："坤。元亨，利牝马之贞。"

（二）复音词消亡义

复音词的消亡义包括两类：一类是复合词的消亡义，另一类是叠音词的消亡义。复合词消亡义，如：

申甫：周代名臣申伯和仲山甫的并称。《诗·大雅·崧高》："维申及甫，维周之翰。"

文人：古称先祖之有文德者。《书·文侯之命》："汝肇刑文武，用会绍乃辟，追孝于前文人。"孔传："使追孝于前文德之人。"《诗·大雅·江汉》："厘尔圭瓒，秬鬯一卣，告于文人。"郑玄笺："告其先祖诸有德美见记者。"孔颖达疏："汝当受之以告祭于汝先祖有文德之人。"马瑞辰通释："文人，犹云文祖、文父、文考耳……文人亦追自称其先祖。此诗'文人'，传、笺俱指召穆公之先人，甚确。"

崧高：山大而高。《诗·大雅·崧高》："崧高维岳，骏极于天。"毛传："崧，高貌。山大而高曰崧。"

祝祭：司祭礼的人进行祭飨。《诗·小雅·楚茨》："祝祭于祊，祀事孔明。"

成城：犹兴邦。《诗·大雅·瞻卬》："哲夫成城，哲妇倾城。"

来方：谓前来祭祀四方之神。《诗·小雅·大田》："来方禋祀，以其骍黑，与其黍稷，以享以祀，以介景福。"郑玄笺："成王之来，则又禋祀四方之神。"高亨注："来方，来祭四方之神。"

还有一部分叠音消亡义，比如：

坎坎：谓险难重重。《易·坎》："六三，来之坎坎，险且枕，入于坎窞，勿用。"

夬夬：果决貌。《易·夬》："君子夬夬。"王弼注："君子处之，必能弃夫情累，决之不疑，故曰夬夬也。"

威威：惩罚当罚者。《书·康诰》："不敢侮鳏寡，庸庸，祗祗，威威，显民。"孔传："用可用，敬可敬，刑可刑，明此道以示民。"

庸庸：任用应受任用的人。《书·康诰》："不敢侮鳏寡，庸庸，祗祗，威威，显民。"孔传："用可用，敬可敬，刑可刑，明此道以示民。"

栗栗：众多貌。《诗·周颂·良耜》："获之挃挃，积之栗栗。"郑玄笺："栗栗，众多也。"

慆慆：长久。《诗·豳风·东山》："我徂东山，慆慆不归。"郑玄笺："慆慆，言久也。"

翛翛：羽毛残破貌。《诗·豳风·鸱鸮》："予羽谯谯，予尾翛翛。"

熇熇：炽盛貌。《诗·大雅·板》："多将熇熇，不可救药。"毛传："熇熇然，炽盛也。"郑玄笺："多行熇熇惨毒之恶，谁能止其祸？"

板板：乖戾，反常。《诗·大雅·板》："上帝板板，下民卒瘅。"毛传："板板，反也。"孔颖达疏："《释训》云：'板板，僻也。'邪僻即反戾之义，故为反也。"

二、西周消亡义的语义分布

（一）关于祭祀的消亡义

关于祭祀的消亡义主要是一些祭祀的名称。西周延续殷商时期的传统，不仅继承殷商时期比较多的祭祀活动，同时也产生了一些新的祭祀，这在前文西周新词中我们已经展现，这里不再赘述。春秋时期，礼崩乐坏，殷商、西周时期的一些表示祭祀名称的词义已经不再使用而逐渐消亡。如：

方：古代祭祀名。指秋祭四方之神。《诗·小雅·甫田》："以我齐明，与我牺羊，以社以方。"朱熹集传："方，秋祭四方，报成万物。"《诗·小雅·大田》："来方禋祀，以其骍黑。"郑玄笺："成王之来，则又禋祀四方之神。"

盥：祭名。灌祭。酌酒浇地降神。《易·观》："盥而不荐，有孚颙若。"李鼎祚集解引马融曰："盥者，进爵灌地，以降神也。"

与此相似的还有表示卦象的消亡义，如"益、九、革、颐"等，上文已经介绍。

（二）关于动物、植物名称的消亡义

蔚：草名。即牡蒿。《诗·小雅·蓼莪》："蓼蓼者莪，匪莪伊蔚。"孔颖达疏引陆玑曰："牡蒿也，华似胡麻华而紫赤，一名马薪蒿。"

菜：草名。即藜。《诗·小雅·南山有台》："南山有台，北山有菜。"陆玑疏："菜，草名，其叶可食。"

苕：陵苕。亦名凌霄、紫葳。蔓生草。《诗·小雅·苕之华》："苕之华，芸其黄矣。"毛传："苕，陵苕也，将落则黄。"郑玄笺："陵苕之华紫赤而繁。"

（三）表示动作的西周消亡义

肩：任用。《书·盘庚下》："朕不肩好货。"孔传："肩，任也。我不任贪货之人。"

殛：惩罚。《书·康诰》："爽惟天其罚殛我，我其不怨。"杨筠如核诂："罚殛连文，殛亦犹罚也。"

烝：进。（1）进献。《诗·周颂·丰年》："为酒为醴，烝畀祖妣。"郑玄笺："烝，进。畀，予也。"（2）召之前来。《诗·小雅·甫田》："攸介攸止，烝我髦士。"毛传："烝，进；髦，俊。"高亨注："烝，进也，即召他们前来之意。"

蹂：搓揉。《诗·大雅·生民》："或舂或揄，或簸或蹂。"毛传："或簸糠者，或蹂黍者。"马瑞辰通释："古者蹂米之法，与蹂禾异。蹂禾以足践之，蹂米盖以手重擦之。"

追：送行。《诗·周颂·有客》："薄言追之，左右绥之。"郑玄笺："追，送也。"孔颖达疏："追，谓已发上道，逐而送之，故以追为送。"

（四）表示事物性质状态的西周消亡义

覃：长；悠长。《诗·大雅·生民》："鸟乃去矣，后稷呱矣。实覃实訏，厥声载路。"毛传："覃，长；訏，大。"

穆：壮美。《诗·周颂·清庙》："於穆清庙，肃雍显相。"郑玄笺："穆，美。"

溢：慎；安。《诗·周颂·维天之命》："假以溢我，我其收之。"毛传："溢，慎。"

敦[①]₇：聚拢貌。《诗·大雅·行苇》："敦彼行苇，牛羊勿践履。"毛
传："敦，聚貌。"孔颖达疏："《周礼》以苇好丛生而谓之丛物，故言
'敦，聚貌。'"

宥：宏深；深邃。《诗·周颂·昊天有成命》"夙夜基命宥密"宋朱熹集
传："宥，宏深也。"

夙：肃敬。《诗·大雅·生民》："履帝武敏歆，攸介攸止，载震载夙，
载生载育，时维后稷。"郑玄笺："夙之言肃也。"

本章我们主要从词义的角度出发，讨论西周新义位的发展以及西周消亡义
的基本情况。

西周新义位在内容上包括生活的方方面面，主要反映了西周时期新出现的
事物或者现象，同时也有对社会已经存在事物现象的描写。从产生方式上看，
新义位最主要的产生方式就是引申，引申是基于人类的联想而产生的一种词义
的发展。词义引申包括相似引申、相关引申以及理性引申，引申产生的结果就
是形成词义的扩大、缩小、改变以及易位。新义位的产生手段除了引申以外，
还包括修辞、虚化。新义位的产生存在着客观原因和主观原因。客观上，社会
的发展引起了词义的变化，产生新义位。在语言三个要素中，词汇与社会的联
系最为密切，社会生活中的任何改变都会在词汇中有所体现。不同时代会产生
不同新事物，人们的认识水平也会随时代的发展不断提高。这些外部原因都在
客观上要求词汇能及时反映这些变化。社会经济、政治的变化都引起了词义的
发展。除此之外，民族文化心理、思维方式、礼俗等方面也是产生新义的重要
因素。主观上，语言内部的发展变化也促进了新义的产生。首先，词义的概括
性和模糊性促使新义位产生。词义的概括性，是指词所概括的事物的若干个特
征，这些特征有些和其他事物的特征有相似和相通之处，因此通过联想产生了
新义。词义对客观事物的反映是抽象、概括的，因此词义具有模糊性。词义的

---

① "敦₇"音tuán。

模糊性使词义具有一定的弹性，并且可以向外延伸，反映更多的相关事物。其次，词汇系统的平衡性促使新义位产生。从语言内部来看，词汇是成系统的，词汇系统的形音义通常保持着一个平衡协调的状态。当一个词的能指和所指发生矛盾，或者词汇系统内部进行了调整，词在系统中与其他词的关系改变时，这种平衡就被打破，导致词义发生演变。这时语言系统内部会进行有效的调整来保持平衡的状态。因此，词义就会发生改变。

词汇系统也是一个新陈代谢的过程，不仅有新质要素的产生，同时也有旧质要素的消亡，西周消亡义就是词汇旧质要素消亡的一个重要方面。西周消亡义从音节结构角度来看，有单音词的消亡义与复音词的消亡义，从数量上来看，单音词消亡义是占绝对优势的；从语义分布的角度来说，消亡义主要集中在祭祀、动植物名称、动作以及事物性质状态等方面。

第九章　结论

西周时期是汉语词汇发展史的一个重要阶段，西周词汇的发展与汉语词汇整体的发展是息息相关的，它是汉语词汇史发展所经历的必要阶段。

一、汉语词汇的条理性

词汇问题是复杂而多变的，但是我们认为汉语词汇在渐变中也是存在条理的，不是杂乱无章的。杨端志曾经指出，对词汇进行多角度的分类也是一种创新。基于这样的思路，我们对汉语词汇进行多角度的分类，分出可以反映汉语词汇史条理性的类别。以上几章内容就是对西周词汇的多个角度的分类，把这些分类总结起来应该包括两个方面：以外因为出发点的分类，以内因为出发点的分类。下面我们以西周词汇为例，简单谈一下汉语词汇发展的脉络。

从外因上，我们从西周社会的实际情况出发，把反映西周时期社会特征的新词语分成三类：反映政治特征的新词语场，反映经济特征的新词语场以及反映文化和社会生活特征的新词语场。这是从客观世界出发对汉语词汇进行分类，以客观世界的分类来代替词汇的分类，把词汇分出事类系统的类。从这个分类中我们看到，客观世界对新词的产生具有直接的刺激作用，体现在三个方面：政治上，新王朝的建立和旧王朝的灭亡时期都是大量新词产生的时期；经济上，经济类新词的内容多是反映社会主要的经济生产部门，比如西周关于经济类的新词多是反映农业生产的，而手工业、商业的词汇较之农业词汇要少得多。文化和社会生活上，政治上稳定的时期产生的文化和社会生活方面的词汇数量相对较多。

从内因上，我们利用符号学的理论，把词看作一个符号整体，将汉语词汇分成单音词、复音词以及熟语。我们以西周词汇为例：

1. 从单音词的发展来看，虽然这一时期单音节新词产生的数量不如复音词多，但就词汇总量而言，西周时期单音节词数量在汉语词汇中仍是占据主导地位的。单音词词素义对于单音词词义的影响也是巨大的，它是单音词词义的基础。西周时期构成单音词的单音词词素在语义上具有多样性。

2. 从复音词的发展来看，西周时期复音词数量大增，汉语词汇复音化的倾向加剧。从复音词语义内容上看，西周复音词除了继续产生一些专有词语以外，还产生了一些普通词汇，涉及生活的方方面面；从复音词结构上看，复合式构词方式继续发展，而且还出现了派生式构词方式。西周时期偏正式、联合式仍然是最主要的构词方式，动宾式继续发展，此外还产生了主谓式、动补式的构词方式。派生式构词主要形成的是附加式和重叠式。从复音词的语音上看，西周时期出现了新的词汇类型——叠音词和联绵词，这两种类型的复音词是利用语音关系而产生的新词汇类型。此外，这一时期还出现了一批构词能力比较强的词素，这类词素多是由基本词汇演化而来。从词素的词性上看包括名词性词素、形容词性词素以及数词性词素，其中名词性词素的数量最多。

3. 从熟语的发展来看，西周熟语包括成语、谚语以及金文中的惯用语。成语、谚语都出自传世文献。

二、汉语词汇发展的原因

（一）社会的发展推动词汇的发展

语言是伴随着社会的发展而发展的，作为语言中最活跃的要素，词汇也不例外，而且表现得更加明显。社会的任何变化以及任何新事物的产生，都会第一时间反映到词汇中来。西周是依靠武力夺取政权建立起来的王朝，因此这一时期就产生了许多与军事相关的新词，如"刀""刘"等新的兵器名称。

由于一些新词在社会生活中经常被使用，因此它们慢慢又进入了西周的基本词汇中。社会对词汇发展的推动主要表现在三个方面：首先，社会生产方式的发展推动了词汇的大发展。西周时期农业已经是国民经济的重要生产部门了，为了提高农作物的产量，周人采用了新的耕种制度，相关词汇如"畲""菑""新田"等。其次，社会制度的逐步完善在一定程度上也刺激了新词的发展。西周是奴隶社会发展的鼎盛时期，因此，这一时期已经建立了一套十分完备的国家管理机制。西周时期最高统治者称为"王""皇""烝""邦君""辟₂王"等。西周时期实行分封制，所分封的各国君主称为"诸侯"。西周时期的被统治阶级中最主要就是奴隶，称为"仆"，除了奴隶以外，被统治阶级还包括平民，称为"民""庶""下民""小民""兆民""烝徒""王人""人鬲"等。最后，民族之间的交往也刺激了新词的产生。历史上，西周王朝曾经多次发动对周边少数民族的战争，西周王朝统称少数民族为"夷"。根据少数民族居住地的不同，又分为"秦尸（夷）""淮尸（夷）"等。

（二）人类认识的发展推动词汇的发展

词汇的发展与人类认识的发展也有着密不可分的关系。人类对客观事物的认识是从不认识到认识这样的一个思维过程。人类认识一个新事物最重要的表现首先就是为它命名，因此这一时期产生了许多直接利用音义的任意结合而产生的原生词，这些原生词以单音节词为主。人类认识了一个事物以后，又会逐步加深对它的认识，比如西周时期产生了描写人类情感的形容词。此外，人类的认识是由形象思维发展到抽象思维，比如表示"手"的单音词词素最初表示的是"拜礼"，后来逐步发展，可以表示上肢的各种具体动作。

（三）词汇系统自身的发展

词汇是一个运动的整体，新质要素的出现、旧质要素的消失会导致词汇各个要素之间的变化，促进词汇的发展。

1.汉语词汇的复音化

现代汉语以双音节词为主，而先秦时期汉语词汇是以单音词为主的。汉语复音化的萌芽早在甲骨文时期就已经出现了，"只产生了复音名词，而且大部分是人名和地名"①。到了西周时期仅双音节新词就有1657个，数量上已经大大超过殷商时期。发展到现代汉语，双音词已经十分常见了。据统计，《现代汉语词典》（第三版）共收58481个词条，其中双字组合39548个，约占67.625%。②双音词在现代汉语中已经占有绝对的优势。汉语词汇复音化从殷商时期就已经产生了萌芽，西周时期是一个大发展时期，后经过漫长的时间发展到现代汉语的以复音词为主。

2. 词义的发展

汉语词义的发展包括两个方面：一是新义位的产生；二是旧义位的消亡。

（1）新义位的产生

创造新词是反映词汇变化不可缺少的手段，然而词汇系统内不可能无限制地创造新词，这对交际和词汇系统本身来说也是难以实现的。因此，利用旧词赋予新义就成了最能产的方式。西周时期不仅出现了大量的新词，同时也出现了大量的新义位。新义位不仅反映现实世界所出现的新事物、新概念，同时也反映一些旧事物、旧现象或旧概念。新义位最主要的产生方式就是引申。引申是基于人类的联想而产生的一种词义的发展，词义引申包括相似引申、相关引申以及理性引申，引申产生的结果就是形成词义的扩大、缩小、改变以及易位。新义位的产生除了利用引申以外，还包括利用修辞手段、虚化手段等。

另外，单义词向多义词转变也是产生新义位的重要途径。汉语词产生之初一般都是一词一义，随着词汇的发展，词的义项逐渐增多，发展成为多义词，这些义项都是在本义的基础上发展而来的。西周一词多义的情况已经很多了，主要是以单音词为主。到了现代汉语，一词多义的现象就十分普遍了，而且词的义项的数量也大大增加，以《汉语大词典》为例，单音词"木"的义项就有17个之多。不仅是单音词，复音词的这种情况也十分普遍。

（2）旧义位的消亡

词义的消亡是汉语词义发展的另一个重要方面，也是展现一个时代词汇面

---

① 唐钰明：《金文复音词简论——兼论汉语复音化的起源》，载《著名中年语言学家自选集·唐钰明卷》，安徽教育出版社2002年版，第121页。

② 周荐：《汉语词汇结构论》，上海辞书出版社2004年版，第123页。

貌的重要途径。词汇系统也是一个新陈代谢的过程，不仅有新质要素的产生，同时也有旧质要素的消亡，西周消亡义就是词汇旧质要素消亡的一个重要方面。从音节结构角度来看，西周消亡义有单音节消亡义与复音消亡义；从数量上来看，单音节消亡义是占绝对优势的；从语义分布的角度来说，消亡义主要集中在关于祭祀、动植物名称、动作以及事物性质状态等方面。

基于《汉语大词典》所建立的西周词汇语料库是庞大而复杂的，由于时间的限制，以及个人能力的有限，完全使用和驾驭这些材料是非常困难的。本书对西周词汇的描写仅是蜻蜓点水，要完全展现西周词汇的全貌，乃至整理出整个汉语词汇史发展的面貌，我们以后要走的路还很长。

参考文献

1. 论著

曹锦炎编：《商周金文选》，西泠印社出版社2011年版。

曹炜：《现代汉语词汇研究》，北京大学出版社2003年版。

陈宝勤：《汉语造词研究》，巴蜀书社2002年版。

陈保亚：《20世纪中国语言学方法论：1898—1998》，山东教育出版社1999年版。

陈嘉映：《语言哲学》，北京大学出版社2003年版。

陈梦家：《西周铜器断代》，中华书局2004年版。

陈双新：《两周青铜乐器铭辞研究》，河北大学出版社2002年版。

陈原：《社会语言学》，学林出版社1983年版。

程湘清：《汉语史专书复音词研究》，商务印书馆2003年版。

崔永东：《两周金文虚词集释》，中华书局1994年版。

董秀芳：《词汇化：汉语双音词的衍生和发展》，四川民族出版社2002年版。

符淮青：《词义的分析和描写》，外语教学与研究出版社2006年版。

符淮青：《现代汉语词汇》，北京大学出版社2004年版。

傅惠钧主编：《汉语基础》，上海文艺出版社2002年版。

高亨注：《诗经今注》，上海古籍出版社2009年版。

高名凯、石安石主编：《语言学概论》，中华书局1963年版。

高明：《中国古文字学通论》，文物出版社1987年版。

葛本仪：《汉语词汇研究》，山东教育出版社1985年版。

葛本仪：《现代汉语词汇学》，山东人民出版社2001年版。

葛本仪主编：《汉语词汇学》，山东大学出版社2003年版。

葛本仪主编：《语言学概论》，山东大学出版社1999年版。

顾颉刚：《古史辨》，上海古籍出版社1982年版。

管燮初：《西周金文语法研究》，商务印书馆1981年版。

郭沫若：《两周金文辞大系图录考释》，上海书店出版社1999年版。

郭锡良编著：《汉字古音手册》（增订本），商务印书馆2010年版。

郭锡良等编著：《古代汉语》，商务印书馆1999年版。

洪湛侯：《诗经学史》，中华书局2002年版。

胡裕树主编：《现代汉语》，上海教育出版社1995年版。

华东师范大学中国文字研究与应用研究中心编：《金文引得》（殷商西周卷），广西教育出版社2001年版。

黄伯荣、廖序东主编：《现代汉语》，高等教育出版社2002年版。

贾彦德：《汉语语义学》，北京大学出版社1999年版。

蒋善国：《尚书综述》，上海古籍出版社1988年版。

蒋绍愚：《古汉语词汇纲要》，商务印书馆2005年版。

李镜池著，曹础基整理：《周易通义》，中华书局1981年版。

李山：《诗经的文化精神》，东方出版社1997年版。

李学勤：《古文字学初阶》，中华书局1985年版。

李佐丰：《先秦汉语实词》，北京广播学院出版社2003年版。

刘启益：《西周纪年》，广东教育出版社2002年版。

刘叔新：《汉语词汇描写学》，商务印书馆2005年版。

刘翔、陈抗、陈初生、董琨编著：《商周古文字读本》，语文出版社1989年版。

刘雨、严志斌编著：《近出殷周金文集录二编》，中华书局2010年版。

陆志韦等：《汉语的构词法》，科学出版社1964年版。

陆宗达、王宁：《训诂方法论》，中国社会科学出版社1983年版。

吕叔湘：《汉语语法分析问题》，商务印书馆1979年版。

吕叔湘：《吕叔湘文集》（第一卷），商务印书馆1990年版。

吕叔湘：《语文常谈》，生活·读书·新知三联书店1980年版。

马承源主编：《商周青铜器铭文选》，文物出版社1986—1990年版。

马承源主编：《中国青铜器》，上海古籍出版社2003年版。

马国凡：《成语》，内蒙古人民出版社1997年版。

潘文国、叶步青、韩洋：《汉语的构词法研究》，华东师范大学出版社2004年版。

潘允中：《汉语词汇史概要》，上海古籍出版社1989年版。

彭裕商：《西周青铜器年代综合研究》，巴蜀书社2003年版。

钱宗武：《今文尚书语言研究》，岳麓书社1996年版。

秦永龙编著：《西周金文选注》，北京师范大学出版社1992年版。

裘锡圭：《文字学概要》，商务印书馆1988年版。

任学良：《汉语造词法》，中国社会科学出版社1981年版。

容庚编著：《金文编》，中华书局1985年版。

石安石：《语义论》，商务印书馆1993年版。

石安石：《语义研究》，语文出版社1994年版。

史存直：《汉语词汇史纲要》，华东师范大学出版社1989年版。

斯大林：《马克思主义和语言学问题》，中共中央马克思恩格斯列宁斯大林著作编译局译，人民出版社1971年版。

孙常叙：《汉语词汇》，吉林人民出版社1956年版。

孙稚雏编：《金文著录简目》，中华书局1981年版。

孙稚雏编著：《青铜器论文索引》，中华书局1986年版。

孙作云：《诗经与周代社会研究》，中华书局1966年版。

索绪尔：《普通语言学教程》，高名凯译，商务印书馆2017年版。

太田辰夫：《中国语历史文法》，蒋绍愚、徐昌华译，北京大学出版社

1987年版。

　　汤可敬：《说文解字今释》，岳麓书社1997年版。

　　唐兰：《西周青铜器铭文分代史征》，中华书局1986年版。

　　唐钰明：《著名中年语言学家自选集·唐钰明卷》，安徽教育出版社2002年版。

　　唐作藩：《音韵学教程》，北京大学出版社1991年版。

　　王国维：《观堂集林》，中华书局1959年版。

　　王力：《汉语词汇史》，商务印书馆1993年版。

　　王力：《汉语史稿》，中华书局2004年版。

　　王力：《汉语语音史》，商务印书馆2008年版。

　　王力：《中国语言学史》，山西人民出版社1981年版。

　　王力主编：《古代汉语》，中华书局1999年版。

　　王宣武：《汉语大词典拾补》，贵州人民出版社1999年版。

　　王瑛：《〈汉语大词典〉商补》，黄山书社2006年版。

　　王振昆、谢文庆、刘振铎：《语言学基础》，中央广播电视大学出版社1983年版。

　　温端政：《汉语语汇学》，商务印书馆2005年版。

　　伍宗文：《先秦汉语复音词研究》，巴蜀书社2001年版。

　　武占坤、王勤：《现代汉语词汇概要》，内蒙古人民出版社1983年版。

　　向熹编著：《〈诗经〉古今音手册》，南开大学出版社1988年版。

　　向熹：《诗经语言研究》，四川人民出版社1987年版。

　　向熹：《简明汉语史》，商务印书馆2010年版。

　　邢公畹主编：《语言学概论》，语文出版社1992年版。

　　徐朝华：《上古汉语词汇史》，商务印书馆2003年版。

　　徐通锵：《汉语研究方法论初探》，商务印书馆2004年版。

　　徐通锵：《基础语言学教程》，北京大学出版社2001年版。

　　徐通锵：《历史语言学》，商务印书馆1991年版。

　　许慎：《说文解字》，中华书局1963年版。

严一萍编：《金文总集》，艺文印书馆1983年版。

杨端志：《汉语史论集》，齐鲁书社2008年版。

杨端志：《训诂学》，山东文艺出版社1986年版。

杨怀源：《西周金文词汇研究》，巴蜀书社2007年版。

杨向奎：《宗周社会与礼乐文明》，人民出版社1992年版。

姚伟钧：《中国传统饮食礼俗研究》，华中师范大学出版社1999年版。

叶蜚声、徐通锵：《语言学纲要》，北京大学出版社1981年版。

张斌主编：《现代汉语》，语文出版社2000年版。

张联荣编著：《古汉语词义论》，北京大学出版社2000年版。

张双棣：《吕氏春秋词汇研究》，山东教育出版社1989年版。

张西堂：《尚书引论》，陕西人民出版社1958年版。

张亚初编著：《殷周金文集成引得》，中华书局2001年版。

张永言：《词汇学简论》，华中工学院出版社1982年版。

张玉金：《西周汉语代词研究》，中华书局2006年版。

张再兴：《西周金文文字系统论》，华东师范大学出版社2004年版。

赵克勤：《古代汉语词汇学》，商务印书馆1994年版。

赵元任：《语言问题》，商务印书馆1980年版。

中国诗经学会编：《诗经国际学术研讨会论文集》，河北大学出版社1994年版。

周何总编：《青铜器铭文检索》，台湾文史哲出版社1995年版。

周荐：《汉语词汇结构论》，上海辞书出版社2004年版。

周祖谟：《汉语词汇讲话》，人民教育出版社1959年版。

周祖谟：《周祖谟语言文字论集》，人民教育出版社2000年版。

朱德熙：《语法讲义》，商务印书馆1982年版。

朱东润：《诗三百篇探故》，上海古籍出版社1981年版。

朱广祁：《〈诗经〉双音词论稿》，河南人民出版社1985年版。

朱顺龙、何立民编著：《中国古文字学基础》，上海社会科学院出版社2004年版。

朱彦：《汉语复合词语义构词法研究》，北京大学出版社2004年版。

2. 学术论文

陈永正：《西周春秋铜器铭文中的联结词》，载《古文字研究》（第十五辑），中华书局1986年版。

戴琏璋：《殷周构词法初探》，载《屈万里先生七秩荣庆论文集》，联经出版事业公司1978年版。

郭锡良：《介词"以"的起源和发展》，《古汉语研究》1998年第1期。

郭锡良：《介词"于"的起源和发展》，《中国语文》1997年第2期。

郭锡良：《先秦汉语构词法的发展》，载《汉语史论集》（增订本），商务印书馆2005年版。

黄德宽：《汉字构形方式：一个历时态演进的系统》，《安徽大学学报》（哲学社会科学版）1994年第3期。

黄景湖：《〈诗经〉成语的语法结构分析》，《厦门大学学报》（哲学社会科学版）1985第3期。

黄志强：《西周、春秋时代汉语构词法概论》，《求实学刊》1986年第3期。

孔凡涛：《关于基本词汇的反思》，《徐州教育学院学报》2005年第3期。

林焘：《汉语基本词汇中的几个问题》，《中国语文》1954年第7期。

马国权：《两周铜器铭文数量词初探》，载《古文字研究》（第一辑），中华书局1979年版。

马真：《先秦复音词初探》，《北京大学学报》（哲学社会科学版）1980年第5期。

马真：《先秦复音词初探（续完）》，《北京大学学报》（哲学社会科学版）1981年第1期。

苏新春：《如何划分汉语的基本词汇》，《广州师院学报》（社会科学版）1994年第4期。

唐钰明：《其、厥考辨》，《中国语文》1990年第4期。

吴晓峰：《〈周南〉、〈召南〉产生时代考》，《中州学刊》2008年第6期。

武振玉：《两周金文心理动词试论》，载《华夏文化论坛》（第四辑），吉林大学出版社2009年版。

武振玉：《两周金文中的祈求义动词》，《沈阳师范大学学报》（社会科学版）2008年第4期。

武振玉：《殷周金文中的运动类动词》，《古籍整理研究学刊》2009年第4期。

武振玉：《两周金文助动词释论》，《殷都学刊》2008年第4期。

武振玉：《殷周金文中的征战类动词》，《北方论丛》2009年第4期。

徐盛桓：《句法研究的认知语言学视野》，《外语与外语教学》2005年第4期。

杨端志：《从清末民初科学小说新词语看"现代性"新词语的来源和发展——兼论"标志性子词语场"理论和"现代汉语词汇史"的起点》，《山东大学学报》（哲学社会科学版）2007年第1期。

杨端志：《周易古经韵考韵读》，《山东大学学报》（哲学社会科学版）1994第3期。

杨怀源：《西周金文复音词的来源与复音化动因》，《重庆三峡学院学报》2008年第5期。

殷孟伦：《谈谈汉语词汇研究的断代问题》，《文史哲》1981年第2期。

张能甫：《汉语基本词汇研究的回顾与展望》，《四川师范大学学报》（社会科学版）1999年第2期。

张秀华：《从金文材料看"禋、柴、燎"三种祭礼》，《牡丹江大学学报》2009年第2期。

张永言、汪维辉：《关于汉语词汇史研究的一点思考》，《中国语文》1995年第6期。

张玉金：《甲骨金文中"其"字意义的研究》，《殷都学刊》2001年第1期。

张振林：《先秦古文字材料中的语气词》，载《古文字研究》（第七辑），中华书局1982年版。

赵雨：《〈诗〉、〈易〉制作年代试考》，《内蒙古师范大学学报》（哲学社会科学汉文版）2003年第2期。

赵振铎：《论先秦两汉汉语》，《古汉语研究》1994年第3期。

周行：《关于"基本词汇"的再探讨》，《汉字文化》2002年第1期。

周生亚：《〈世说新语〉中的复音词问题》，《吉林大学社会科学学报》1982年第2期。

朱歧祥：《论殷商金文的词汇》，载《古文字研究》（第二十五辑），中华书局2004年版。

竺可桢：《中国近五千年来气候变迁的初步研究》，《考古学报》1972年第1期。

3. 学位论文

邓飞：《两周金文军事动词研究》，西南师范大学硕士学位论文，2003年。

金河钟：《殷商金文词汇研究》，山东大学博士学位论文，2008年。

寇占民：《西周金文动词研究》，首都师范大学博士学位论文，2009年。

兰佳丽：《联绵词词族研究》，华东师范大学博士学位论文，2007年。

李娜：《基于〈汉语大词典〉的民国词汇研究》，山东大学博士学位论文，2011年。

刘东影：《"变风变雅"考论》，东北师范大学博士学位论文，2003年。

刘璐：《西周饮食文化研究》，河北师范大学硕士学位论文，2009年。

宋琳：《基于〈汉语大词典〉语料库的魏晋新词语研究》，山东大学博士学位论文，2011年。

孙晓玄：《基于〈汉语大词典〉语料库的宋代新词研究》，山东大学博士学位论文，2011年。

吴艳娜：《金文常用双音词释义》，华南师范大学硕士学位论文，

2007年。

闫从发：《基于〈汉语大词典〉语料库的明代汉语词汇研究》，山东大学博士学位论文，2009年。

杨明明：《〈殷周金文集成〉所见叠音词的初步研究》，北京语言大学硕士学位论文，2006年。

周琳娜：《清代新词新义位发展演变研究》，山东大学博士学位论文，2009年。

朱刚焄：《西周青铜器铭文复音词研究》，山东大学博士学位论文，2006年。

4. 工具书

陈初生编：《金文常用字典》，陕西人民出版社2004年版。

戴家祥主编：《金文大字典》，学林出版社1995年版。

董治安主编：《诗经词典》，山东教育出版社1989年版。

方述鑫等编：《甲骨金文字典》，巴蜀书社1993年版。

罗竹凤主编：《汉语大词典》，上海辞书出版社、汉语大词典出版社1986—1994年版。

吕绍纲主编：《周易辞典》，吉林大学出版社1992年版。

商务印书馆编辑部编：《辞源》，商务印书馆1980年版。

王涛等编：《中国成语大辞典》，上海辞书出版社1987年版。

王力：《同源字典》，商务印书馆1982年版。

王力主编：《王力古汉语字典》，中华书局2000年版。

王文耀编著：《简明金文词典》，上海辞书出版社1998年版。

吴镇烽编撰：《金文人名汇编》，中华书局2006年版。

向熹编：《诗经词典》，四川人民出版社1986年版。

徐中舒主编：《甲骨文字典》，四川辞书出版社1989年版。

张善文编著：《周易辞典》，中国大百科全书出版社2005年版。

周民编著：《尚书词典》，四川人民出版社1993年版。